Bretschneider/Liebhart/Nitze
Modulwissen Beamtenrecht

Modulwissen Beamtenrecht

von

Prof. Dr. Harald Bretschneider,
LL.M. (Cardiff),

ORR Dr. Jürgen Liebhart,
Dipl.Verwaltungswirt (FH),

Prof. Dr. Konstantin Nitze,
LL.M. (Birmingham)
Wirtschaftsjurist (Univ. Bayreuth)

Hochschule des Bundes für öffentliche Verwaltung,
Fachbereich Bundespolizei, Lübeck

2. Auflage

KSV Medien

MIX
Papier | Fördert gute Waldnutzung
FSC® C019821

Bibliografische Information der Deutschen Nationalbibliothek
Die Deutsche Nationalbibliothek verzeichnet diese Publikation in der Deutschen Nationalbibliografie; detaillierte bibliografische Daten sind im Internet über http://dnb.dnb.de abrufbar.

Konrad-Adenauer-Ring 13 • 65187 Wiesbaden
info@ksv-medien.de • www.ksv-medien.de

Satz: Kumpernatz + Bromann • Schenefeld b. Hamburg
Druck: Druckerei C.H.Beck • Nördlingen

ISBN 978-3-8293-2083-2

Inhalt

A. Einleitung

Das Beamtenrecht begleitet die Studierenden bei der Bundespolizei durch ihre gesamte Ausbildung und darüber hinaus. Die Grundlagen werden im Grundstudium in Brühl behandelt, eine Vertiefung erfolgt im Hauptstudium in Lübeck. Die Relevanz ist für Polizeivollzugsbeamte (PVB) nicht von der Hand zu weisen: So ist die Polizei Teil der Exekutive und agiert gegenüber dem Bürger oftmals durch den Erlass und den Vollzug von Verwaltungsakten. In diesem Kontext muss jeder PVB sein Verhalten an Maßstäben messen lassen, die ihm das Beamtenrecht – bspw. in Form von Dienstpflichten – aufzeigt. Aber auch jenseits der Außenkontakte muss sich die Polizei als Teil des Beamtentums organisieren und verwalten – nach den Regeln des Beamtenrechts.

Zunächst stellt sich vielen Studierenden vermutlich die Frage, was man überhaupt unter dem Begriff „Beamtenrecht“ versteht. Eine Legaldefinition existiert nicht, jedoch könnte man einen Definitionsversuch wie folgt wagen:

> *Unter dem Beamtenrecht versteht man alle geschriebenen und ungeschriebenen Normen, die das Verhältnis zwischen Beamten und dem Dienstherrn regeln.*

Das Beamtenrecht ist Teil des Öffentlichen Rechts, da es hierbei – anders als im Arbeitsrecht – nicht um die Rahmenbedingungen eines privatrechtlichen, durch Arbeitsvertrag geregelten Arbeitsverhältnisses geht, sondern um eine Rechtsmaterie, die sich um ein besonderes öffentlich-rechtliches Dienst- und Treueverhältnis rankt (vgl. § 4 BBG, § 3 I BeamtStG). Als Synonym wird deshalb auch der Begriff „Dienstrecht“ verwendet. Das Recht des öffentlichen Dienstes hingegen umfasst begrifflich auch die arbeitsrechtlichen Regelungen der Tarifbeschäftigten im öffentlichen Dienst und ist damit inhaltlich deutlich weiter gefasst.

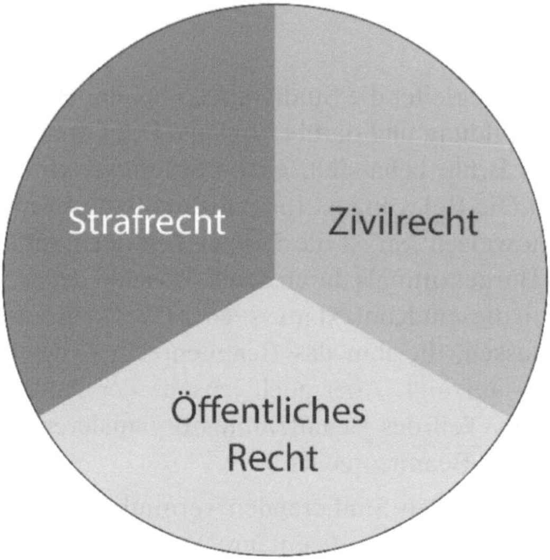

Im Bereich des Öffentlichen Rechts unterscheidet man zwischen dem allgemeinen und dem besonderen Öffentlichen Recht. Allgemeine Regelungen des Öffentlichen Rechts finden sich bspw. im Verwaltungsverfahrensgesetz (VwVfG), in dem etwa das Verfahren vor Behörden geregelt ist, und in der Verwaltungsgerichtsordnung (VwGO), die alle Normen über das verwaltungsgerichtliche Verfahren enthält. Besonderes Öffentliches Recht meint hingegen eine spezielle thematische Unterteilung wie etwa das Umweltrecht, das öffentliche Bauplanungsrecht, das Kommunalrecht, das Polizeirecht oder eben das Beamtenrecht.

Rechtsquellen des allgemeinen öffentlichen Rechts
VwVfG, VwZG, VwVG, VwGO

Rechtsquellen des besonderen öffentlichen Rechts
BPolG, BBG, AufenthG, AsylG, LuftSiG

Rechtsquellen für das Beamtenrecht gibt es viele: Mit Blick auf die sog. „Normenpyramide" ist zunächst das Europarecht in den Blick zu nehmen. Dessen Einfluss auf das deutsche Beamtenrecht ist jedoch relativ gering, da die Nationalstaaten die Hoheit über die Regelung der Beschäftigungsverhältnisse ihrer Staatsdiener behalten möchten. Dennoch gibt es Einflüsse aus Brüssel und Luxemburg, bspw. in Form von Richtlinien zur Arbeitszeit[1] oder auch durch die Rechtsprechung des EuGH im Bereich der Alters-/Erfahrungsstufen.[2]

Die nächste Ebene ist die verfassungsrechtliche, unser Grundgesetz. Hier entfallen auf das Beamtenrecht nicht so viele Artikel. Die Bedeutung der dort ansässigen Regelungen ist allerdings enorm, wie im nächsten Kapitel aufgezeigt wird. Hervorzuheben ist Art. 33 GG, der in seinem zweiten Absatz den Grundsatz beherbergt, dass alle Deutschen gleichen Zugang zu jedem öffentlichen Amt haben. In den nachfolgenden Absätzen werden die hergebrachten Grundsätze des Beamtentums und damit das Berufsbeamtentum als solches zum festen Bestandteil der verfassungsmäßigen Ordnung erklärt.

Unterhalb des Grundgesetzes schließen sich die formellen Gesetze – auch Parlamentsgesetze genannt – an. Im Bundesrecht ist zuvorderst das Bundesbeamtengesetz (BBG) zu nennen, welches insbesondere das Statusrecht der Beamten beinhaltet. Für PVB wird es durch das Bundespolizeibeamtengesetz (BPolBG) nach dem lex-specialis-Grundsatz ergänzt. Daneben ist das Disziplinarrecht im Bundesdisziplinargesetz (BDG), das Besoldungsrecht im Bundesbesoldungsgesetz (BBesG) und das Versorgungsrecht im Beamtenversorgungsgesetz (BeamtVG) geregelt. Soweit ein Beamter in den Anwendungsbereich des BBG fällt, gelten für ihn automatisch auch die anderen Beamtengesetze.

Hinweis: Neben den Bundesbeamten gibt es viele Landes- und Kommunalbeamte, deren Rechtsverhältnisse im BeamtStG und den jeweiligen Landesbeamtengesetzen geregelt sind.

Durch Öffnungsklauseln in den formellen Gesetzen kann die Exekutive ermächtigt werden, weitergehende Regelungen im Wege einer sog. „Rechtsverordnung" zu treffen. Derartige Regelungen können auch Wirkung nach

1 Richtlinie 2003/88/EG.
2 EuGH, Urt. vom 19.6.2014 – C-501/12 –.

außen entfalten, also gegenüber dem Bürger. Im Bereich des Beamtenrechts beschränken sich die Regelungen aber auf die Beamtenschaft. Zu nennen sind hier etwa die Bundeslaufbahnverordnung (BLV) und die Bundespolizeilaufbahnverordnung (BPolLV).

Die Basis der Normenpyramide bilden die sog. „Verwaltungsvorschriften". Unter diesen Oberbegriff können allerhand anderer Begrifflichkeiten gefasst werden wie etwa Polizeidienstvorschriften (PDV), Erlasse, Rundschreiben, Dienstanweisungen oder Richtlinien.

Mit diesem Buch verfolgen die Autoren die Absicht, das Beamtenrecht mit Blick auf den im Modulhandbuch festgelegten Stoff der LV 11.11 anschaulich aufzubereiten. Inhaltlich umfasst dies insbesondere das Laufbahnrecht, die Personalmaßnahmen des Dienstherrn, das Personalvertretungs- und Gleichstellungsrecht sowie das Thema Rechtsschutz. Mithin soll das Buch als Vorbereitung auf den mündlichen Leistungstest 11 sowie auf die mündliche Abschlussprüfung im Modul 18 dienen, in denen das Beamtenrecht regelmäßig eine Rolle spielt.

B. Verfassungsrechtliche Grundsätze des Berufsbeamtentums

Das deutsche Berufsbeamtentum hat seine Wurzeln in Preußen und ist damit weitaus älter als unser Grundgesetz von 1949. In unserer Verfassung findet das Recht der Beamten nur punktuell Erwähnung, allerdings mit teilweise tiefgreifender Bedeutung.

I. Berufsbeamtentum

Das Berufsbeamtentum hat zuvorderst in Art. 33 GG Niederschlag gefunden.

> **Art. 33 GG**: (1) Jeder Deutsche hat in jedem Lande die gleichen staatsbürgerlichen Rechte und Pflichten.
> (2) Jeder Deutsche hat nach seiner Eignung, Befähigung und fachlichen Leistung gleichen Zugang zu jedem öffentlichen Amte.
> (3) Der Genuss bürgerlicher und staatsbürgerlicher Rechte, die Zulassung zu öffentlichen Ämtern sowie die im öffentlichen Dienste erworbenen Rechte sind unabhängig von dem religiösen Bekenntnis. Niemandem darf aus seiner Zugehörigkeit oder Nichtzugehörigkeit zu einem Bekenntnisse oder einer Weltanschauung ein Nachteil erwachsen.
> (4) Die Ausübung hoheitsrechtlicher Befugnisse ist als ständige Aufgabe in der Regel Angehörigen des öffentlichen Dienstes zu übertragen, die in einem öffentliche-rechtlichen Dienst- und Treueverhältnis stehen.
> (5) Das Recht des öffentlichen Dienstes ist unter Berücksichtigung der hergebrachten Grundsätze des Berufsbeamtentums zu regeln und fortzuentwickeln.

In seinem vierten Absatz ist geregelt, dass hoheitsrechtliche Befugnisse als ständige Aufgabe in der Regel Angehörigen des öffentlichen Dienstes zu übertragen sind, die in einem öffentlich-rechtlichen Dienst- und Treueverhältnis stehen, gemeint sind also Beamtinnen und Beamte. Der Bundesgesetzgeber hat in § 4 BBG bzw. § 3 I BeamtStG diese Formulierung aufgegriffen und das Beamtenverhältnis einfachgesetzlich wie folgt legaldefiniert:

> **§ 4 BBG** bzw. **§ 3 I BeamtStG**: Beamtinnen und Beamte stehen zu ihrem Dienstherrn in einem öffentlich-rechtlichen Dienst- und Treueverhältnis (Beamtenverhältnis).

In einer Entscheidung aus dem Jahr 1957 hat das Bundesverfassungsgericht dazu festgestellt, dass das Grundgesetz in Anknüpfung an die deutsche

Verwaltungstradition im Berufsbeamtentum eine Institution sieht, die, gegründet auf Sachwissen, fachliche Leistung und loyale Pflichterfüllung, eine stabile Verwaltung sichern und damit einen ausgleichenden Faktor gegenüber den das Staatsleben gestaltenden politischen Kräften darstellen soll.[3]

Darüber hinaus normiert Art. 33 V GG, dass das Recht des öffentlichen Dienstes unter Berücksichtigung der hergebrachten Grundsätze des Berufsbeamtentums zu regeln und – seit der Föderalismusreform 2006 – fortzuentwickeln ist. Dies bedeutet, dass das Beamtenrecht trotz seiner langen Tradition nicht statisch, sondern durchaus flexibel ist. Die hergebrachten Grundsätze definiert das Bundesverfassungsgericht als den Kernbestand von Strukturprinzipien, die allgemein oder doch ganz überwiegend und während eines längeren, Tradition bildenden Zeitraums, mindestens unter der Reichsverfassung von Weimar, als verbindlich anerkannt und gewahrt worden sind.[4] Eine abschließende Aufzählung existiert nicht. Anerkannt sind aber folgende Grundsätze:

- **Das Laufbahnprinzip:**[5] Es besagt, dass mehrere statusrechtliche Ämter in Laufbahnen zusammengefasst werden, für welche die Beamten ausgebildet sind. Es dient der bestmöglichen Personalauslese und der wirkungsvollen Personalsteuerung. Schon anhand der Begrifflichkeit erkennt man, dass dieses Prinzip etwas mit Bewegung zu tun hat. Ferner verdeutlicht auch die Bezeichnung „Eingangsamt“, dass sich ein Beamter während seines Berufslebens weiterentwickeln soll, wenn man davon ausgeht, dass der Eingang nicht auch der Ausgang ist. Um in eine Laufbahn zu kommen, muss der Beamte zuvor – typischerweise durch Ableistung eines Vorbereitungsdienstes – die jeweilige Laufbahnbefähigung erwerben.
- **Das Leistungsprinzip:** Dieses Prinzip umfasst die drei Elemente „Eignung“, „Befähigung“ und „fachliche Leistung“ – man spricht insoweit auch vom Leistungsgrundsatz, der der Bestenauslese dient. Er wird relevant mit Blick auf den Zugang zu öffentlichen Ämtern, egal ob bei der erstmaligen Ernennung oder im Vorfeld einer Beförderung. Einfachgesetzlich hat er in § 9 BBG bzw. § 9 BeamtStG Niederschlag gefunden. Die „Eignung“ meint die Persönlichkeit sowie charakterliche und ge-

3 BVerfG, Beschl. vom 17.10.1957 – 1 BvL 1/57 –.

4 BVerfG, Beschl. vom 2.12.1958 – 1 BvL 27/55 –.

5 Siehe Kap. C. – Laufbahnrecht.

sundheitliche Eigenschaften. „Befähigung“ zielt ab auf Fähigkeiten, Kenntnisse und Fertigkeiten, die für die dienstliche Verwendung wesentlich sind. Unter die „fachliche Leistung“ subsumiert man die praktische Arbeitsweise, das Arbeitsverhalten und Arbeitsergebnisse.

- **Die Ausgestaltung des Beamtenverhältnisses als öffentlich-rechtliches Dienst- und Treueverhältnis:** Beamte unterschreiben keinen Arbeitsvertrag, weshalb sie auch nicht in einem Leistungs- und Gegenleistungsverhältnis stehen, d. h. sie werden grundsätzlich nicht für ihre Arbeit bezahlt. Vielmehr werden Beamte durch ihren Dienstherrn ernannt und geben durch ihren Diensteid das Versprechen ab, bis an das Ende ihres Lebens – also über den Ruhestandseintritt hinaus – treu zu sein. Gemeint ist sowohl das Eintreten für die freiheitliche demokratische Grundordnung als auch die Loyalität zum Dienstherrn. Demgegenüber verspricht der Dienstherr, sich um seine Beamten und deren Familien zu sorgen, sei es durch Alimentation, Versorgung (z. B. Beihilfe oder Heilfürsorge) oder Hinterbliebenenversorgung.
- **Die grundsätzliche Anstellung auf Lebenszeit:** Das Beamtenverhältnis auf Lebenszeit „bildet die Regel“, wie etwa § 6 I 2 BBG und § 4 I 2 BeamtStG zum Ausdruck bringen. Zuvor werden regelmäßig die Stadien des Beamtenverhältnisses auf Widerruf und auf Probe durchlaufen, mitunter dauert dieser Prozess sechs Jahre oder sogar länger. Die Dienstherren investieren viel in die Ausbildung ihrer Beamten und haben deshalb grundsätzlich die Erwartung, dass ihre Beamten auch auf Lebenszeit dienen möchten. Darüber hinaus bringt das Lebenszeitprinzip zum Ausdruck, dass die Tätigkeit als Beamter nicht einfach ein Beruf ist, sondern vielmehr eine Berufung.
- **Das Prinzip der amtsangemessenen Beschäftigung:** Bei der Frage, welche Tätigkeit von einem erwartet werden darf, stützen sich Arbeitnehmer auf ihre Arbeitsverträge, in denen typischerweise festgeschrieben ist, wofür sie eingestellt worden sind und wofür sie entsprechend auch entlohnt werden müssen. Mangels eines Arbeitsvertrags müssen sich Beamte an anderen Parametern orientieren wie bspw. die Wertigkeit, mit der ein bestimmter Dienstposten unterlegt ist. Davon abweichend können Beamten temporär auch höherwertige Aufgaben übertragen werden, ohne dass daraus ein Anspruch auf Beförderung erwachsen würde. Umgekehrt kann für einen überschaubaren Zeitraum auch eine

niederwertige Tätigkeit übertragen werden, ohne dass der Beamte sich verweigern darf. Grundsätzlich soll aber die Beschäftigung amtsangemessen sein, was vor allem bedeutet, dass sich Ausbildung sowie Berufs- und ggf. Führungserfahrung in der auszuübenden Tätigkeit widerspiegeln.

- **Der Anspruch auf eine amtsangemessene Amtsbezeichnung:** § 10 III BBG und § 8 III BeamtStG statuieren, dass mit der Begründung eines Beamtenverhältnisses auf Probe, auf Lebenszeit und Zeit gleichzeitig ein Amt verliehen wird. Für den Bereich der Bundespolizei ergeben sich die dazugehörenden Amtsbezeichnungen aus Anlage 1 zu § 3 II der Bundespolizeilaufbahnverordnung (BPolLV). Im Umkehrschluss wird deutlich, dass Beamte auf Widerruf noch kein Amt innehaben; sie erhalten eine Dienstbezeichnung (z. B. Polizeikommissaranwärter).
- **Das Alimentationsprinzip:** Wie bereits oben erwähnt, werden Beamte nicht für ihren Dienst oder ihre Leistung entlohnt; es existiert kein originäres Leistungs- und Gegenleistungsverhältnis. Vielmehr besagt das Alimentationsprinzip, dass sich der Dienstherr im Rahmen seiner Fürsorge um die finanziellen Bedürfnisse seiner Beamten kümmert, um ihnen einen amtsangemessenen Lebensunterhalt zu ermöglichen. So regelt § 14 I BBesG, dass der Dienstherr – von sich aus – die Besoldung entsprechend der Entwicklung der allgemeinen wirtschaftlichen und finanziellen Verhältnisse und unter Berücksichtigung der mit den Dienstaufgaben verbundenen Verantwortung durch Gesetz regelmäßig anpasst. Wo das nicht hinreichend gelingt, greift die Rechtsprechung ein und macht dem Gesetzgeber mitunter klare Vorgaben, inwiefern die Besoldung auszugestalten ist.[6]
- **Der Grundsatz der funktionsgerechten Besoldung:** Die Funktionen der Beamten sind gemäß § 18 I 1 BBesG nach den mit ihnen verbundenen Anforderungen sachgerecht zu bewerten und Ämtern zuzuordnen. Das Grundgehalt des Beamten bestimmt sich gemäß § 19 I 1 BBesG nach der Besoldungsgruppe des ihm verliehenen Amtes.
- **Das (Mindest-)Abstandsgebot:** Das Abstandsgebot besagt, dass der Abstand zwischen verschiedenen Besoldungsgruppen nicht dauerhaft eingeebnet werden darf. Es kann bspw. infolge unterschiedlich hoher

6 Vgl. etwa BVerfG, Beschl. vom 4.5.2020 – 2 BvL 6/17 und 2 BvL 7/17 –.

linearer oder zeitlich verzögerter Besoldungsanpassungen verletzt werden. Ein Indiz für eine unzureichende Alimentation liegt nach der Rechtsprechung des Bundesverfassungsgerichts bereits dann vor, wenn die Abstände um mindestens zehn Prozent in den zurückliegenden fünf Jahren abgeschmolzen wurden.[7] Das Mindestabstandsgebot besagt wiederum, dass bei der Bemessung der Besoldung der qualitative Unterschied zwischen der Grundsicherung, die als staatliche Sozialleistung den Lebensunterhalt von Arbeitssuchenden und ihren Familien sicherstellt, und dem Unterhalt, der erwerbstätigen Beamten geschuldet ist, hinreichend deutlich werden muss. Nach verfassungsgerichtlicher Rechtsprechung ist dieser Mindestabstand unterschritten, wenn die Nettoalimentation unter Berücksichtigung der familienbezogenen Bezügebestandteile und des Kindergeldes um weniger als 15 Prozent über dem Grundsicherungsniveau liegt.[8]

- **Die Wohlverhaltenspflicht:** Dieser Grundsatz verlangt vom Beamten, inner- und außerdienstlich ein Verhalten an den Tag zu legen, das der Achtung und dem Vertrauen gerecht wird, die ihr Beruf erfordert. Einfachgesetzlich ist er als Dienstpflicht in § 61 I 3 BBG bzw. § 34 I 3 BeamtStG normiert. Einerseits fungiert die Wohlverhaltenspflicht als Auffangtatbestand, wenn keine speziellere Dienstpflicht einschlägig ist, andererseits sind mehrere Ausprägungen dieser Dienstpflicht anerkannt, so etwa die Pflicht zum rechtmäßigen Verhalten, die Wahrheitspflicht oder die Pflicht zum kollegialen Verhalten. Es handelt sich um die einzige Pflicht, bei der der Gesetzgeber explizit auch das außerdienstliche Verhalten einbezieht.
- **Die Pflicht zum vollen persönlichen Einsatz:** Dieser Grundsatz verlangt vom Beamten, dass er sich mit allen Kräften und Fähigkeiten für den Dienstherrn einbringt und ist damit auch Ausdruck der Hauptberuflichkeit des Beamten. Ohne ihn wäre das Nebentätigkeitenrecht größtenteils obsolet. Einfachgesetzlich ist dieser Grundsatz in § 61 I 1 BBG bzw. § 34 I 1 BeamtStG normiert. Anerkannte Ausprägungen sind die Pflicht zur Gesunderhaltung bzw. die Pflicht zur Wiederherstellung der Gesundheit sowie die Pflicht, den Dienstherrn vor materiellem Schaden zu bewahren.

---

7 BVerfG, Beschl. vom 4.5.2020 – 2 BvL 4/18 –, Rn. 45.
8 BVerfG, Beschl. vom 4.5.2020 – 2 BvL 4/18 –, Rn. 47.

- **Die Neutralitätspflicht der Beamten, die unparteiische Amtsführung, das Eintreten für die freiheitliche demokratische Grundordnung:** Diese Grundsätze sind einfachgesetzlich gebündelt als Dienstpflichten in § 60 I BBG bzw. § 33 I BeamtStG normiert. Sie beinhalten ganz wesentliche Leitlinien für das Dasein als Beamter, nämlich zum einen die politische Treuepflicht, also das aktive Bekennen und Eintreten für das politische System der Bundesrepublik Deutschland, wie es das Bundesverfassungsgericht im Institut der freiheitlichen demokratischen Grundordnung festgelegt hat, ferner die politische Neutralität, die eine Ausklammerung der eigenen politischen Auffassung im Dienstbetrieb verlangt, sowie eine unparteiische Amtsführung, der ein objektives und gerechtes Handeln immanent ist.
- **Die Residenzpflicht:** Beamte haben ihre Wohnung so zu nehmen, dass die ordnungsgemäße Wahrnehmung ihrer Dienstgeschäfte nicht beeinträchtigt wird. Wenn die dienstlichen Verhältnisse es erfordern, können Beamte angewiesen werden, ihre Wohnung innerhalb einer bestimmten Entfernung von der Dienststelle zu nehmen oder eine Dienstwohnung zu beziehen, vgl. § 72 BBG.
- **Die Pflicht zur Amtsverschwiegenheit:** Beamte haben über die ihnen bei oder bei Gelegenheit ihrer amtlichen Tätigkeit bekannt gewordenen dienstlichen Angelegenheiten Verschwiegenheit zu bewahren, und dies sogar über den Bereich eines Dienstherrn hinaus sowie nach Beendigung des Beamtenverhältnisses. Sogar für die Aussage vor Gericht bedürfen sie einer vorherigen Genehmigung. Ausnahmen gelten hinsichtlich Mitteilungen, die im dienstlichen Verkehr geboten sind, Tatsachen, die offenkundig sind, sowie Tatsachen, die den Verdacht einer Korruptionsstraftat begründen, vgl. § 67 BBG bzw. § 37 BeamtStG.
- **Das Streikverbot:** Würden Beamte einen Arbeitskampf im Sinne eines Streiks aufnehmen können, so wäre mitunter das Funktionieren des Staates und seiner Einrichtungen gefährdet, insbesondere in Bereichen der Eingriffsverwaltung wie z. B. der Polizei. Aus diesem Grund und unter Beachtung der besonderen rechtlichen Stellung von Beamten mutet es deshalb zumutbar an, ihnen ein Streikrecht zu verwehren. Das bedeutet nicht, dass Beamte grundsätzlich nicht für ihre Rechte demonstrieren dürfen, aber eben nicht während ihrer Dienstzeit. Im Bereich der Lehrer kann das o. g. Argument hingegen nicht uneingeschränkt Gel-

tung beanspruchen, weshalb sich in jüngerer Vergangenheit das Bundesverfassungsgericht[9] und in der Folge auch der Europäische Gerichtshof für Menschenrechte[10] mit dieser Thematik befassen mussten. Das Bundesverfassungsgericht hält bislang am Streikverbot als hergebrachtem Grundsatz des Berufsbeamtentums – auch mit Blick auf verbeamtete Lehrer – fest. Das Verbot ist bislang nicht einfachgesetzlich geregelt, man könnte es allenfalls aus der Pflicht zum vollen persönlichen Einsatz aus § 61 I 1 BBG bzw. § 34 I 1 BeamtStG ableiten.

- **Das Recht auf Beamtenvertretungen:** Auch wenn Beamte nicht streiken dürfen, so bleibt es ihnen unbenommen, Interessenvertretungen i. S. v. Art. 9 III GG zu bilden und sich für ihre Belange z. B. in Gewerkschaften einzusetzen. Darüber hinaus haben sie auf Bundesebene nach dem Bundespersonalvertretungsgesetz die Möglichkeit, in den Dienststellen Personalvertretungen – Personalräte – zu wählen. In den Ländern existieren eigene Personalvertretungsgesetze.[11] Die Personalräte arbeiten mit der jeweiligen Dienststellenleitung unter Beachtung der Gesetze und Tarifverträge vertrauensvoll zum Wohl der Beschäftigten und zur Erfüllung der der Dienststelle obliegenden Aufgaben zusammen und müssen regelmäßig – abhängig von der jeweils beabsichtigten Maßnahme der Dienststelle – im Vorwege beteiligt werden. Mitunter bedarf es sogar der Zustimmung des Personalrats, um eine Maßnahme vollziehen zu können.
- **Das Recht auf Einsicht in die Personalakte:** Für jeden Beamten ist eine Personalakte zu führen. Sie ist vertraulich zu behandeln und technische und organisatorische Maßnahmen vor unbefugter Einsichtnahme zu schützen. Aufzunehmen sind alle Unterlagen, die den jeweiligen Beamten betreffen, soweit sie mit seinem Dienstverhältnis in einem unmittelbaren inneren Zusammenhang stehen. Diese sog. „Personalaktendaten" dürfen ohne Einwilligung des Beamten nur für Zwecke der Personalverwaltung oder der Personalwirtschaft verarbeitet werden. Der Beamte hat ein Auskunftsrecht, das das Recht auf Einsicht in die vollstän-

9 BVerfG, Urt. vom 12.6.2018 – 2 BvR 1738/12 –.

10 EGMR, Urt. vom 14.12.2023 – 59433/18 – (*Humpert* u. a./Deutschland); rechtlich eingeordnet von *Schepping/Bretschneider*, DIE POLIZEI 11/2024, S. 397 ff.

11 Siehe für Landesbeamte auch die Regelungen in §§ 51, 52 BeamtStG.

dige Personalakte sowie auf Überlassung einer Kopie umfasst, vgl. § 110 I BBG bzw. § 50 BeamtStG.

- **Das Recht auf Rechtsschutz:** Beamte haben unterschiedliche Möglichkeiten, Rechtsschutz zu erlangen, gerichtlich und außergerichtlich, mit förmlichen oder nicht-förmlichen Rechtsbehelfen. Siehe dazu Kap. F. – Rechtsschutz.

II. Grundrechtsträgerschaft

Mit Blick auf die Grundrechte (Art. 1–19 GG) stellt sich die Frage, ob der persönliche Schutzbereich jeweils auch hinsichtlich der Beamtenschaft eröffnet ist. Entscheidungserheblich wird diese Problematik insbesondere, wenn es um die Rechtsweggarantie aus Art. 19 IV GG geht. Hier kommt es gewissermaßen zum Schwur: Können Beamte unter „jemand" im Sinne dieses Grundrechts subsumiert werden?

> **Art. 19 IV GG:** Wird jemand durch die öffentliche Gewalt in seinen Rechten verletzt, so steht ihm der Rechtsweg offen. Soweit eine andere Zuständigkeit nicht begründet ist, ist der ordentliche Rechtsweg gegeben. Artikel 10 Abs. 2 Satz 2 bleibt unberührt.

Während dies unproblematisch zu bejahen ist, soweit sich Beamte in ihrer Freizeit befinden und als Privatpersonen auftreten, blieb diese Frage hinsichtlich des Dienstbetriebs lange Zeit ungeklärt. Dies hing damit zusammen, dass der Staat, der durch seine Beamten agiert und durch sie repräsentiert wird, grundsätzlich nicht zugleich grundrechtsverpflichtet und grundrechtsberechtigt sein kann. Erst im Jahr 1972 entschied das Bundesverfassungsgericht im sog. „Strafgefangenen-Urteil"[12] entgegen der bis dahin herrschenden Meinung, dass sich auch Personen, die in einem Sonderrechtsverhältnis zum Staat stehen, auf die Grundrechte berufen können. Dies betrifft – wie der Name der Entscheidung bereits durchklingen lässt – nicht nur Beamte, die gemäß Art. 33 IV GG in einem öffentlich-rechtlichen Dienst- und Treueverhältnis zum Staat stehen, sondern bspw. auch Soldaten, schulpflichtige Kinder und Strafgefangene.

Die damals herausgebildete Begrifflichkeiten von „Grund- und Betriebsverhältnis" sind zwar aus der Mode gekommen, jedoch lässt sich hieran anschaulich darstellen, was das Bundesverfassungsgericht in seinem Urteil

12 BVerfG, Urt. vom 14.3.1972 – 2 BvR 41/71 –.

herausgearbeitet hat: Geht es um Sachverhalte, die den Beamten in seinem Grundverhältnis zu seinem Dienstherrn betreffen – wie etwa die Themen Versetzung/Abordnung, Beurteilung/Beförderung, Entlassung/Disziplinarmaßnahmen –, so ist er Grundrechtsträger, zumal ihn diese Maßnahmen in seiner Person und nicht nur in seiner Funktion betreffen. Demgegenüber soll er im Rahmen des Betriebsverhältnisses, das alle fachlichen Themen wie bspw. fachliche Weisungen umfasst, kein Grundrechtsträger sein. Möchte der Beamte gegen eine fachliche Weisung vorgehen, so bleibt ihm einzig das Instrument der Remonstration (§ 63 BBG, § 36 BeamtStG) – ein Rechtsbehelf sui generis.

III. Staatshaftungsrecht

Nicht übersehen werden sollte Art. 34 GG, der grundsätzliche Aussagen zum Staatshaftungsrecht trifft.

> **Art. 34 GG**: Verletzt jemand in Ausübung eines ihm anvertrauten öffentlichen Amtes die ihm einem Dritten gegenüber obliegende Amtspflicht, so trifft die Verantwortlichkeit grundsätzlich den Staat oder die Körperschaft, in deren Dienst er steht. Bei Vorsatz oder grober Fahrlässigkeit bleibt der Rückgriff vorbehalten. Für den Anspruch auf Schadenersatz und für den Rückgriff darf der ordentliche Rechtsweg nicht ausgeschlossen werden.

Er steht im thematischen Zusammenhang mit § 839 BGB, der den sog. „Amtshaftungsanspruch" normiert. Im Grundsatz geht es darum, dass durch das Handeln eines Beamten im Außenverhältnis – typischerweise beim Bürger – ein Schaden eingetreten ist. Während die zivilrechtliche Norm im Fall einer mindestens fahrlässigen Amtspflichtverletzung einen Anspruch des Geschädigten direkt gegen den Beamten selbst hergibt,[13] enthält Art. 34 Satz 1 GG eine sog. „Haftungsüberleitung" auf den Staat. Das bedeutet, soweit ein Anspruch nach § 839 BGB entstanden ist, wird die Haftung auf den hinter dem handelnden Beamten stehenden Dienstherrn (der Bund, ein Bundesland oder eine Kommune – jeweils eine Gebietskörperschaft des öffentlichen Rechts) übergeleitet. In der Praxis kann der Geschädigte seinen Anspruch mithin direkt gegenüber dem Dienstherrn geltend machen.

---

13 Siehe hierzu *Bretschneider/Liebhart*, Modulwissen Schadensrecht, S. 12 ff.

Art. 34 Satz 2 GG sieht im Fall von Vorsatz oder grober Fahrlässigkeit die Möglichkeit eines Rückgriffs – auch Regress genannt – vor. Im Bundesrecht ist dies in § 75 BBG geregelt. Hierbei geht es darum, dass sich der Dienstherr, nachdem er im Außenverhältnis gegenüber dem Bürger leisten musste, in gewissen Konstellationen das Geld von seinem Beamten zurückholen kann. Im Fall einer vorsätzlichen Schädigung erscheint dies einleuchtend und gerechtfertigt. Problematisch sind häufig Fälle, in denen es um ein vermeintlich grob fahrlässiges Verhalten eines Beamten geht, das ursächlich für den Schaden gewesen ist.[14]

Sollte es im Rahmen der Amtshaftung oder des Rückgriffs zu rechtlichen Schwierigkeiten kommen, so ist der ordentliche Rechtsweg gegeben, d. h. die Zuständigkeit liegt bei den Amts- bzw. Landgerichten, den Oberlandesgerichten und dem Bundesgerichtshof.

14 Siehe hierzu *Bretschneider/Liebhart*, Modulwissen Schadensrecht, S. 62 ff.

C. Laufbahnrecht

I. Arten der Beamtenverhältnisse

Ausgangspunkt für die Betrachtung der Arten der Beamtenverhältnisse ist § 6 BBG.

> § 6 BBG – Arten des Beamtenverhältnisses
> (1) Das Beamtenverhältnis auf Lebenszeit dient der dauernden Wahrnehmung von Aufgaben nach § 5. Es bildet die Regel.
> (2) Das Beamtenverhältnis auf Zeit ist in gesetzlich besonders bestimmten Fällen zulässig und dient der befristeten Wahrnehmung von Aufgaben nach § 5. Für das Beamtenverhältnis auf Zeit gelten die Vorschriften über das Beamtenverhältnis auf Lebenszeit entsprechend, soweit nicht gesetzlich etwas anderes bestimmt ist.
> (3) Das Beamtenverhältnis auf Probe dient der Ableistung einer Probezeit
> 1. zur späteren Verwendung auf Lebenszeit oder
> 2. zur Übertragung eines Amtes mit leitender Funktion.
>
> (4) Das Beamtenverhältnis auf Widerruf dient
> 1. der Ableistung eines Vorbereitungsdienstes oder
> 2. der vorübergehenden Wahrnehmung von Aufgaben nach § 5.
>
> (5) Das Ehrenbeamtenverhältnis dient der unentgeltlichen Wahrnehmung von Aufgaben nach § 5. Es kann nicht in ein Beamtenverhältnis anderer Art und ein solches kann nicht in ein Ehrenbeamtenverhältnis umgewandelt werden.

Die Vorschrift unterscheidet zwischen fünf verschiedenen Arten der Beamtenverhältnisse, auf welche im Folgenden kurz eingegangen werden soll.

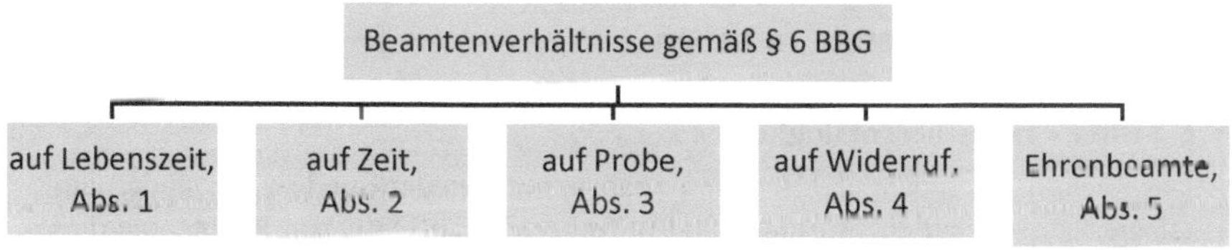

1. Das Beamtenverhältnis auf Lebenszeit, § 6 I BBG

Das Beamtenverhältnis auf Lebenszeit hat einen besonders starken Bestandsschutz und ist gemäß § 6 I 2 BBG der Regelfall. Das bedeutet, dass jede andere Form des Beamtenverhältnisses eines besonderen Grundes bedarf und nicht ohne Weiteres nach Belieben des Dienstherrn gebildet werden kann. Dieser Grundsatz gehört zu den hergebrachten Grundsätzen des Berufsbeamtentums und ist daher gemäß Art. 33 V GG von Verfassung wegen geschützt. In das Beamtenverhältnis auf Lebenszeit darf eine Person nur unter den Voraussetzungen des § 11 I 1 BBG berufen werden (siehe hierzu im Einzelnen Punkt C. I. 3. und C. II. 3. b) ee)).

> **§ 11 BBG – Voraussetzungen der Ernennung auf Lebenszeit; Verordnungsermächtigung**
>
> (1) Zur Beamtin auf Lebenszeit oder zum Beamten auf Lebenszeit darf nur ernannt werden, wer
> 1. die in § 7 bezeichneten Voraussetzungen erfüllt und
> 2. sich in einer Probezeit in vollem Umfang bewährt hat. [...]

Es endet durch Entlassung, Verlust der Beamtenrechte, Entfernung aus dem Beamtenverhältnis nach dem BDG oder Eintritt bzw. Versetzung in den Ruhestand, § 30 BBG (siehe Punkt C. V.).

Durch das Beamtenverhältnis auf Lebenszeit (wie auch durch alle anderen Beamtenverhältnisse) wird ein besonderes Dienst- und Treueverhältnis zwischen dem Beamten und dem Dienstherrn begründet, § 4 BBG. Daraus leiten sich die besonderen Rechte und Pflichten des Beamten und des Dienstherrn ab.

> **§ 4 BBG – Beamtenverhältnis**
>
> Beamtinnen und Beamte stehen zu ihrem Dienstherrn in einem öffentlich-rechtlichen Dienst- und Treueverhältnis (Beamtenverhältnis).

Dienstherr kann dabei jede Stelle sein, die nach § 2 BBG das Recht besitzt, Beamtinnen und Beamte zu haben.

> **§ 2 BBG – Dienstherrnfähigkeit**
>
> Das Recht, Beamtinnen und Beamte zu haben, besitzen der Bund sowie bundesunmittelbare Körperschaften, Anstalten und Stiftungen des öffentlichen Rechts, die dieses Recht zum Zeitpunkt des Inkrafttretens dieses Gesetzes besitzen oder denen es danach durch Gesetz oder aufgrund eines Gesetzes verliehen wird.

Sinn und Zweck des Beamtenverhältnisses auf Lebenszeit ist die dauernde Wahrnehmung von Aufgaben nach § 5 BBG.

> **§ 5 BBG – Zulässigkeit des Beamtenverhältnisses**
> Die Berufung in das Beamtenverhältnis ist nur zulässig zur Wahrnehmung
> 1. hoheitsrechtlicher Aufgaben oder
> 2. von Aufgaben, die zur Sicherung des Staates oder des öffentlichen Lebens nicht ausschließlich Personen übertragen werden dürfen, die in einem privatrechtlichen Arbeitsverhältnis stehen.

Die Begründung eines Beamtenverhältnisses auf Lebenszeit ist also nach dem Wortlaut des Gesetzes – in Abgrenzung zu sonstigen Beschäftigungsverhältnissen – keineswegs bereits dann zulässig, wenn der Dienstherr attraktive Konditionen auf dem Arbeitsmarkt bieten möchte. Vielmehr wird verlangt, dass ein Beamter entweder hoheitsrechtliche Aufgaben oder besondere Aufgaben zur Sicherung des Staates oder des öffentlichen Lebens wahrnimmt. Dieser Funktionsvorbehalt kommt auch in Art. 33 IV GG zum Ausdruck, welcher darüber hinaus sogar verlangt, dass die Ausübung hoheitsrechtlicher Befugnisse in der Regel Angehörigen des öffentlichen Dienstes zu übertragen ist, die in einem öffentlich-rechtlichen Dienst- und Treueverhältnis stehen. Was unter hoheitsrechtlichen Aufgaben zu verstehen ist, wird unterschiedlich beurteilt. Zum Teil wird darunter die gesamte öffentlich-rechtliche Tätigkeit gefasst; zum Teil nur die Tätigkeit des Staates als Obrigkeit, d. h. im Über-/Unterordnungsverhältnis (siehe dazu Battis, BBG, 6. Aufl. 2022, § 5 Rn. 5 f.). Unabhängig von der Weite des Begriffs fallen jedenfalls alle Aufgaben des Polizeivollzugsdienstes darunter.

2. Das Beamtenverhältnis auf Zeit, § 6 II BBG

Das Beamtenverhältnis auf Zeit ist nur in gesetzlich besonders bestimmten Fällen zulässig und dient der befristeten Wahrnehmung von Aufgaben nach § 5 BBG. Hierbei wird ein Beamter für einen bestimmten Zeitraum in das Beamtenverhältnis berufen. Beispielhaft zu nennen ist hier § 132 I 1 BBG, wonach Professoren bei erstmaliger Berufung in das Professorenverhältnis (zunächst) für sechs Jahre als Beamte auf Zeit ernannt werden. Hintergrund ist die besondere Stellung der Hochschullehrer, welche in Abweichung von anderen Beamten – ihre Aufgaben in Wissenschaft, Forschung, Lehre und Weiterbildung in ihren Fächern nach näherer Ausgestaltung ihres Dienstverhältnisses selbstständig wahrnehmen, § 130 III BBG. Weitere Besonderheiten ergeben sich aus § 132 IX und X BBG. Weitere Beispiele sind der Präsident und Vizepräsident des Bundesrechnungshofes (§ 3 II

BRHG) sowie der Präsident der Bundesanstalt für den Digitalfunk der Behörden und Organisationen mit Sicherheitsaufgaben (§ 4 II BDBOSG).

3. Das Beamtenverhältnis auf Probe, § 6 III BBG

Beim Beamtenverhältnis auf Probe wird zwischen zwei Formen unterschieden. Zum einen dient es als Durchgangsstadium zum Beamtenverhältnis auf Lebenszeit (Nr. 1), zum anderen als Durchgangsstadium für ein Führungsamt (Nr. 2). Bei Letzterem geht es um die Erprobung der Eignung als Führungskraft während einer regelmäßigen zweijährigen Probezeit, § 24 I 1, 2 BBG. Betroffen sind hiervon allerdings grundsätzlich nur Ämter der Besoldungsgruppen B 6 bis B 9 in den obersten Bundesbehörden sowie Leitungsämter der B-Besoldung der übrigen Bundesbehörden, § 24 V BBG.

Der deutlich häufigere Anwendungsfall ist dabei die Probezeit vor der Verbeamtung auf Lebenszeit. Normiert ist diese in § 11 BBG und § 28 BLV.

§ 11 BBG – Voraussetzungen der Ernennung auf Lebenszeit; Verordnungsermächtigung

(1) Zur Beamtin auf Lebenszeit oder zum Beamten auf Lebenszeit darf nur ernannt werden, wer
1. die in § 7 bezeichneten Voraussetzungen erfüllt und
2. sich in einer Probezeit in vollem Umfang bewährt hat.

Für die Feststellung der Bewährung gilt ein strenger Maßstab. Die Probezeit dauert mindestens drei Jahre. Die Anrechnung einer gleichwertigen Tätigkeit kann bis zu einer Mindestprobezeit von einem Jahr vorgesehen werden. Die Bundesregierung regelt durch Rechtsverordnung die Einzelheiten, insbesondere regelt sie
1. die Kriterien und das Verfahren der Bewährungsfeststellung,
2. die Mindestprobezeit sowie Ausnahmen von der Mindestprobezeit,
3. die Verlängerung der Probezeit und die Anrechnung von Zeiten gleichwertiger Tätigkeiten auf die Probezeit.

(2) Ein Beamtenverhältnis auf Probe ist spätestens nach fünf Jahren in ein solches auf Lebenszeit umzuwandeln, wenn die beamtenrechtlichen Voraussetzungen hierfür erfüllt sind. Die Frist verlängert sich um die Zeit, um die sich die Probezeit wegen Elternzeit oder einer Beurlaubung unter Wegfall der Besoldung verlängert.

§ 28 BLV – Dauer der Probezeit und Feststellung der Bewährung

(1) Die regelmäßige Probezeit dauert drei Jahre.

(2) Die Beamtinnen und Beamten haben sich in der Probezeit in vollem Umfang bewährt, wenn sie nach Eignung, Befähigung und fachlicher Leistung wechselnde Anforderungen ihrer Laufbahn erfüllen können.

(3) Die Beamtinnen und Beamten sind während der Probezeit in mindestens zwei Verwendungsbereichen einzusetzen, wenn nicht dienstliche Gründe entgegenstehen.

(4) Eignung, Befähigung und fachliche Leistung der Beamtinnen und Beamten sind spätestens nach der Hälfte der festgesetzten Probezeit erstmals und vor Ablauf der festgesetzten Probezeit mindestens ein zweites Mal zu beurteilen. Auf besondere Eignungen und auf bestehende Mängel ist in der Beurteilung hinzuweisen.

(5) Kann die Bewährung wegen besonderer Umstände des Einzelfalls bis zum Ablauf der regelmäßigen Probezeit nicht abschließend festgestellt werden, kann die Probezeit verlängert werden.

(6) Beamtinnen und Beamte, die sich in der Probezeit nicht in vollem Umfang bewährt haben, werden spätestens mit Ablauf der Probezeit entlassen.

Die Probezeit dient der Erprobung der Eignung, Befähigung und fachlichen Leistung, § 28 II BLV. Für die Bewährungsfeststellung gilt ein strenger Maßstab, § 11 I 2 BBG. Die regelmäßige Dauer der Probezeit beträgt drei Jahre, § 11 I 3 BBG, § 28 I BLV. Kann innerhalb dieses Zeitraums keine erfolgreiche Erprobung festgestellt werden, ist eine Verlängerung auf bis zu fünf Jahre möglich, § 11 II 1 BBG, § 28 V BLV. Sofern bereits berufliche Vorerfahrungen gegeben sind, kann sie durch Anrechnung von Tätigkeiten auf bis zu ein Jahr verkürzt werden, § 11 I 4 BBG, §§ 29, 31 BLV.

§ 29 BLV – Anrechnung hauptberuflicher Tätigkeiten

(1) Hauptberufliche Tätigkeiten, die nach Art und Schwierigkeit mindestens der Tätigkeit in einem Amt der betreffenden Laufbahn entsprechen, können auf die Probezeit angerechnet werden.

(2) Nicht anzurechnen sind hauptberufliche Tätigkeiten,

1. die auf den Vorbereitungsdienst angerechnet worden sind oder
2. deren Ausübung Voraussetzung für die Zulassung zur Laufbahn ist.

§ 31 BLV – Mindestprobezeit

(1) Die Probezeit muss mindestens ein Jahr dauern (Mindestprobezeit).

(2) Auf die Mindestprobezeit können hauptberufliche Tätigkeiten nicht nach § 29 Absatz 1 angerechnet werden.

(3) Auf die Mindestprobezeit kann jedoch eine hauptberufliche Tätigkeit angerechnet werden, soweit die hauptberufliche Tätigkeit

1. nach Art und Schwierigkeit mindestens der Tätigkeit in einem Amt der betreffenden Laufbahn entspricht und
2. ausgeübt worden ist
   a) im berufsmäßigen Wehrdienst,
   b) in der obersten Dienstbehörde, die für die Bewährungsfeststellung zuständig ist, oder in deren Dienstbereich oder
   c) in einem Beamtenverhältnis als Beamtin oder Beamter der Bundesbesoldungsordnung W oder C.

Das Beamtenverhältnis auf Probe endet durch die Ernennung zum Beamten auf Lebenszeit oder Beendigung des Beamtenverhältnisses (siehe Punkt C. V.).

4. Das Beamtenverhältnis auf Widerruf, § 6 IV BBG

Es gibt zwei Arten des Beamtenverhältnisses auf Widerruf: Zum einen betrifft es Beamte während des Vorbereitungsdienstes zum Erwerb einer Laufbahnbefähigung (Nr. 1, z. B. Polizeikommissaranwärter – PKA). Zum anderen dient es der vorübergehenden Wahrnehmung von Aufgaben nach § 5 BBG (Nr. 2). Letzteres spielt aktuell praktisch keine Rolle, da vorübergehender Personalbedarf in aller Regel durch befristet angestellte Tarifbeschäftigte und nicht durch Beamte auf Widerruf abgedeckt wird. Der Vorbereitungsdienst zum Erwerb einer Laufbefähigung für den Polizeivollzugsdienst wird im Beamtenverhältnis auf Widerruf abgeleistet.

5. Ehrenbeamte, § 6 V BBG

Ehrenbeamte üben ein hoheitliches Amt neben dem eigentlichen Hauptberuf aus. Sie erhalten für ihre Tätigkeit keine Besoldung und Versorgung, lediglich Unfallfürsorge wird gewährt, § 130 II BBG. Dies betrifft vor allem Ämter in der kommunalen Selbstverwaltung, zum Beispiel ehrenamtliche Bürgermeister bzw. Ortsvorsteher. Da es sich dabei um Landesbeamte handelt, spielen Ehrenbeamte beim Bund kaum eine Rolle. Hauptanwendungsfall auf Bundesebene sind Honorarkonsularbeamte im auswärtigen Dienst.

6. Politische Beamte

Politische Beamte sind in § 6 BBG als eigenständige Art des Beamtenverhältnisses nicht erwähnt, da auch sie grundsätzlich Beamte auf Lebenszeit oder auf Probe sind. Dennoch gibt es Besonderheiten, die zu einer gesonderten Einordnung führen. Politische Beamte haben ein Amt inne, bei dessen Ausübung sie in fortdauernder Übereinstimmung mit den grundsätzlichen politischen Ansichten und Zielen der Regierung stehen müssen, § 30 I BeamtStG.

§ 30 BeamtStG – Einstweiliger Ruhestand

(1) Beamtinnen auf Lebenszeit und Beamte auf Lebenszeit können jederzeit in den einstweiligen Ruhestand versetzt werden, wenn sie ein Amt bekleiden, bei dessen Ausübung sie in fortdauernder Übereinstimmung mit den grundsätzlichen politischen Ansichten und Zielen der Regierung stehen müssen. Die Bestimmung der Ämter nach Satz 1 ist dem Landesrecht vorbehalten.
(2) Beamtinnen und Beamte, die auf Probe ernannt sind und ein Amt im Sinne des Absatzes 1 bekleiden, können jederzeit entlassen werden. [...]

Sie stellen die Schnittstelle zwischen Politik und Verwaltung dar, erfüllen so eine Scharnierfunktion zwischen beiden Elementen und tragen entscheidend dazu bei, dass sich politische Ansichten und Programme möglichst schnell und effizient in praktisches Regierungs- bzw. Verwaltungshandeln transformieren lassen. Ausgestattet mit Kenntnissen und Erfahrungen aus beiden Sphären, können sie entscheidend dazu beitragen, politische Vorstellungen in konkrete Verwaltungsmaßnahmen zu übersetzen. Andernfalls bestünde die Möglichkeit, dass feste personelle Strukturen innerhalb der Regierung/Verwaltung die Umsetzung von politischen Ideen behindern oder erschweren, welche sich in Wahlen demokratisch durchgesetzt haben. Politische Beamte dienen also im Ergebnis dazu, einen Einklang zwischen dem Ergebnis demokratischer Prozesse und dem Regierungs-/Verwaltungsapparat zu gewährleisten.

Die Anforderung der fortdauernden Übereinstimmung mit den grundsätzlichen politischen Ansichten und Zielen der Regierung („Regierungstreue“) gilt als zusätzliche Pflicht allein für politische Beamte. Alle anderen Beamten – und natürlich auch die politischen Beamten – müssen sich durch ihr gesamtes Verhalten „lediglich“ zur freiheitlichen demokratischen Grundordnung im Sinne des Grundgesetzes bekennen und für deren Erhaltung eintreten (Verfassungstreuepflicht, § 60 I 2 BBG). Politische Beamte haben also eine Verfassungs- und Regierungstreuepflicht; alle anderen Beamten nur eine Verfassungstreuepflicht.

Sofern der Bundeskanzler oder die Bundesminister bei politischen Beamten in ihrem Zuständigkeitsbereich die Regierungstreue nicht mehr als gegeben ansehen bzw. sich auf einen sonstigen sachlichen Grund berufen, können sie den Bundespräsidenten ersuchen, die politischen Beamten in den einstweiligen Ruhestand zu versetzen, § 30 I BeamtStG. Dies kann jederzeit – das heißt fristlos – erfolgen. Der Bundespräsident ist hierbei lediglich das ausführende Organ, das die Entscheidung der Regierungsmitglieder umsetzt, § 54 I BBG. Ein eigener Entscheidungsspielraum kommt ihm dabei nicht zu. Sofern es sich um politische Beamte auf Probe handelt, können diese sogar jederzeit entlassen werden, § 30 II BeamtStG. Der einstweilige Ruhestand beginnt grundsätzlich mit der Bekanntgabe der Versetzungsentscheidung beim Betroffenen, spätestens jedoch mit dem Ende des dritten Monats, der auf den Monat der Bekanntgabe folgt, § 56 Satz 1 BBG. Er endet, sobald der Betroffene erneut in ein Beamtenverhältnis auf Lebenszeit berufen oder nach Erreichen der Regelaltersgrenze dauerhaft in den Ruhestand versetzt wird, §§ 57, 58 BBG.

Versorgungsrechtlich bedeutet der einstweilige Ruhestand für die Betroffenen, dass sie je nach geleisteter Dienstzeit mind. sechs Monate und maximal drei Jahre lang ein volles Ruhegehalt und im Anschluss ein lebenslanges Ruhegehalt bemessen nach den individuell erworbenen Pensionsansprüchen erhalten, § 14 I, VI BeamtVG.

Wer den Status eines politischen Beamten inne hat, steht nicht zur Disposition der Exekutive, sondern ist für den Bereich der Bundesbeamten gesetzlich in § 54 I BBG festgelegt. Im Zuständigkeitsbereich der Bundespolizei existiert mit der Präsidentin bzw. dem Präsidenten des Bundespolizeipräsidiums nur ein politischer Beamter, § 54 I Nr. 8 BBG.

§ 54 BBG – Einstweiliger Ruhestand

(1) Die Bundespräsidentin oder der Bundespräsident kann jederzeit die nachfolgend genannten politischen Beamtinnen und politischen Beamten in den einstweiligen Ruhestand versetzen, wenn sie Beamtinnen auf Lebenszeit oder Beamte auf Lebenszeit sind:

1. Staatssekretärinnen und Staatssekretäre sowie Ministerialdirektorinnen und Ministerialdirektoren,
2. sonstige Beamtinnen und Beamte des höheren Dienstes im auswärtigen Dienst von der Besoldungsgruppe B 3 an aufwärts sowie Botschafterinnen und Botschafter in der Besoldungsgruppe A 16,
3. Beamtinnen und Beamte des höheren Dienstes des Militärischen Abschirmdienstes, des Bundesamtes für Verfassungsschutz und des Bundesnachrichtendienstes von der Besoldungsgruppe B 6 an aufwärts,
4. die Chefin oder den Chef des Presse- und Informationsamtes der Bundesregierung, deren oder dessen Stellvertretung und die Stellvertretende Sprecherin oder den Stellvertretenden Sprecher der Bundesregierung,
5. die Generalbundesanwältin oder den Generalbundesanwalt beim Bundesgerichtshof,
6. (weggefallen)
7. die Präsidentin oder den Präsidenten des Bundeskriminalamtes,
8. die Präsidentin oder den Präsidenten des Bundespolizeipräsidiums,
9. die Präsidentin oder den Präsidenten des Bundesamtes für das Personalmanagement der Bundeswehr,
10. die Präsidentin oder den Präsidenten des Bundesamtes für Ausrüstung, Informationstechnik und Nutzung der Bundeswehr,
11. die Präsidentin oder den Präsidenten des Bundesamtes für Infrastruktur, Umweltschutz und Dienstleistungen der Bundeswehr und
12. die Präsidentin oder den Präsidenten der Generalzolldirektion.

(2) Gesetzliche Vorschriften, nach denen andere politische Beamtinnen und politische Beamte in den einstweiligen Ruhestand versetzt werden können, bleiben unberührt.

II. Ernennung

1. Begriff und Formen der Ernennung

Unter Ernennung versteht man einen mitwirkungsbedürftigen Verwaltungsakt zur Begründung eines neuen oder Veränderung eines bereits bestehenden Beamtenverhältnisses. Die grundlegende Norm hierzu ist § 10 I BBG, welcher die Formen der Ernennung regelt.

> **§ 10 BBG – Ernennung**
>
> (1) Einer Ernennung bedarf es zur
> 1. Begründung des Beamtenverhältnisses,
> 2. Umwandlung des Beamtenverhältnisses in ein solches anderer Art,
> 3. Verleihung eines anderen Amtes mit anderem Endgrundgehalt und anderer Amtsbezeichnung oder
> 4. Verleihung eines anderen Amtes mit anderer Amtsbezeichnung beim Wechsel der Laufbahngruppe. […]

Daraus ergibt sich folgende Übersicht:

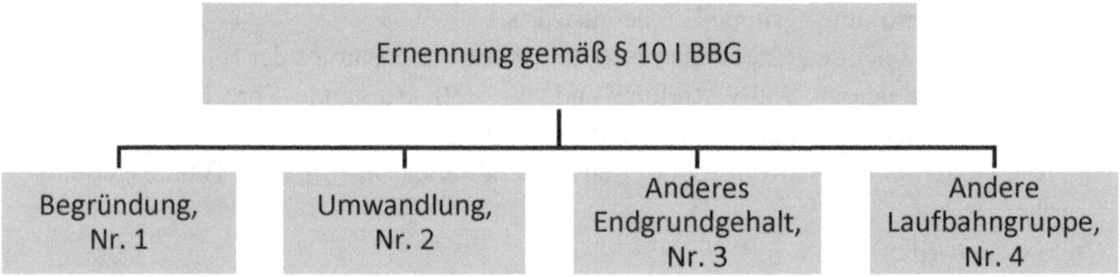

a) Begründung des Beamtenverhältnisses, § 10 I Nr. 1 BBG

Durch die Begründung des Beamtenverhältnisses (Einstellung) wird das Dienst- und Treueverhältnis zwischen dem Beamten und dem Dienstherrn etabliert.

b) Umwandlung des Beamtenverhältnisses, § 10 I Nr. 2 BBG

Typische Beispiele für die Umwandlung des Beamtenverhältnisses in ein solches anderer Art sind der Übergang vom Beamtenverhältnis auf Probe oder auf Zeit in ein Beamtenverhältnis auf Lebenszeit. Der Wechsel vom Beamtenverhältnis auf Widerruf zu einem Beamtenverhältnis auf Probe stellt hierbei einen Sonderfall dar. Hintergrund ist § 37 II 2 BBG, wonach das Beamtenverhältnis auf Widerruf automatisch – das heißt qua Gesetz ohne weiteren Umsetzungsakt – mit dem Ablauf des Tages endet, an dem ihnen das Bestehen oder endgültige Nichtbestehen der Laufbahnprüfung oder gegebenenfalls einer Zwischenprüfung bekannt gegeben wird.

> **§ 37 BBG – Entlassung von Beamtinnen auf Widerruf und Beamten auf Widerruf**
> […]
> (2) Beamtinnen auf Widerruf und Beamten auf Widerruf im Vorbereitungsdienst soll Gelegenheit gegeben werden, den Vorbereitungsdienst abzuleisten und die Prüfung abzulegen. Sie sind mit Ablauf des Tages aus dem Beamtenverhältnis entlassen, an dem ihnen
> 1. das Bestehen oder endgültige Nichtbestehen der Prüfung oder
> 2. das endgültige Nichtbestehen einer vorgeschriebenen Zwischenprüfung
>
> bekannt gegeben wird.

Für die Einordnung des Übergangs von „auf Widerruf" zu „auf Probe" kommt es daher maßgeblich auf die zeitliche Reihenfolge an. Wird dem Beamten die Ernennungsurkunde zum Beamten auf Probe nicht am selben Tag übergeben, an dem das Prüfungsergebnis bekannt gegeben wird, handelt es sich um eine Einstellung gemäß § 10 I Nr. 1 BBG. Hier wird der Beamte mit Ablauf des Tages der Prüfungsergebnisbekanntgabe zunächst statuslos und wird im Anschluss wieder neu in das Beamtenverhältnis auf Probe berufen. Finden die Bekanntgabe des Prüfungsergebnisses und die Ernennung zum Beamten auf Probe am selben Tag statt, handelt es sich um eine Umwandlung gemäß § 10 I Nr. 2 BBG.

c) Verleihung eines Amtes mit anderem Endgrundgehalt und anderer Amtsbezeichnung, § 10 I Nr. 3 BBG

In diese Kategorie der Ernennung fällt sowohl die Beförderung (§ 22 BBG) als auch die (freiwillige und unfreiwillige) Rückernennung und die Zurückstufung gemäß § 9 BDG. Während sich der Beamte durch eine Beförderung statusmäßig und finanziell verbessert, sind Rückernennung und Zurückstufung mit entsprechenden Einbußen verbunden. Eine freiwillige Rückernennung kommt beispielsweise dann in Betracht, wenn heimatnah nur eine geringer bewertete Stelle zur Verfügung steht. Zu einer unfreiwilligen Rückernennung kann es in bestimmten Fällen im Zusammenhang mit einer Versetzung kommen, § 28 III BBG. Die Zurückstufung nach § 9 BDG stellt eine Disziplinarmaßnahme für schwere Dienstvergehen dar.

d) Verleihung eines anderen Amtes mit anderer Amtsbezeichnung beim Wechsel der Laufbahngruppe, § 10 I Nr. 4 BBG

Erfasst sind hier insbesondere Aufstiege vom mittleren Dienst in den gehobenen Dienst oder vom gehobenen Dienst in den höheren Dienst. Hingegen stellt ein Laufbahnwechsel keinen Fall der Ernennung nach § 10 I

Nr. 4 BBG dar. Zu denken wäre hier an einen Wechsel vom Polizeivollzugsdienst in den allgemeinen Verwaltungsdienst, also zum Beispiel vom Polizeirat (PR) zum Regierungsrat (RR).

2. Wirksamkeit der Ernennung

Für die Wirksamkeit einer Ernennung bedarf es der Bekanntgabe durch Aushändigung einer Ernennungsurkunde, §§ 10 II 1, 12 II 1 BBG. Dadurch wird für das Beamtenrecht das sog. „Urkundsprinzip" statuiert, welches in erster Linie der Rechtssicherheit dienen soll. Aufgrund der weitreichenden Konsequenzen der Ernennung im Hinblick auf Rechte und Pflichten von Beamten soll sichergestellt werden, dass in jedem Fall klar und transparent ist, wer wann von wem wozu ernannt wurde.

§ 10 BBG – Ernennung

[…]

(2) Die Ernennung erfolgt durch Aushändigung einer Ernennungsurkunde. In der Urkunde müssen enthalten sein

1. bei der Begründung des Beamtenverhältnisses die Wörter „unter Berufung in das Beamtenverhältnis" mit dem die Art des Beamtenverhältnisses bestimmenden Zusatz „auf Lebenszeit", „auf Probe", „auf Widerruf" oder „als Ehrenbeamtin" oder „als Ehrenbeamter" oder „auf Zeit" mit der Angabe der Zeitdauer der Berufung,
2. bei der Umwandlung des Beamtenverhältnisses in ein solches anderer Art die diese Art bestimmenden Wörter nach Nummer 1 und
3. bei der Verleihung eines Amtes die Amtsbezeichnung.

[…]

§ 12 BBG – Zuständigkeit und Wirksamwerden der Ernennung

[…]

(2) Die Ernennung wird mit dem Tag der Aushändigung der Ernennungsurkunde wirksam, wenn nicht in der Urkunde ausdrücklich ein späterer Zeitpunkt bestimmt ist. Eine Ernennung auf einen zurückliegenden Zeitpunkt ist unzulässig und insoweit unwirksam. […]

Bei der Ernennung handelt es sich grundsätzlich um einen mitwirkungsbedürftigen Verwaltungsakt. Die Mitwirkung findet dabei durch die Entgegennahme der Urkunde statt. Von Seiten des Dienstherrn wird also die Urkunde übergeben, von Seiten des Beamten muss sie entgegengenommen werden. Letzterer stimmt dem Vorgang dadurch konkludent zu. Dabei ist nicht unbedingt eine persönliche Aushändigung erforderlich; eine persönliche Zustellung der Urkunde erfüllt ebenfalls die Anforderungen an die Rechtsklarheit. Darüber hinaus ist bei bestimmten Ernennungen keine Mitwirkung des betroffenen Beamten nötig. Dies betrifft insbesondere Zurückstufungen gemäß § 9 BDG und bestimmte ohne Zustimmung des Beamten mögliche Versetzungen nach § 28 III BBG.

Zu differenzieren ist zwischen innerer und äußerer Wirksamkeit der Ernennung. Die äußere Wirksamkeit tritt ein, wenn die Ernennungsurkunde dem Beamten ausgehändigt wird. Die innere Wirksamkeit bezieht sich hingegen auf die rechtsgestaltende Wirkung der Urkunde.

> ***Bsp.:*** *A wird die Ernennungsurkunde am 22.12.2022 übergeben (äußere Wirksamkeit), welche vorsieht, dass er zum 1.1.2023 zum Beamten auf Probe ernannt werden soll (innere Wirksamkeit).*
>
> *Eine Rückdatierung ist hierbei allerdings unzulässig, § 12 II 2 BBG.*

3. Rechtmäßigkeit der Ernennung

Damit eine Ernennung rechtmäßig erfolgt, müssen folgende Voraussetzungen gegeben sein:

a) Formelle Rechtmäßigkeit
- (1) Dienstherrnfähigkeit
- (2) Zuständigkeit
- (3) Verfahren
- (4) Form

b) Materielle Rechtmäßigkeit
- (1) Auswahl der zu ernennenden Person
- (2) Amts- und Geschäftsfähigkeit
- (3) Besetzbare Planstelle
- (4) Keine Bedingungen und Auflagen
- (5) (ggf.) Besondere Voraussetzungen für Einstellungen gem. § 10 I Nr. 1 BBG
  - (a) Erfüllung hoheitsrechtlicher Aufgaben, § 5 BBG
  - (b) Staatsangehörigkeit, § 7 I 1 Nr. 1 BBG
  - (c) Verfassungstreue, § 7 I 1 Nr. 2 BBG
  - (d) Laufbahnbefähigung, § 7 I 1 Nr. 3 BBG
  - (e) Erscheinungsbild, § 7 I 2 BBG
- (6) (ggf.) Besondere Voraussetzungen für Umwandlungen gem. § 10 I Nr. 2 BBG
- (7) (ggf.) Besondere Voraussetzungen für Beförderungen
- (8) (ggf.) Besondere Voraussetzungen für Aufstiege
- (9) Ermessen

a) Formelle Rechtmäßigkeit

(1) Dienstherrnfähigkeit

Eine Ernennung kann nur von einer Stelle mit Dienstherrnfähigkeit wirksam vorgenommen werden. Nach § 2 BBG sind das für die Bundesebene der Bund sowie bundesunmittelbare Körperschaften, Anstalten und Stiftungen, welchen dieses Recht durch Gesetz oder aufgrund eines Gesetzes verliehen wurde. Eine entsprechende Regelung für die Landesebene findet sich in § 2 BeamtStG.

(2) Zuständigkeit

Nach Art. 60 I GG und § 12 I BBG ist der Bundespräsident für die Ernennung aller Bundesbeamten sachlich zuständig.

Art. 60 GG

(1) Der Bundespräsident ernennt und entläßt die Bundesrichter, die Bundesbeamten, die Offiziere und Unteroffiziere, soweit gesetzlich nichts anderes bestimmt ist. [...]
[...]
(3) Er kann diese Befugnisse auf andere Behörden übertragen. [...]

§ 12 BBG – Zuständigkeit und Wirksamwerden der Ernennung

(1) Die Bundespräsidentin oder der Bundespräsident oder eine von ihr oder ihm bestimmte Stelle ernennt die Beamtinnen und Beamten, soweit gesetzlich nichts anderes bestimmt ist.

Selbstverständlich ist es dem Bundespräsidenten und aus Kapazitätsgründen auch dem Bundespräsidialamt nicht möglich, sich um die Ernennung sämtlicher Bundesbeamter selbst zu kümmern. Dies wäre aufgrund der sonstigen Rolle und Aufgaben des Bundespräsidenten auch nicht besonders effizient. Wie durch Art. 60 III GG ermöglicht, wurde diese Aufgabe deshalb durch die Anordnung des Bundespräsidenten über die Ernennung und Entlassung der Beamten und Richter des Bundes vom 23.6.2004 an die jeweiligen Bundesbehörden delegiert.

(3) Verfahren

Grundsätzlich besteht eine Ausschreibungspflicht für alle zu besetzenden Stellen. Bei Einstellungen muss die Ausschreibung sogar öffentlich sein,

§ 8 I BBG i. V. m. § 4 I BLV. Ausnahmen hiervon ergeben sich aus § 4 II, III BLV. Zu erwähnen sind hier insbesondere bestimmte Spitzenbeamte, persönliche Referenten sowie Stellen nach dem Vorbereitungsdienst und Aufstiegsverfahren.

> **§ 8 BBG – Stellenausschreibung**
>
> (1) Zu besetzende Stellen sind auszuschreiben. Bei der Einstellung von Bewerberinnen und Bewerbern muss die Ausschreibung öffentlich sein. Ausnahmen von den Sätzen 1 und 2 kann die Bundesregierung durch Rechtsverordnung regeln.
> (2) Die Art der Ausschreibung regelt die oberste Dienstbehörde nach Maßgabe des § 6 des Bundesgleichstellungsgesetzes. Sie kann diese Befugnis auf unmittelbar nachgeordnete Behörden übertragen.

> **§ 4 BLV – Stellenausschreibungspflicht**
>
> (1) Zu besetzende Stellen sind außer in den Fällen des Absatzes 2 auszuschreiben. Der Einstellung von Bewerberinnen und Bewerbern muss eine öffentliche Ausschreibung vorausgehen.
> (2) Die Pflicht zur Stellenausschreibung nach Absatz 1 gilt nicht
> 1. für Stellen der Staatssekretärinnen und Staatssekretäre, Abteilungsleiterinnen und Abteilungsleiter in den Bundesministerien und im Bundestag, sonstigen politischen Beamtinnen und Beamten, Leitungen der anderen obersten Bundesbehörden und Leiterinnen und Leiter der den Bundesministerien unmittelbar nachgeordneten Behörden sowie der bundesunmittelbaren Körperschaften, Anstalten und Stiftungen des öffentlichen Rechts,
> 2. für Stellen der persönlichen Referentinnen und Referenten der Leiterinnen und Leiter der obersten Bundesbehörden sowie der beamteten und Parlamentarischen Staatssekretärinnen und Staatssekretäre,
> 3. für Stellen, die mit Beamtinnen und Beamten unmittelbar nach Abschluss ihres Vorbereitungsdienstes oder eines Aufstiegsverfahrens besetzt werden,
> 4. für Stellen, die durch Versetzung nach vorangegangener Abordnung, nach Übertritt oder nach Übernahme von Beamtinnen und Beamten besetzt werden,
> 5. für Stellen, die zur Vermeidung der Versetzung in den Ruhestand wegen Dienstunfähigkeit oder zur erneuten Berufung in das Beamtenverhältnis nach Wiederherstellung der Dienstfähigkeit besetzt werden,
> 6. für Stellen des einfachen Dienstes, für die Bewerberinnen und Bewerber von der Bundesagentur für Arbeit vermittelt werden können.
>
> (3) Von einer Stellenausschreibung kann abgesehen werden
> 1. allgemein oder in Einzelfällen, wenn Gründe der Personalplanung oder des Personaleinsatzes entgegenstehen und es sich nicht um Einstellungen handelt,
> 2. in besonderen Einzelfällen auch bei einer Einstellung aus den in Nummer 1 genannten Gründen.

Neben dem Erfordernis der Stellenausschreibung muss die Personalvertretung bei Einstellungen, Beförderungen, Laufbahnwechseln und Verleihung eines anderen Amtes mit anderer Amtsbezeichnung beim Wechsel der Laufbahngruppe zustimmen, § 78 I Nr. 1, 2 BPersVG. Darüber hinaus gibt es in den Fällen des § 27 I Nr. 1 BGleiG ein Mitwirkungsrecht in Form eines speziellen Anhörungsrechts für die Gleichstellungsbeauftragte sowie in Fällen, in denen ein Beamter mit anerkannter Schwerbehinderung betroffen ist, nach § 178 II SGB IX ein Mitwirkungsrecht der Schwerbehindertenvertretung.

(4) Form

Hinsichtlich der Form ist das bereits erwähnte Urkundsprinzip zu beachten, das heißt, dem Beamten muss eine Ernennungsurkunde ausgehändigt werden, welche bestimmte Formvorschriften erfüllen muss, § 10 II 2 BBG. Eine Ernennung in elektronischer Form ist grundsätzlich erlaubt, sofern sie mittels einer qualifizierten elektronischen Signatur vorgenommen wird. Aus Gründen der Rechtssicherheit und Praktikabilität wird diese allerdings überwiegend abgelehnt und nicht durchgeführt.

b) Materielle Rechtmäßigkeit

(1) Auswahl der zu ernennenden Person

Die Auswahl der zu ernennenden Person muss nach Eignung, Befähigung und fachlicher Leistung erfolgen, Art. 33 II GG, §§ 9 BBG, 3 BLV (siehe hierzu Punkt C. 3. VI.).

(2) Amts- und Geschäftsfähigkeit

Die zu ernennende Person muss amts- und geschäftsfähig sein. Amtsfähig ist jeder, der die Fähigkeit hat, öffentliche Ämter zu bekleiden. Grundsätzlich steht jedem Deutschen nach seiner Befähigung, Eignung und fachlichen Leistung grundsätzlich die Bekleidung jedes öffentlichen Amtes offen, Art. 33 II GG. Die Amtsfähigkeit geht jedoch für die Dauer von fünf Jahren als strafrechtliche Nebenfolge verloren, sofern jemand wegen eines Verbrechens zu einer Freiheitsstrafe von mindestens einem Jahr verurteilt wird, § 45 I StGB. Darüber hinaus kann das Gericht die Amtsfähigkeit für die Dauer von zwei bis fünf Jahren aberkennen, sofern dies im StGB für das jeweilige Delikt besonders vorgesehen ist (z. B. bei Bestechlichkeit gemäß § 332 StGB, siehe § 358 StGB).

> **§ 45 StGB – Verlust der Amtsfähigkeit, der Wählbarkeit und des Stimmrechts**
>
> (1) Wer wegen eines Verbrechens zu Freiheitsstrafe von mindestens einem Jahr verurteilt wird, verliert für die Dauer von fünf Jahren die Fähigkeit, öffentliche Ämter zu bekleiden und Rechte aus öffentlichen Wahlen zu erlangen.
>
> (2) Das Gericht kann dem Verurteilten für die Dauer von zwei bis zu fünf Jahren die in Absatz 1 bezeichneten Fähigkeiten aberkennen, soweit das Gesetz es besonders vorsieht.
>
> (3) Mit dem Verlust der Fähigkeit, öffentliche Ämter zu bekleiden, verliert der Verurteilte zugleich die entsprechenden Rechtsstellungen und Rechte, die er innehat.

Sofern der Betroffene nach den Vorschriften des Bürgerlichen Gesetzbuchs (BGB) minderjährig und damit beschränkt geschäftsfähig ist, benötigt er die Zustimmung seiner gesetzlichen Vertreter, §§ 2, 106, 107, 108 BGB.

(3) Besetzbare Planstelle

Bei Ernennungen mit statusrechtlichen Auswirkungen muss eine besetzbare Planstelle im Haushaltsplan ausgewiesen sein, in welche der jeweilige Beamte eingewiesen wird, § 49 I BHO. Dadurch wird die Budgethoheit des Parlaments gewährleistet und verhindert, dass die Verwaltung eigenmächtig langjährige Besoldungsverpflichtungen ohne Zustimmung des Haushaltsgesetzgebers eingeht.

> **§ 49 BHO – Einweisung in eine Planstelle**
>
> (1) Ein Amt darf nur zusammen mit der Einweisung in eine besetzbare Planstelle verliehen werden. [...]

(4) Keine Bedingungen und Auflagen

Die Ernennung darf nicht an Bedingungen oder Auflagen geknüpft werden. Unter einer Bedingung steht eine Ernennung dann, wenn deren Wirksamkeit von dem Eintritt eines zukünftigen ungewissen Ereignisses abhängt.

> ***Bsp. 1:*** *A wird zum Polizeikommissar unter der Bedingung ernannt, dass er die Laufbahnprüfung zum gehobenen Polizeivollzugsdienst erfolgreich besteht.*
>
> ***Bsp. 2:*** *P wird zum Beamten auf Lebenszeit unter der Bedingung ernannt, dass zeitnah eine besetzbare Planstelle zur Verfügung steht.*

Die Verbindung der Ernennung mit einer Auflage bedeutet, dass die Wirksamkeit von einer Handlung oder Unterlassung des Betroffenen abhängig gemacht wird.

> ***Bsp.:*** *A wird zum Polizeikommissar mit der Auflage ernannt, dass er bestimmte Unterlagen nachreicht.*

(5) Besondere Voraussetzungen für Einstellungen gemäß § 10 I Nr. 1 BBG

Bei Einstellungen sind zwei weitere Voraussetzungen zu beachten. Zum einen muss die Stelle dazu dienen, hoheitsrechtliche oder sonstige Beamten vorbehaltene Aufgaben zu erfüllen, § 5 BBG (siehe dazu Punkt C. I. 1.). Zum anderen muss der Bewerber die persönlichen Voraussetzungen des § 7 BBG erfüllen, auf welche im Folgenden näher eingegangen wird.

> **§ 7 BBG – Voraussetzungen des Beamtenverhältnisses**
>
> (1) In das Beamtenverhältnis darf berufen werden, wer
>
> 1. Deutsche oder Deutscher im Sinne des Artikels 116 Absatz 1 des Grundgesetzes ist oder die Staatsangehörigkeit
>   a) eines anderen Mitgliedstaates der Europäischen Union oder
>   b) eines anderen Vertragsstaates des Abkommens über den Europäischen Wirtschaftsraum oder
>   c) eines Drittstaates, dem die Bundesrepublik Deutschland und die Europäische Union vertraglich einen entsprechenden Anspruch auf Anerkennung der Berufsqualifikationen eingeräumt haben,
>
>   besitzt,
> 2. die Gewähr dafür bietet, jederzeit für die freiheitliche demokratische Grundordnung im Sinne des Grundgesetzes einzutreten, und
> 3.
>   a) die für die entsprechende Laufbahn vorgeschriebene Vorbildung besitzt oder
>   b) die erforderliche Befähigung durch Lebens- und Berufserfahrung erworben hat.
>
> In das Beamtenverhältnis darf nicht berufen werden, wer unveränderliche Merkmale des Erscheinungsbilds aufweist, die mit der Erfüllung der Pflichten nach § 61 Absatz 2 nicht vereinbar sind.
>
> (2) Wenn die Aufgaben es erfordern, darf nur eine Deutsche oder ein Deutscher im Sinne des Artikels 116 Absatz 1 des Grundgesetzes in ein Beamtenverhältnis berufen werden.
>
> (3) Das Bundesministerium des Innern und für Heimat kann Ausnahmen von Absatz 1 Nr. 1 und Absatz 2 zulassen, wenn für die Berufung der Beamtin oder des Beamten ein dringendes dienstliches Bedürfnis besteht.

(a) Staatsangehörigkeit, § 7 I 1 Nr. 1 BBG

Um in das Beamtenverhältnis eintreten zu können, müssen bestimmte Anforderungen an die Staatsangehörigkeit erfüllt werden. Der Bewerber muss entweder Deutscher i. S. d. Art. 116 I GG oder die Staatsangehörigkeit eines EU-Mitgliedstaats innehaben, § 7 I 1 Nr. 1, 1a) BBG. Darüber hinaus genügt aber auch die Staatsangehörigkeit eines anderen Vertragsstaates des Abkommens über den Europäischen Wirtschaftsraum (EWR); dies betrifft Island, Liechtenstein und Norwegen, § 7 I 1 Nr. 1b) BBG. Schließlich kommen Staatsangehörigkeiten eines Drittstaates in Betracht, mit denen die Bundesrepublik Deutschland und die EU ein Abkommen über die Anerkennung von Berufsqualifikationen geschlossen haben; dies betrifft die Schweiz, § 7 I 1 Nr. 1c) BBG. Sofern ein dringendes dienstliches Bedürfnis besteht, kann das Bundesministerium des Innern von diesen Anforderungen allerdings auch Ausnahmen zulassen, § 7 III BBG.

(b) Verfassungstreue, § 7 I 1 Nr. 2 BBG

Der Bewerber muss die Gewähr dafür bieten, jederzeit für die freiheitlich-demokratische Grundordnung im Sinne des Grundgesetzes einzutreten. Gefordert wird also Verfassungstreue. Dies bedeutet nicht zwangsläufig auch Regierungstreue. Ein Bewerber kann also der im Amt befindlichen Regierung sehr kritisch und ablehnend gegenüberstehen und dennoch verfassungstreu sein. Als Orientierungspunkt für die wesentlichen Grundsätze der Verfassung, für welche ein Eintreten verlangt wird, kann § 4 II Bundesverfassungsschutzgesetz (BVerfSchG) dienen.

§ 4 BVerfSchG Begriffsbestimmungen

[...]

(2) Zur freiheitlichen demokratischen Grundordnung im Sinne dieses Gesetzes zählen:

a) das Recht des Volkes, die Staatsgewalt in Wahlen und Abstimmungen und durch besondere Organe der Gesetzgebung, der vollziehenden Gewalt und der Rechtsprechung auszuüben und die Volksvertretung in allgemeiner, unmittelbarer, freier, gleicher und geheimer Wahl zu wählen,
b) die Bindung der Gesetzgebung an die verfassungsmäßige Ordnung und die Bindung der vollziehenden Gewalt und der Rechtsprechung an Gesetz und Recht,
c) das Recht auf Bildung und Ausübung einer parlamentarischen Opposition,
d) die Ablösbarkeit der Regierung und ihre Verantwortlichkeit gegenüber der Volksvertretung,
e) die Unabhängigkeit der Gerichte,
f) der Ausschluß jeder Gewalt- und Willkürherrschaft und
g) die im Grundgesetz konkretisierten Menschenrechte.

(c) Laufbahnbefähigung, § 7 I 1 Nr. 3 BBG

Eine weitere Voraussetzung für die Einstellung in das Beamtenverhältnis ist das Vorliegen der Befähigung für die angestrebte Laufbahn. Im Polizeivollzugsdienst des Bundes existieren gemäß § 3 I Bundespolizei-Laufbahnverordnung (BPolLV) drei Laufbahnen: der mittlere, gehobene und höhere Dienst. Die erforderliche Laufbahnbefähigung wird regelmäßig durch erfolgreiches Ableisten eines Vorbereitungsdienstes erworben (§§ 4 ff. BPolLV) oder Aufstiegsverfahrens (§§ 15 ff. BPolLV) erworben.

(d) Erscheinungsbild, § 7 I 2 BBG

Eine Person darf nicht in das Beamtenverhältnis berufen werden, wenn sie unveränderliche Merkmale des Erscheinungsbildes aufweist, die mit der Erfüllung der Dienstpflicht nach § 61 II BBG unvereinbar sind.

§ 61 BBG – Wahrnehmung der Aufgaben, Verhalten und Erscheinungsbild

[...]

(2) Beamtinnen und Beamte haben bei Ausübung des Dienstes oder bei einer Tätigkeit mit unmittelbarem Dienstbezug auch hinsichtlich ihres Erscheinungsbilds Rücksicht auf das ihrem Amt entgegengebrachte Vertrauen zu nehmen. Insbesondere das Tragen von bestimmten Kleidungsstücken, Schmuck, Symbolen und Tätowierungen im sichtbaren Bereich sowie die Art der Haar- und Barttracht können von der obersten Dienstbehörde eingeschränkt oder untersagt werden, soweit die Funktionsfähigkeit der Verwaltung oder die Pflicht zum achtungs- und vertrauenswürdigen Verhalten dies erfordert. Das ist insbesondere dann der Fall, wenn Merkmale des Erscheinungsbilds nach Satz 2 durch ihre über das übliche Maß hinausgehende besonders individualisierende Art geeignet sind, die amtliche Funktion der Beamtin oder des Beamten in den Hintergrund zu drängen. Religiös oder weltanschaulich konnotierte Merkmale des Erscheinungsbilds nach Satz 2 können nur dann eingeschränkt oder untersagt werden, wenn sie objektiv geeignet sind, das Vertrauen in die neutrale Amtsführung der Beamtin oder des Beamten zu beeinträchtigen. Das Bundesministerium des Innern und für Heimat, das Bundesministerium der Finanzen sowie das Bundesministerium der Justiz und für Verbraucherschutz werden ermächtigt, jeweils für ihren Geschäftsbereich die Einzelheiten zu den Sätzen 2 bis 4 durch Rechtsverordnung zu regeln. Die Verhüllung des Gesichts bei der Ausübung des Dienstes oder bei einer Tätigkeit mit unmittelbarem Dienstbezug ist stets unzulässig, es sei denn, dienstliche oder gesundheitliche Gründe erfordern dies.

[...]

(6) Besondere Voraussetzungen für Umwandlungen gemäß § 10 I Nr. 2 BBG

Für Umwandlungen von Beamtenverhältnissen auf Probe zu Beamtenverhältnissen auf Lebenszeit sind die besonderen Voraussetzungen des § 11 BBG zu beachten (siehe näher dazu Punkt C. I. 1.).

(7) Besondere Voraussetzungen für Beförderungen

Für alle Beförderungsentscheidungen gelten die Grundsätze des § 22 BBG, insbesondere also die Bewerberauswahl nach den Grundsätzen Eignung, Befähigung und fachliche Leistung auf der Grundlage einer aktuellen Beurteilung (siehe dazu Punkt C. IV.).

(8) Besondere Voraussetzungen für Aufstiege

Ein Aufstieg innerhalb des Polizeivollzugsdienstes des Bundes setzt eine Auswahl für ein sowie eine erfolgreiche Teilnahme an einem Aufstiegsverfahren voraus. Einzelheiten hierzu sind in den §§ 15 ff. BPOlLV geregelt.

(9) Ermessen

Die Ernennung eines Beamten steht im pflichtgemäßen Ermessen des Dienstherrn. Dabei hat er seine Entscheidung maßgeblich an den Kriterien Eignung, Befähigung und fachliche Leistung auszurichten (ermessenslenkende Kriterien), Art. 33 II GG, § 9 BBG. Nur falls anhand dieser Gesichtspunkte keine Auswahlentscheidung getroffen werden kann, dürfen auch Hilfskriterien, wie zum Beispiel Gleichstellungsaspekte mit einbezogen werden.

4. Ernennungsfehler und Folgen

Sofern bei einer Ernennung nicht alle oben dargestellten Rechtmäßigkeitserfordernisse beachten werden, stellt sich die Frage, welche Konsequenzen dies für den Ernennungsakt hat. Hier existieren vier Möglichkeiten: Es kann sich um eine Nichternennung handeln (a), die Ernennung kann nichtig sein (b), sie muss bzw. soll zurückgenommen werden (c) oder der Fehler hat keine Auswirkungen auf die Wirksamkeit der Ernennung (d).

a) Nichternennung

In bestimmten Fällen hat der fehlerhafte Ernennungsakt keinerlei rechtliche Konsequenzen; er ist nicht heilbar unwirksam und stellt im Ergebnis ein Nullum, das heißt einen Nichtakt, dar. Dies ist dann der Fall, wenn

- die Dienstherrnfähigkeit fehlt,

> **Bsp.**: *Die Deutsche Bahn AG befördert einen noch im Dienst befindlichen Bahn-Beamten.*

- die Aushändigung fehlt,

> **Bsp.**: *A, der in Kürze zum Beamten ernannt werden soll, nimmt sich „seine" Urkunde einfach vom Schreibtisch des Behördenleiters herunter, um den Vorgang zu beschleunigen.*

- die Zustimmung des Beamten fehlt,

> **Bsp.**: *Der Behördenleiter legt die Ernennungsurkunde ins persönliche Fach des A. Bevor A dies bemerkt und die Urkunde an sich nimmt, verschwindet das Dokument und taucht nicht wieder auf.*

- eine bedingte Ernennung ausgesprochen wird oder

> **Bsp.**: *Der polizeiärztliche Dienst hat Zweifel an der Polizeidiensttauglichkeit des A, welche nur durch zeitaufwändige Untersuchungen ausgeräumt werden können. Um alles in einem Termin zu erledigen, ernennt ihn der Behördenleiter dennoch sofort zum Beamten auf Probe, unter der auflösenden Bedingung, dass die Untersuchungen eine Polizeidiensttauglichkeit ergeben.*

- das Amt nicht existiert.

> **Bsp.**: *A soll von A 7 nach A 8 befördert werden. Aus der Urkunde ergibt sich jedoch eine Ernennung zum „Polizeiwachtmeister" statt zum „Polizeiobermeister".*

b) Nichtigkeit der Ernennung

Nichtigkeit der Ernennung bedeutet zunächst ebenfalls die Unwirksamkeit des gesamten Vorgangs. Abweichend von der Nichternennung ist hier jedoch eine Heilung möglich. Die Nichtigkeitsgründe für eine Ernennung sind in § 13 I BBG abschließend regelt.

§ 13 BBG – Nichtigkeit der Ernennung

(1) Die Ernennung ist nichtig, wenn

1. sie nicht der in § 10 Abs. 2 vorgeschriebenen Form entspricht,
2. sie von einer sachlich unzuständigen Behörde ausgesprochen wurde oder
3. zum Zeitpunkt der Ernennung
   a) nach § 7 Absatz 1 Satz 1 Nummer 1 keine Ernennung erfolgen durfte und keine Ausnahme nach § 7 Abs. 3 zugelassen war oder
   b) die Fähigkeit zur Wahrnehmung öffentlicher Ämter nicht vorlag.

[...]

Nichtigkeit kommt danach dann in Betracht, wenn die Ernennungsurkunde nicht die formalen Anforderungen des § 10 II BBG erfüllt (§ 13 I Nr. 1 BBG, siehe dazu Punkt C. II. 2.). Gemäß § 13 I Nr. 2 BBG führt die Ernennung durch eine **sachlich** (nicht: örtlich!) unzuständige Behörde ebenfalls zur Nichtigkeit.

***Bsp.**: A wird von der Generalzolldirektion in Bonn zum Polizeikommissar ernannt.*

Weiterhin ist eine Ernennung dann nichtig, wenn der zu Ernennende nicht die persönlichen Anforderungen an die Staatsangehörigkeit erfüllt (siehe dazu Punkt C. II. 3. b) ee)) oder nicht die Fähigkeit besitzt, öffentliche Ämter zu bekleiden (siehe dazu Punkt C. II. 3. b) bb)), § 13 I Nr. 3 BBG.

Ist eine Ernennung nach § 13 I BBG nichtig, kommt eine Heilung gemäß § 13 II BBG in Betracht.

§ 13 BBG – Nichtigkeit der Ernennung

[...]

(2) Die Ernennung ist von Anfang an als wirksam anzusehen, wenn

1. im Fall des Absatzes 1 Nummer 1 aus der Urkunde oder aus dem Akteninhalt eindeutig hervorgeht, dass die für die Ernennung zuständige Stelle ein bestimmtes Beamtenverhältnis begründen oder ein bestehendes Beamtenverhältnis in ein solches anderer Art umwandeln wollte, für das die sonstigen Voraussetzungen vorliegen, und die oder der Dienstvorgesetzte dies schriftlich festgestellt hat; das Gleiche gilt, wenn die Angabe der Dauer fehlt, die Dauer aber durch Rechtsvorschrift bestimmt ist,
2. im Fall des Absatzes 1 Nr. 2 die sachlich zuständige Behörde die Ernennung bestätigt oder
3. im Fall des Absatzes 1 Nr. 3 Buchstabe a eine Ausnahme nach § 7 Abs. 3 nachträglich zugelassen wird.

Allgemein gesprochen, wird eine fehlerhafte Ernennung nach § 13 II BBG immer dann geheilt, wenn zwar gravierende Fehler beim Ernennungsvorgang begangen wurden, diese sich aber nicht negativ auswirken oder im Nachhinein korrigiert werden. So sieht § 13 II Nr. 1 BBG dann eine Heilung vor, wenn zwar bestimmte Angaben in der Urkunde fehlen oder fehlerhaft sind, sich aus den Gesamtumständen aber trotzdem zweifelsfrei ermitteln lässt, welche Ernennung genau vorgenommen werden sollte. Nach § 13 II Nr. 2 BBG ist eine Heilung dann gegeben, wenn die Ernennung zwar von einer sachlichen unzuständigen Behörde vorgenommen wurde, die sachlich zuständige Behörde den Vorgang aber im Nachhinein bestätigt. Gemäß § 13 II Nr. 3 BBG können nicht erfüllte Anforderungen an die Staatsangehörigkeit des zu Ernennenden dadurch geheilt werden, dass das Bundesministerium des Innern nachträglich eine Ausnahme für die betroffene Staatsangehörigkeit zulässt.

c) Rücknahme der Ernennung

§ 14 I BBG enthält Fallgruppen, in denen das Gesetz zwingend vorschreibt, dass eine erfolgte Ernennung zurückzunehmen ist (gebundene Entscheidung, obligatorische Rücknahme). § 14 II BBG regelt Fälle, in denen eine Ernennung im Regelfall zurückgenommen – und nur im Ausnahmefall nicht zurückgenommen – werden soll (intendiertes Ermessen, fakultative Rücknahme). § 14 III BBG bestimmt, dass das Bundesministerium des Innern oder eine von ihm bestimmte Stelle für die Rücknahme zuständig ist und diese durch Zustellung eines Rücknahmebescheids erfolgt.

§ 14 BBG – Rücknahme der Ernennung

(1) Die Ernennung ist mit Wirkung auch für die Vergangenheit zurückzunehmen, wenn

1. sie durch Zwang, arglistige Täuschung oder Bestechung herbeigeführt wurde,
2. dem Dienstherrn zum Zeitpunkt der Ernennung nicht bekannt war, dass die ernannte Person vor ihrer Ernennung ein Verbrechen oder ein Vergehen begangen hat, aufgrund dessen sie vor oder nach ihrer Ernennung rechtskräftig zu einer Strafe verurteilt worden ist und das sie für die Berufung in das Beamtenverhältnis als unwürdig erscheinen lässt, oder
3. die Ernennung nach § 7 Abs. 2 nicht erfolgen durfte und eine Ausnahme nach § 7 Abs. 3 nicht zugelassen war und eine Ausnahme nicht nachträglich zugelassen wird.

(2) Die Ernennung soll zurückgenommen werden, wenn dem Dienstherrn nicht bekannt war, dass gegen die ernannte Person in einem Disziplinarverfahren auf Entfernung aus dem Beamtenverhältnis oder auf Aberkennung des Ruhegehalts erkannt worden war. Dies gilt auch, wenn die Entscheidung gegen eine Beamtin oder einen Beam-

ten der Europäischen Union oder eines Staates nach § 7 Absatz 1 Satz 1 Nummer 1 ergangen ist.

(3) Die oberste Dienstbehörde nimmt die Ernennung innerhalb von sechs Monaten zurück, nachdem sie von ihr und dem Grund der Rücknahme Kenntnis erlangt hat. Der Rücknahmebescheid wird der Beamtin oder dem Beamten zugestellt. Die oberste Dienstbehörde kann die Aufgaben nach den Sätzen 1 und 2 auf unmittelbar nachgeordnete Behörden übertragen.

In den Fällen des § 14 BBG ist die Ernennung – abweichend von den Fällen der Nichternennung und Nichtigkeit – zunächst trotz eines Fehlers wirksam, muss oder soll jedoch mit Wirkung für die Zukunft zurückgenommen werden.

Die obligatorische Rücknahme der Ernennung ist zunächst dann vorgesehen, wenn sie der Betroffene durch Zwang, arglistige Täuschung oder Bestechung herbeigeführt hat, § 14 I Nr. 1 BBG. Dabei ist in der Praxis vor allem der Fall der arglistigen – das heißt vorsätzlichen – Täuschung relevant. Diese kann beispielsweise dadurch erfolgen, dass im Rahmen des Bewerbungsprozesses falsche Angaben zu Qualifikationen oder dem allgemeinen Gesundheitszustand gemacht werden. Auch das bloße Verschweigen von relevanten Informationen stellt eine Täuschung (durch Unterlassen) dar, sofern der jeweilige Umstand für den potenziellen Dienstherrn von erheblicher Bedeutung ist (zum Beispiel die Dienstfähigkeit einschränkende Krankheiten, Vorstrafen oder frühere Mitgliedschaften in verfassungsfeindlichen Organisationen). Im Falle des Verschweigens von relevanten Vortrafen ist darüber hinaus der Rücknahmegrund des § 14 I Nr. 2 BBG einschlägig. Schließlich ist die Rücknahme auch dann zwingend, wenn die betreffende Aufgabe nur von einer Person mit deutscher Staatsangehörigkeit wahrgenommen werden darf, der Ernannte diese Voraussetzung jedoch nicht erfüllt und hierfür auch keine Ausnahme zugelassen wurde bzw. wird, § 14 I Nr. 3 BBG.

In der Regel ist eine Rücknahme vom Gesetzgeber auch dann vorgesehen, wenn der Bewerber im Rahmen eines Disziplinarverfahrens bereits aus dem Dienst entfernt oder dessen Ruhegehalt aberkannt wurde und dieser Umstand der Einstellungsbehörde nicht bekannt war, § 14 II BBG. Nur in Ausnahmefällen, zum Beispiel bei besonderen seltenen Fähigkeiten des Bewerbers, kann von einer Rücknahme abgesehen werden.

5. Rechtsschutz

Sofern ein Beamter oder eine Person, die den Beamtenstatus erwerben möchte, eine bestimmte Ernennung anstrebt, allerdings nicht ausgewählt wurde, wird dies mittels einer Ablehnungsverfügung mitgeteilt. Gegen diesen Verwaltungsakt ist ein Verpflichtungswiderspruch gemäß § 126 II BBG, §§ 68 ff. VwGO gerichtet auf Ernennung der statthafte Rechtsbehelf. Wird dieser Widerspruch mittels eines Widerspruchsbescheids zurückgewiesen, kann der Betroffene Verpflichtungsklage vor dem Verwaltungsgericht erheben. Sofern die begehrte Stelle mit einem anderen Bewerber besetzt werden soll, handelt es sich um einen so genannten beamtenrechtlichen Konkurrentenstreit. Hier besteht die Besonderheit, dass die Ernennung des Mitbewerbers in Kürze droht und deshalb das geschilderte Hauptsacheverfahren (Widerspruch, Verpflichtungsklage) nicht abgewartet werden kann. Nach dem Grundsatz der Ämterstabilität kann eine einmal erfolgte Ernennung grundsätzlich nicht ohne Weiteres rückgängig gemacht werden. Um dennoch effektiven Rechtsschutz zu erlangen, ist ein Antrag auf einstweilige (Regelungs-)Anordnung beim Verwaltungsgericht gemäß § 123 I 2 VwGO zu stellen (siehe ausführlich zum Rechtsschutz Kap. F.).

III. Beurteilung

1. Begriff

Bei der dienstlichen Beurteilung handelt es sich um eine dienstliche Äußerung des Beurteilers bzw. der Beurteiler über die während eines Beurteilungszeitraums erbrachten Leistungen eines Beamten, über seine Befähigung, ggf. über die Eignung für ein erstrebtes Amt oder für die Zulassung zu einem Laufbahnaufstieg (siehe ausführlich zur dienstlichen Beurteilung *Schnellenbach/Bodanowitz*, Beamtenrecht in der Praxis, 11. Aufl. 2024, § 11, insb. zum Begriff Rn. 6). Mangels Außenwirkung stellt die dienstliche Beurteilung keinen Verwaltungsakt, sondern lediglich einen verwaltungsinternen Vorgang dar.

2. Zweck

Die dienstliche Beurteilung verfolgt drei Zwecke: den Einsatzzweck, den Auslesezweck und den Förderungszweck. Zunächst soll mit der Beurteilung sichergestellt werden, dass der Beamte entsprechend seinen Fähigkeiten und Interessen möglichst optimal verwendet wird (Einsatzzweck). Nur so kann der Beamte bei der Dienstausübung sein volles Potenzial entfalten und dadurch den öffentlichen Dienst insgesamt leistungsfähiger und effizienter machen. Weiterhin dient die Beurteilung als Grundlage für sämtliche Auswahlentscheidungen (z. B. bei Beförderungen) und soll dadurch gewährleisten, dass der bestgeeignete Kandidat herausgefiltert werden kann (Auslesezweck). Schließlich ermöglicht die Beurteilung dem Beamten auch, interessen- und qualifikationsgerecht beruflich aufzusteigen (Förderungszweck). Gegenüber dem Einsatz- und Auslesezweck ist der Förderungszweck jedoch als nachrangig anzusehen, da er den individuellen Interessen des Beamten und nicht zwingend auch den Allgemeininteressen des öffentlichen Dienstes dient.

Demgegenüber soll die Beurteilung nicht dazu dienen, den Beamten zu motivieren, ihm seine Stärken und Schwächen aufzuzeigen und ihn zu disziplinieren. Hierbei kann es sich allein um bloße Nebenfolgen einer Beurteilung handeln. Eine moderne und kompetente Personalführung sowie der Aufgabenkreis sollen den Beamten möglichst kontinuierlich während der gesamten Dienstzeit motivieren. Die nur zu bestimmten Zeitpunkten stattfindende Beurteilung kann eine derartige Motivation nicht leisten. Gleiches gilt für den Hinweis auf Stärken und Schwächen. Für einen effizienten und leistungsstarken öffentlichen Dienst ist es unerlässlich, dass erkannte Schwachstellen beim dienstlichen Verhalten möglichst schnell und nachhaltig abgestellt werden. Ein Abwarten der nächsten Beurteilung wird diesem Anspruch an Personalführung nicht gerecht. Schließlich stehen dem Dienstherrn mit den Instrumenten der modernen Personalführung sowie des Disziplinarrechts erprobte und ausdifferenzierte Instrumente zur Führung und Disziplinierung von Beamten zur Verfügung, welche nach Bedarf jederzeit einsetzbar sind. Die Beurteilung kann diese Zwecke nicht erfüllen, da sie als Instrument nicht jederzeit zur Verfügung steht.

3. Rechtliche Grundlagen

Die rechtlichen Grundlagen für das Beurteilungswesen ist auf Gesetzesebene § 21 BBG. Auf Verordnungsebene wurden konkretere Regelungen insbesondere in den §§ 49, 50 BLV getroffen. Die maßgebliche Verwaltungsvorschrift ist in diesem Bereich die Beurteilungsrichtlinie der Bundespolizei (BeurtRL BPOL).

§ 21 BBG – Dienstliche Beurteilung; Verordnungsermächtigung

(1) Eignung, Befähigung und fachliche Leistung der Beamtinnen und Beamten sind regelmäßig, mindestens jedoch alle drei Jahre, zu beurteilen. Sie sind zusätzlich zu beurteilen, wenn es die dienstlichen oder persönlichen Verhältnisse erfordern.
[…]

§ 49 BLV – Inhalt der dienstlichen Beurteilung

(1) In der dienstlichen Beurteilung sind die fachliche Leistung der Beamtin oder des Beamten nachvollziehbar darzustellen sowie Eignung und Befähigung einzuschätzen.
(2) Die fachliche Leistung ist insbesondere nach den Arbeitsergebnissen, der praktischen Arbeitsweise, dem Arbeitsverhalten und für Beamtinnen oder Beamte, die bereits Vorgesetzte sind, nach dem Führungsverhalten zu beurteilen. Soweit Zielvereinbarungen getroffen werden, soll der Grad der Zielerreichung in die Gesamtwertung der dienstlichen Beurteilung einfließen.
(3) Die Beurteilung schließt mit einem Gesamturteil und einem Vorschlag für die weitere dienstliche Verwendung. Sie bewertet die Eignung für Leitungs- und Führungsaufgaben, wenn entsprechende Aufgaben wahrgenommen werden, und kann eine Aussage über die Eignung für Aufgaben der nächsthöheren Laufbahn enthalten.

§ 50 BLV – Beurteilungsverfahren und Beurteilungsmaßstab

(1) Die dienstlichen Beurteilungen erfolgen nach einem einheitlichen Beurteilungsmaßstab unter Berücksichtigung der Anforderungen des Amtes und in der Regel von mindestens zwei Personen. Einzelheiten des Beurteilungsverfahrens, insbesondere die Zahl der Beurteilerinnen und Beurteiler sowie gegebenenfalls die Rolle und Verantwortlichkeit mitwirkender Berichterstatterinnen und Berichterstatter, regeln die obersten Dienstbehörden in den Beurteilungsrichtlinien. Sie können diese Befugnis auf andere Behörden übertragen.
(2) Der Anteil der Beamtinnen und Beamten einer Besoldungsgruppe oder einer Funktionsebene, die beurteilt werden, soll bei der höchsten Note zehn Prozent und bei der zweithöchsten Note zwanzig Prozent nicht überschreiten. Im Interesse der Einzelfallgerechtigkeit ist eine Überschreitung um jeweils bis zu fünf Prozentpunkte möglich. Ist die Bildung von Richtwerten wegen zu geringer Fallzahlen nicht möglich, sind die dienstlichen Beurteilungen in geeigneter Weise entsprechend zu differenzieren.
(3) Die dienstliche Beurteilung ist der Beamtin oder dem Beamten in ihrem vollen Wortlaut zu eröffnen und mit ihr oder ihm zu besprechen. Die Eröffnung ist aktenkundig zu machen und mit der Beurteilung zu den Personalakten zu nehmen.
(4) Das Ergebnis eines Beurteilungsdurchgangs soll den Beurteilten in Form eines Notenspiegels in geeigneter Weise bekannt gegeben werden. Hierbei soll der Anteil an Frauen, Männern, Teilzeit- und Telearbeitskräften und schwerbehinderten Menschen jeweils gesondert ausgewiesen werden, wenn die Anonymität der Beurteilungen gewahrt bleibt.

4. Beurteilungsarten

a) Regelbeurteilung

Die Regelbeurteilung wird in regelmäßigen Abständen bzw. zu festen Stichtagen (mindestens alle drei Jahre, § 21 I BBG) ohne Bezug zu konkreten Personalmaßnahmen für Beamte auf Lebenszeit erstellt. Bei der Bundespolizei erfolgt die Regelbeurteilung alle drei Jahre jeweils zum 1. Oktober, Nr. 2.1.1 BeurtRL BPOL.

b) Anlassbeurteilung

Eine Anlassbeurteilung (auch: Bedarfsbeurteilung) wird gefertigt, wenn ein konkreter dienstlicher Anlass dies erfordert. Dies ist zum Beispiel der Fall, wenn

- die Probezeit beendet ist,
- ein Beförderungsamt angestrebt wird,
- der Beamte wesentlich andere Aufgaben übernehmen soll,
- eine Abordnung oder Versetzung anstehen oder
- über die Zulassung zum Aufstiegsverfahren entschieden werden soll.

5. Beurteilungsverfahren

a) Zuständigkeit

Wer innerhalb einer Behörde für die Beurteilungen zuständig ist, unterliegt grundsätzlich der organisatorischen Gestaltungsfreiheit des Dienstherrn. Nach § 50 I 1 BLV ist lediglich das sog. „Vier-Augen-Prinzip" zu beachten. Danach muss die Beurteilung von mindestens zwei Personen durchgeführt werden, um ein gewisses Maß an Objektivität zu gewährleisten. Bei der Bundespolizei ergeben sich die konkreten Zuständigkeiten der jeweiligen Erst- und Zweitbeurteiler aus der Anlage der BeurtRL BPOL.

b) Anhörung des Beamten

Aus der in § 78 BBG geregelten allgemeinen Fürsorgepflicht des Dienstherrn ergibt sich, dass der Beamte anzuhören ist, bevor eine für ihn unvorteilhafte Tatsache zum ersten Mal in die Beurteilung aufgenommen wird. Unterbleibt diese Anhörung, kann sie allerdings – wie üblich – bis zum Abschluss der letzten Tatsacheninstanz im verwaltungsgerichtlichen Verfahren nachgeholt werden, vgl. § 45 I Nr. 3 VwVfG.

c) Eröffnung der Beurteilung

Die Beurteilung muss dem Beamten in vollem Wortlaut eröffnet, das heißt bekanntgegeben, werden, § 50 III 1 BLV. Zwar handelt es sich bei der Beurteilung nicht um einen Verwaltungsakt, jedoch tritt auch hier die Wirksamkeit der Beurteilung erst mit ordnungsgemäßer Bekanntgabe ein, § 43 I VwVfG analog. Damit sich der Beamte adäquat mit der Beurteilung befassen kann, ist es erforderlich, ihm eine Abschrift auszuhändigen bzw. zu übersenden (vgl. auch Ziffer 5.8 BeurtRL BPOL). Ein bloßes Verlesen in Anwesenheit des Beamten genügt hier nicht.

d) Besprechung der Beurteilung

Im Anschluss an die Eröffnung findet die Besprechung der Beurteilung statt, § 50 III 1 BLV. Die Grundlage für dieses Gespräch muss eine fertige Beurteilung sein, mithin darf sie sich nicht mehr im Entwurfsstadium befinden. Gemäß Ziffer 5.8 BeurtRL BPOL müssen zwischen Eröffnung der Beurteilung und Besprechung mindestens fünf Tage, höchstens acht Wochen liegen. Dieser Zeitraum ist erforderlich, damit sich der Beamte ausführlich mit dem Beurteilungstext befassen und sich auf das Gespräch vorbereiten kann. Zur Verfahrensbeschleunigung kann der Beamte allerdings auch auf die Fünf-Tages-Frist verzichten, sodass Eröffnung und Besprechung direkt hintereinander stattfinden können. Dies bietet sich immer dann an, wenn nach der Eröffnung keinerlei Prüfungs- oder Erörterungsbedarf besteht.

e) Notenspiegel

Um das Ergebnis eines Regelbeurteilungsverfahren unter Einhaltung datenschutzrechtlicher Vorgaben möglichst transparent bekanntzugeben, veröffentlicht das Bundespolizeipräsidium anonymisierte, behördenbezogene Notenspiegel nach § 50 Abs. 4 BLV, zusätzlich getrennt nach Laufbahnen.

f) Aufnahme in die Personalakte

Da sie in einem unmittelbaren inneren Zusammenhang mit dem Dienstverhältnis steht, muss die Beurteilung in die Personalakte aufgenommen werden, § 106 I 4 BBG.

6. Inhaltliche Bezugspunkte

Die inhaltlichen Bezugspunkte der Beurteilung ergeben sich aus § 21 I BBG und § 49 I BLV: Eignung, Befähigung und fachliche Leistung.

a) Fachliche Leistung

> **§ 2 BLV – Begriffsbestimmungen**
>
> [...]
>
> (4) Die fachliche Leistung ist insbesondere nach den Arbeitsergebnissen, der praktischen Arbeitsweise, dem Arbeitsverhalten und für Beamtinnen oder Beamte, die bereits Vorgesetzte sind, nach dem Führungsverhalten zu beurteilen.
>
> [...]

Zentrales Element einer jeden Beurteilung ist die Bewertung der fachlichen Leistung, d. h. der Arbeitsergebnisse, der praktischen Arbeitsweise, dem Arbeitsverhalten sowie gegebenenfalls dem Führungsverhalten. Hier geht es also darum einzuschätzen und zu beurteilen, wie der Beamte die ihm gestellten Aufgaben bewältigt hat. Es handelt sich mithin um ein Meinungsbild in Bezug auf Vergangenes, das in die Gegenwart hineinwirkt.

b) Befähigung

> **§ 2 BLV – Begriffsbestimmungen**
>
> [...]
>
> (3) Befähigung umfasst die Fähigkeiten, Kenntnisse, Fertigkeiten und sonstigen Eigenschaften, die für die dienstliche Verwendung wesentlich sind.
>
> [...]

Die Befähigung erstreckt sich auf alle Fähigkeiten, Kenntnisse, Fertigkeiten und sonstigen Eigenschaften (zum Beispiel Neigungen und Interessen) des Beamten, die für seine dienstliche Verwendung in Bezug auf einen bestimmten Dienstposten bedeutsam sind. Hier wird also geschaut, welche verwendungsrelevanten Eigenschaften des Beamten aus seiner bisherigen fachlichen Leistung ableitbar sind oder sich sonst gezeigt haben. Es geht mithin um eine zukunftsorientierte Verwendungsprognose auf der Basis vergangener Ergebnisse.

c) Eignung

Der Begriff der Eignung wird im juristischen Sprachgebrauch nicht immer einheitlich verwendet. In einem weiteren Sinne umfasst Eignung alle allgemeinen beamtenrechtlichen Auswahlkriterien Eignung, Befähigung und fachliche Leistung. Im engeren Sinne meint Eignung insbesondere Persönlichkeit und charakterliche Eigenschaften, die für ein bestimmtes Amt von Bedeutung sind.

> **§ 2 BLV – Begriffsbestimmungen**
>
> [...]
> (2) Eignung erfasst insbesondere Persönlichkeit und charakterliche Eigenschaften, die für ein bestimmtes Amt von Bedeutung sind.
> [...]

Eignung im engeren Sinne bezieht sich also auf die Bewertung, ob ein Beamter hinsichtlich seiner Persönlichkeit und charakterlichen Eigenschaften für ein bestimmtes Amt in Betracht zu ziehen ist. Dies ist bei Regelbeurteilungen grundsätzlich weniger relevant. Im Gegensatz dazu geht es bei Anlassbeurteilungen gerade häufig darum, die Eignung für ein bestimmtes neues Amt festzustellen. Dies ist beispielsweise bei der Verbeamtung auf Lebenszeit, bei Beförderungen, Versetzungen oder Aufstiegsverfahren der Fall.

7. Inhalt und Aufbau

Die genaue Form des Beurteilungsbogens unterliegt grundsätzlich der Gestaltungsfreiheit der jeweiligen Behörde. Für den Bereich der Bundespolizei findet sich in Anlage 4 der BeurtRL BPOL ein entsprechendes Beurteilungsformular.

8. Rechtsschutz

Hält der Beamte eine wirksam bekanntgegebene Beurteilung für rechtswidrig bzw. inhaltlich nicht zutreffend oder möchte er eine Beurteilung erwirken, muss er zunächst Widerspruch beim Dienstherrn erheben, § 126 II BBG i. V. m. §§ 68 ff. VwGO. Zwar stellt die Beurteilung keinen Verwaltungsakt dar, das (eigentlich nur bei Verwaltungsakten einschlägige) Widerspruchsverfahren ist jedoch im Beamtenrecht bei jeder Handlungsform der Verwaltung vorgeschrieben, § 126 II BBG. Da es sich aus diesem

Grund um ein besonderes Widerspruchsverfahren handelt, ist keine Widerspruchsfrist (Monatsfrist) gemäß § 70 I VwGO einzuhalten. Das bedeutet jedoch nicht, dass der Widerspruch überhaupt keiner zeitlichen Begrenzung unterliegt. Wie für alle nicht fristgebundenen Rechtsbehelfe gilt auch hier die Grenze der Verwirkung. Diese verlangt allgemein ein sog. „Zeitmoment" sowie ein Umstandsmoment. Es muss also ein gewisser Zeitraum vergangen sein, in welchem das Verhalten des Beamten darauf schließen lässt, dass er keine rechtlichen Schritte gegen die Beurteilung ergreifen wird. Als Orientierung kann davon ausgegangen werden, dass ein Beamter sein Widerspruchsrecht verwirkt, wenn er die Beurteilung länger als ein Jahr ohne Beanstandungen akzeptiert hat. Zu beachten ist, dass der Widerspruch gegen eine eröffnete Beurteilung keine aufschiebende Wirkung entfaltet, da § 80 I 1 VwGO nur für Verwaltungsakte gilt. Die „angefochtene" Beurteilung wird also trotz Widerspruchs bei den folgenden Auswahlentscheidungen zugrunde gelegt.

Ist das Widerspruchsverfahren erfolglos durchlaufen, das heißt, ergeht gegen den Beamten ein (ablehnender) Widerspruchsbescheid, kann er eine allgemeine Leistungsklage vor dem Verwaltungsgericht erheben. Eine Anfechtungsklage scheidet aus, da die Beurteilung keinen Verwaltungsakt darstellt. Die erhobene Leistungsklage ist dann – je nach Klageziel – entweder auf Vornahme einer Beurteilung oder auf (teilweise) Aufhebung einer bestehenden Beurteilung und Neuerstellung bzw. Korrektur unter Beachtung der Rechtsauffassung des Gerichts gerichtet. Anders als beim Widerspruch ist hier allerdings grundsätzlich eine Klagefrist von einem Monat ab Zustellung des Widerspruchsbescheids zu beachten, § 74 VwGO.

IV. Beförderung

1. Allgemeines

Der Begriff der Beförderung ist in § 2 VIII 1 BLV legaldefiniert und stellt einen Fall der Ernennung dar, sofern sich die Amtsbezeichnung ändert, § 2 VIII 2 BLV.

> **§ 2 BLV – Begriffsbestimmungen**
>
> [...]
> (8) Beförderung ist die Verleihung eines anderen Amtes mit höherem Endgrundgehalt. Sie erfolgt in den Fällen, in denen die Amtsbezeichnung wechselt, durch Ernennung.

2. Voraussetzungen der Beförderung

Die Voraussetzungen einer Beförderung ergeben sich aus § 22 BBG und § 32 BLV. Zunächst muss eine Auswahl nach Eignung, Befähigung und fachlicher Leistung getroffen werden (a). Bei der Übertragung einer höherwertigen Funktion ist weiterhin eine Erprobungszeit vorgeschrieben (b). Schließlich darf kein Beförderungsverbot vorliegen (c). Zusätzlich zu den eben genannten Kriterien ist aus haushaltsrechtlicher Sicht erforderlich, dass eine besetzbare Planstelle vorhanden ist, in welche der Beamte bis zu drei Monate rückwirkend eingewiesen werden kann, § 49 I, II BHO.

Bsp. 1: *Polizeikommissar (PK) A wird zum Polizeioberkommissar (POK) befördert. Hier handelt es sich um einen Fall der Ernennung, da sich die Amtsbezeichnung des A durch die Beförderung ändert.*

Bsp. 2: *Polizeihauptkommissar (PHK) A wird von Besoldungsgruppe A 11 zu A 12 befördert. In diesem Fall bleibt die ursprüngliche Amtsbezeichnung PHK bestehen, da diese zwei Besoldungsgruppen umfasst. Es handelt sich um eine Beförderung ohne Ernennungscharakter.*

§ 22 BBG – Beförderungen

(1) Für Beförderungen gelten die Grundsätze des § 9. Erfolgt die Auswahlentscheidung auf der Grundlage dienstlicher Beurteilungen, darf das Ende des letzten Beurteilungszeitraums zum Zeitpunkt der Auswahlentscheidung höchstens drei Jahre zurückliegen.
(2) Beförderungen, die mit einer höherwertigen Funktion verbunden sind, setzen eine mindestens sechsmonatige Erprobungszeit voraus.
(3) Ämter, die nach der Gestaltung der Laufbahn regelmäßig zu durchlaufen sind, dürfen nicht übersprungen werden.
(4) Eine Beförderung ist unzulässig vor Ablauf eines Jahres
1. seit der Einstellung in das Beamtenverhältnis auf Probe oder
2.
   a) seit der Einstellung in das Beamtenverhältnis auf Lebenszeit oder
   b) seit der letzten Beförderung,

es sei denn, das bisherige Amt musste nicht regelmäßig durchlaufen werden.
(5) Der Bundespersonalausschuss kann Ausnahmen von den Absätzen 2 bis 4 zulassen, wenn sie die Bundesregierung nicht durch Rechtsverordnung regelt.

> **§ 32 BLV – Voraussetzungen einer Beförderung**
>
> Eine Beamtin oder ein Beamter kann befördert werden, wenn
> 1. sie oder er nach Eignung, Befähigung und fachlicher Leistung ausgewählt worden ist,
> 2. im Fall der Übertragung einer höherwertigen Funktion die Eignung in einer Erprobungszeit nachgewiesen wurde und
> 3. kein Beförderungsverbot vorliegt.

a) Auswahlentscheidung

Die Auswahlentscheidung zur Beförderung erfolgt nach Eignung, Befähigung und fachlicher Leistung, §§ 22 I 1, 9 BBG, § 32 Nr. 1 BLV, auf der Grundlage einer aktuellen dienstlichen Beurteilung. Diese darf grundsätzlich nicht älter als drei Jahre sein, § 22 I 2 BBG. Sofern anhand der aktuellen Beurteilung keine Auswahl entsprechend der genannten Kriterien getroffen werden kann, insbesondere bei Leistungsgleichheit, darf auf ältere Beurteilungen und Hilfskriterien (zum Beispiel Gleichstellung) zurückgegriffen werden, § 33 I 2 BLV. Sofern künftig neue Aufgaben und Funktionen wahrgenommen werden sollen, die bisher nicht beurteilte Fähigkeiten erfordern, können auch eignungsdiagnostische Instrumente, zum Beispiel Assessment-Center oder Interviews, Grundlage einer Beförderungsentscheidung sein, § 33 I 3 BLV. Dies gilt insbesondere für die erstmalige Übertragung von Leitungs- oder Führungsaufgaben, § 33 I 4 BLV.

> **§ 33 BLV – Auswahlentscheidungen**
>
> (1) Feststellungen über Eignung, Befähigung und fachliche Leistung sind in der Regel auf der Grundlage aktueller dienstlicher Beurteilungen zu treffen. Frühere Beurteilungen sind zusätzlich zu berücksichtigen und vor Hilfskriterien heranzuziehen. Zur Überprüfung der Erfüllung von Anforderungen, zu denen die dienstlichen Beurteilungen keinen oder keinen hinreichenden Aufschluss geben, können eignungsdiagnostische Instrumente eingesetzt werden. Dies kann insbesondere der Fall sein, wenn erstmals Leitungs- oder Führungsaufgaben übertragen werden sollen.
> [...]

b) Erprobungszeit

Sofern einem Beamten durch die Beförderung eine höher bewertete Funktion übertragen werden soll, muss dieser zunächst eine mindestens sechsmonatige und maximal einjährige Erprobungszeit durchlaufen, § 22 II BBG, §§ 32 Nr. 2, 34 I 1 BLV.

§ 34 BLV – Erprobungszeit

(1) Die Erprobungszeit beträgt mindestens sechs Monate und soll ein Jahr nicht überschreiten. § 19 Absatz 4 gilt entsprechend.

(2) Die in § 33 Absatz 3 genannten Zeiten und Erprobungszeiten auf einem anderen Dienstposten gleicher Bewertung gelten als geleistete Erprobungszeit, wenn die Beamtin oder der Beamte bei Berücksichtigung sämtlicher Erkenntnisse die Erprobung aller Voraussicht nach erfolgreich absolviert hätte. Gleiches gilt für Zeiten, in denen während einer Beurlaubung gleichwertige Tätigkeiten in einer Forschungseinrichtung ausgeübt worden sind.

(3) Kann die Eignung nicht festgestellt werden, ist von der dauerhaften Übertragung des Dienstpostens abzusehen oder die Übertragung zu widerrufen.

Eine höher bewertete Funktion ist insbesondere dann gegeben, wenn der neue Dienstposten zum ersten Mal mit Führungsaufgaben oder zumindest mit erweiterten Führungsaufgaben verbunden ist. Sofern der Beamte seine für den höherwertigen Dienstposten erforderlichen Fähigkeiten bereits unter Beweis gestellt hat, zum Beispiel in Vertretung des früheren Dienstposteninhabers, wird dies auf die Erprobungszeit angerechnet, sofern anhand dessen eine positive Leistungsprognose gestellt werden kann, § 34 II BLV. Darüber hinaus existieren weitere Anrechnungsmöglichkeiten, zum Beispiel bei vollständiger Freistellung vom Dienst aufgrund von Elternzeit, § 34 II i. V. m. § 33 III 1 Nr. 2 BLV. Sofern die Erprobungszeit für den Beamten nicht erfolgreich verläuft, wird der neue Dienstposten am Ende der Erprobungszeit nicht dauerhaft übertragen oder die Übertragung ist während der Erprobungszeit zu widerrufen, § 34 III BLV.

c) Beförderungsverbote

In bestimmten Fällen sind Beförderungen unzulässig. Zum einen verbietet § 22 III BBG eine Sprungbeförderung innerhalb der regelmäßig zu durchlaufenden Ämter. Letzteres ist nur bei der A-Besoldung gegeben.

Bsp. 1: *Polizeikommissar (PK) A wird wegen herausragender Leistungen direkt zum Polizeihauptkommissar (PHK) befördert. Hier handelt es sich um eine nach § 22 III BBG unzulässige Sprungbeförderung, da das Amt des Polizeioberkommissars (POK) übersprungen wird.*

Bsp. 2: *Im Bundesministerium des Innern wird Regierungsdirektor (RD, Besoldungsgruppe A 15) A aufgrund exzellenter Leistungen und Kontakte zum Ministerialdirektor (MinDir, Besoldungsgruppe B 9) ernannt. Hierbei handelt es sich nicht um eine unzulässige Sprungbeförderung, da innerhalb der B-Besoldung keine regelmäßig zu durchlaufenden Ämter existieren.*

Darüber hinaus sind Beförderungen vor Ablauf eines Jahres seit Einstellung oder der letzten Beförderung unzulässig, es sei denn, das bisherige Amt musste nicht regelmäßig durchlaufen werden, § 22 IV BBG. Auch dies gilt daher nur für die A-Besoldung. Eine Beförderung ist weiterhin gesetzlich ausgeschlossen, wenn gegen einen Beamten im Rahmen eines Disziplinarverfahrens eine Kürzung der Dienstbezüge verhängt wurde. Das Beförderungsverbot besteht in diesem Fall, solange die Kürzung der monatlichen Bezüge andauert, § 8 IV 1 BDG. Schließlich ist eine Beförderungssperre dann vorgesehen, wenn ohne Besoldung beurlaubte Beamte ihr Mandat im Europäischen Parlament, dem Bundestag oder einem Länderparlament niederlegen und sich erneut um ein Mandat bewerben. In der Zeitspanne zwischen niedergelegtem und neuem Mandat darf nicht befördert werden. Gleiches gilt für die Zeit zwischen zwei Wahlperioden, § 23 BBG.

§ 23 BBG – Beförderungssperre zwischen zwei Mandaten

Legen Beamtinnen oder Beamte, deren Rechte und Pflichten aus dem Beamtenverhältnis ruhen oder die ohne Besoldung beurlaubt sind, ihr Mandat im Europäischen Parlament, im Deutschen Bundestag oder in der gesetzgebenden Körperschaft eines Landes nieder und bewerben sie sich zu diesem Zeitpunkt erneut um ein Mandat, ist die Übertragung eines anderen Amtes mit höherem Endgrundgehalt und die Übertragung eines anderen Amtes beim Wechsel der Laufbahngruppe nicht zulässig. Satz 1 gilt entsprechend für die Zeit zwischen zwei Wahlperioden.

3. Beförderungen innerhalb der Probezeit

Eine Beförderung innerhalb der Probezeit ist zwar gesetzlich nicht untersagt, also möglich, findet jedoch in der Praxis in aller Regel nicht statt. Hintergrund ist, dass innerhalb der Probezeit die Eignung, Befähigung und fachliche Leistung eines Beamten für die Verbeamtung auf Lebenszeit festgestellt werden soll. Da nach denselben Kriterien Beförderungsentscheidungen getroffen werden, wäre durch eine Beförderung innerhalb der Probezeit die Entscheidung über die Bewährung innerhalb der Probezeit faktisch mitgetroffen. Mit anderen Worten: Es wäre äußerst schwierig zu begründen, dass ein innerhalb der Probezeit beförderter Beamter aufgrund fehlender Eignung, Befähigung oder fachlicher Leistung nicht zum Beamten auf Lebenszeit ernannt werden kann.

Abgesehen davon ist eine Beförderung innerhalb der Probezeit zum Nachteilsausgleich dann vorgesehen, wenn sich die regelmäßige Probezeit durch die Ableistung von Freiwilligendiensten verlängert hat. Hierzu zählen beispielsweise der freiwillige Wehrdienst oder ein freiwilliges soziales Jahr, § 33 IV 1, 2 BLV.

4. Rechtsschutz

Sofern ein Beamter eine Beförderung anstrebt, allerdings nicht ausgewählt wurde, wird dies mittels einer Ablehnungsverfügung mitgeteilt. In diesem Fall ist ein Verpflichtungswiderspruch gemäß § 126 II BBG, §§ 68 ff. VwGO gerichtet auf Beförderung der statthafte Rechtsbehelf. Wird dieser Widerspruch mittels eines Widerspruchsbescheids zurückgewiesen, kann der Betroffene Verpflichtungsklage vor dem Verwaltungsgericht erheben. Sofern der Beförderungsposten mit einem anderen Bewerber besetzt werden soll, handelt es sich um einen beamtenrechtlichen Konkurrentenstreit. Hier besteht die Besonderheit, dass die Beförderung des Mitbewerbers in Kürze droht und deshalb das geschilderte Hauptsacheverfahren (Widerspruch, Verpflichtungsklage) nicht abgewartet werden kann. Nach dem Grundsatz der Ämterstabilität kann eine einmal erfolgte Beförderung grundsätzlich nicht ohne Weiteres rückgängig gemacht werden. Um dennoch effektiven Rechtsschutz zu erlangen, ist ein Antrag auf einstweilige (Regelungs-)Anordnung beim Verwaltungsgericht gemäß § 123 I 2 VwGO zu stellen (siehe ausführlich zum Rechtsschutz Kap. F.).

V. Beendigung von Beamtenverhältnissen

Die Gründe für eine Beendigung des Beamtenverhältnisses sind in § 30 BBG normiert.

§ 30 BBG – Beendigungsgründe

Das Beamtenverhältnis endet durch
1. Entlassung,
2. Verlust der Beamtenrechte,
3. Entfernung aus dem Beamtenverhältnis nach dem Bundesdisziplinargesetz oder
4. Eintritt oder Versetzung in den Ruhestand.

1. Entlassung

Eine Entlassung aus dem Beamtenverhältnis kommt aus verschiedenen Gründen in Betracht. Die Entlassung kraft Gesetzes kommt insbesondere dann zur Anwendung, wenn der Beamte die persönlichen Voraussetzungen an die Staatsangehörigkeit nicht mehr erfüllt, § 31 I 1 Nr. 1 BBG, oder in ein öffentliches Dienst- oder Amtsverhältnis zu einem anderen Dienstherrn tritt, wobei in letzterem Fall Ausnahmen existieren, § 31 I 1 Nr. 2, 2 BBG.

§ 31 BBG – Entlassung kraft Gesetzes

(1) Beamtinnen und Beamte sind entlassen, wenn
1. die Voraussetzungen des § 7 Absatz 1 Satz 1 Nummer 1 nicht mehr vorliegen und eine Ausnahme nach § 7 Abs. 3 auch nachträglich nicht zugelassen wird,
2. sie in ein öffentlich-rechtliches Dienst- oder Amtsverhältnis zu einem anderen Dienstherrn oder zu einer Einrichtung ohne Dienstherrnfähigkeit nach deutschem Recht treten oder zur Berufssoldatin, zum Berufssoldaten, zur Soldatin auf Zeit oder zum Soldaten auf Zeit ernannt werden, sofern gesetzlich nichts anderes bestimmt ist oder
3. sie in den Fällen des § 11a Absatz 2 eine Probezeit für die neue Laufbahn abgeleistet haben und in der neuen Laufbahn zu Beamtinnen auf Lebenszeit oder zu Beamten auf Lebenszeit ernannt sind.

Satz 1 Nummer 2 gilt nicht, wenn
1. die Beamtin oder der Beamte in ein Beamtenverhältnis auf Widerruf oder in ein Ehrenbeamtenverhältnis eintritt oder
2. die oberste Dienstbehörde nach ihrem Ermessen die Fortdauer des Beamtenverhältnisses angeordnet hat, bevor die Beamtin oder der Beamte in das Dienst- oder Amtsverhältnis zu dem anderen Dienstherrn oder der Einrichtung eingetreten ist; bei Dienstherren im Sinne des Beamtenstatusgesetzes kann die Fortdauer nur mit deren Einvernehmen angeordnet werden.

(2) Die oberste Dienstbehörde entscheidet darüber, ob die Voraussetzungen des Absatzes 1 Satz 1 vorliegen, und stellt den Tag der Beendigung des Beamtenverhältnisses fest. Die oberste Dienstbehörde kann diese Aufgaben auf unmittelbar nachgeordnete Behörden übertragen.

Weiterhin ist nach § 32 BBG eine Entlassung aus zwingenden Gründen möglich. Als zwingende Gründe zu nennen sind hier insbesondere die Verweigerung des Diensteides und die Nichterfüllung der fünfjährigen versorgungsrechtlichen Wartezeit (§ 4 I 1 Nr. 1 BeamtVG) bei der Versetzung in den Ruhestand, § 32 I Nr. 1, 2 BBG.

§ 32 BBG – Entlassung aus zwingenden Gründen

(1) Beamtinnen und Beamte sind zu entlassen, wenn sie
1. den Diensteid oder ein an dessen Stelle vorgeschriebenes Gelöbnis verweigern,
2. nicht in den Ruhestand oder einstweiligen Ruhestand versetzt werden können, weil eine versorgungsrechtliche Wartezeit nicht erfüllt ist, oder

3. zur Zeit der Ernennung Inhaberin oder Inhaber eines Amtes, das kraft Gesetzes mit dem Mandat unvereinbar ist, Mitglied des Deutschen Bundestages oder des Europäischen Parlaments waren und nicht innerhalb der von der obersten Dienstbehörde gesetzten angemessenen Frist ihr Mandat niederlegen.

(2) Beamtinnen und Beamte können entlassen werden, wenn sie in den Fällen des § 7 Abs. 2 die Eigenschaft als Deutsche oder Deutscher im Sinne des Artikels 116 Absatz 1 des Grundgesetzes verlieren.

Der Dienstherr muss einen Beamten entlassen, wenn dieser das schriftlich verlangt, § 33 I 1 BBG. Den Zeitpunkt der Entlassung kann der Beamte durch eine entsprechende Antragsstellung bestimmen. Müssen bestimmte Aufgaben vor der Entlassung noch zwingend erledigt werden, kann der Dienstherr den beantragten Zeitpunkt bis zu drei Monate hinausschieben, § 33 II BBG.

§ 33 BBG – Entlassung auf Verlangen

(1) Beamtinnen und Beamte sind zu entlassen, wenn sie gegenüber der zuständigen Behörde schriftlich ihre Entlassung verlangen. Die Erklärung kann, solange die Entlassungsverfügung noch nicht zugegangen ist, innerhalb von zwei Wochen nach Zugang bei der zuständigen Behörde zurückgenommen werden, mit Zustimmung der zuständigen Behörde auch nach Ablauf dieser Frist.

(2) Die Entlassung kann jederzeit verlangt werden. Sie ist für den beantragten Zeitpunkt auszusprechen. Sie kann jedoch so lange hinausgeschoben werden, bis die Beamtin oder der Beamte die ihr oder ihm übertragenen Aufgaben ordnungsgemäß erledigt hat, längstens drei Monate.

Bei Probebeamten existieren zusätzlich zu den allgemeinen weitere Entlassungsgründe, welche in § 34 BBG geregelt sind. Danach können Beamte auf Probe – zusätzlich zu den allgemeinen Entlassungsgründen nach §§ 31 ff. BBG – auch dann entlassen werden, wenn sie disziplinarrechtlich ein Verhalten an den Tag legen, dass beim Beamten auf Lebenszeit mindestens eine Kürzung der Dienstbezüge zur Folge hätte, § 34 I 1 Nr. 1 BBG. Weitere besondere Entlassungsgründe sind die fehlende Bewährung in der Probezeit, die Dienstunfähigkeit, bestimmte organisatorische Veränderungen innerhalb der Beschäftigungsbehörde sowie das Erreichen der Altersgrenze, § 34 I 1 Nr. 2–4, IV BBG.

§ 34 BBG – Entlassung von Beamtinnen auf Probe und Beamten auf Probe

(1) Beamtinnen auf Probe und Beamte auf Probe im Sinne des § 6 Absatz 3 Nummer 1 können außerdem entlassen werden, wenn einer der folgenden Entlassungsgründe vorliegt:

1. ein Verhalten, das im Beamtenverhältnis auf Lebenszeit mindestens eine Kürzung der Dienstbezüge zur Folge hätte,
2. fehlende Bewährung im Sinne des § 11 Abs. 1 Satz 1 Nr. 2,
3. Dienstunfähigkeit, ohne dass eine Versetzung in den Ruhestand erfolgt ist, oder
4. Auflösung oder wesentliche Änderung des Aufbaus oder der Aufgaben der Beschäftigungsbehörde oder deren Verschmelzung mit einer anderen Behörde, wenn das übertragene Aufgabengebiet davon berührt wird und eine anderweitige Verwendung nicht möglich ist.

Im Fall des Satzes 1 Nr. 2 ist bei allein mangelnder gesundheitlicher Eignung und im Fall der Nummer 3 eine anderweitige Verwendung entsprechend zu prüfen.

(2) Die Frist für die Entlassung beträgt bei einer Beschäftigungszeit

1. bis zum Ablauf von drei Monaten zwei Wochen zum Monatsschluss und
2. von mehr als drei Monaten sechs Wochen zum Schluss eines Kalendervierteljahres.

Als Beschäftigungszeit gilt die Zeit ununterbrochener Tätigkeit im Beamtenverhältnis auf Probe im Bereich derselben obersten Dienstbehörde.

(3) Im Fall des Absatzes 1 Nr. 1 ist eine Entlassung ohne Einhaltung einer Frist möglich. Die §§ 21 bis 29 des Bundesdisziplinargesetzes sind entsprechend anzuwenden.

(4) Beamtinnen auf Probe und Beamte auf Probe sind mit dem Ende des Monats entlassen, in dem sie die im Beamtenverhältnis auf Lebenszeit geltende Altersgrenze erreichen.

Beamte auf Widerruf können jederzeit entlassen werden, § 37 I 1 BBG. Das bedeutet jedoch nicht, dass sie diesbezüglich willkürlichen Entscheidungen des Dienstherrn ausgeliefert sind. Abgeleitet aus Art. 3 I GG und dem Rechtsstaatsprinzip (Art. 20 III GG) darf keine staatliche Maßnahme von Willkür getragen sein (sog. „Willkürverbot"). Demzufolge braucht der Dienstherr für die Entlassung von Beamten auf Widerruf in jedem Fall einen sachlichen und hinreichend gewichtigen Grund, der selbstverständlich auch gerichtlich überprüft werden kann.

§ 37 BBG – Entlassung von Beamtinnen auf Widerruf und Beamten auf Widerruf

(1) Beamtinnen auf Widerruf und Beamte auf Widerruf können jederzeit entlassen werden. Die Entlassung ist ohne Einhaltung einer Frist möglich. § 34 Abs. 4 gilt entsprechend.

(2) Beamtinnen auf Widerruf und Beamten auf Widerruf im Vorbereitungsdienst soll Gelegenheit gegeben werden, den Vorbereitungsdienst abzuleisten und die Prüfung ab-

zulegen. Sie sind mit Ablauf des Tages aus dem Beamtenverhältnis entlassen, an dem ihnen

1. das Bestehen oder endgültige Nichtbestehen der Prüfung oder
2. das endgültige Nichtbestehen einer vorgeschriebenen Zwischenprüfung

bekannt gegeben wird.

Eine besondere Beachtung in der Praxis findet auch die Vorschrift des § 37 II 2 BBG, wonach Beamte auf Widerruf mit Ablauf des Tages entlassen sind, an dem Ihnen das Bestehen oder endgültige Nichtbestehen der Prüfung oder das endgültige Nichtbestehen einer vorgeschriebenen Zwischenprüfung bekannt gegeben wird.

Spezielle Tatbestände, unter denen Prüfungen oder Zwischenprüfungen als nicht bestanden gelten, finden sich für die Bundespolizei u. a. in den Vorschriftensammlungen zur MBPolVDVDV (Verordnung über den Vorbereitungsdienst zum mittleren Polizeivollzugsdienst in der Bundespolizei) oder der GBPolVDVDV (Verordnung über den Vorbereitungsdienst zum gehobenen Polizeivollzugsdienst in der Bundespolizei). Nach den genannten Vorschriften gelten Prüfungen bzw. Zwischenprüfungen auch dann als nicht bestanden, wenn die erforderlichen Zulassungen (z. B. Cooper-Test, Polizeitraining, polizeispezifische Erste-Hilfe) zu den Prüfungen nicht erfüllt werden. Unterschiedlich festgelegte Mindestvoraussetzungen bei sportlichen Leistungen zwischen den Geschlechtern sind dabei mit dem Gleichheitsgrundsatz aus Art. 3 III GG vereinbar.

Problematisch kann darüber hinaus die Frage sein, ob und in welchem Umfang erhaltene Anwärterbezüge bei Entlassungen von Beamten auf Widerruf nach § 37 I BDG zurückgefordert werden dürfen. Gesetzlicher Anknüpfungspunkt hierfür ist § 59 V BBesG, wonach die Gewährung von Anwärterbezügen von der Erfüllung von Auflagen abhängig gemacht werden kann. Näher konkretisiert wurde diese Thematik in Ziffer 59.5 der Allgemeinen Verwaltungsvorschrift zum Bundesbesoldungsgesetz (BBesGVwV). Eine maßgebliche Auflage ist danach, dass die Ausbildung nicht vorzeitig aus einem Grund beendet werden darf, den der Anwärter zu vertreten hat. Neben einer vorzeitigen Beendigung aufgrund persönlicher Entscheidung kommen hier auch Fälle der Entlassung wegen charakterlicher Nichteignung in Betracht.

59.5 Zu Absatz 5

59.5.1

[1]Anwärtern, die im Rahmen eines Vorbereitungsdienstes ein Studium (z.B. an einer verwaltungsinternen Hochschule) ableisten, sind der Anwärtergrundbetrag und gegebenenfalls der Anwärtererhöhungsbetrag unter Auflagen zu gewähren. [2]Die Auflage erstreckt sich auf den gesamten Vorbereitungsdienst. [3]Der Begriff der Auflage in diesem Sinn ist nicht identisch mit der Definition in § 36 Absatz 2 Nummer 4 VwVfG.

59.5.2

[1]Die Bewerber sind über die Auflagen und die Möglichkeit der Herabsetzung des Anwärtergrundbetrages nach § 66 frühzeitig (z.B. im Zusammenhang mit der Übersendung der Einstellungsunterlagen) zu unterrichten. [2]Die Auflagen sind in einem Schreiben festzulegen und die Kenntnisnahme durch den Bewerber (Anwärter) spätestens bei der Berufung in das Beamtenverhältnis auf Widerruf zu den Akten zu nehmen.
[3]Das Schreiben soll folgenden Wortlaut haben:

„Sie erhalten während des Vorbereitungsdienstes als Anwärter nach Maßgabe der §§ 59 ff. des Bundesbesoldungsgesetzes (BBesG) den Anwärtergrundbetrag und, soweit die gesetzlichen Voraussetzungen vorliegen, den Anwärtererhöhungsbetrag.
Anwärter, die im Rahmen des Vorbereitungsdienstes an einer Hochschule studieren, sollen keine finanziellen Vorteile gegenüber anderen Studierenden erlangen. Die beiden vorgenannten Anwärterbezüge werden Ihnen deshalb mit den Auflagen (§ 59 Absatz 5 BBesG) gewährt, dass

1. *Sie die Ausbildung nicht vor Ablauf der in den Vorbereitungsdienstverordnungen festgelegten oder im Einzelfall festgesetzten Ausbildungszeit aus einem von Ihnen zu vertretenden Grund beenden und*
2. *Sie im Anschluss an den Vorbereitungsdienst rechtzeitig einen Antrag auf Übernahme in das Beamtenverhältnis auf Probe stellen oder ein Ihnen angebotenes Amt annehmen und*
3. *Sie im Anschluss an Ihre Ausbildung nicht vor Ablauf einer Mindestdienstzeit von fünf Jahren aus einem von Ihnen zu vertretenden Grund aus dem öffentlichen Dienst des Bundes ausscheiden.*

Werden eine oder mehrere dieser Auflagen nicht erfüllt, sind die Anwärterbezüge zurückzuzahlen, soweit sie 650 Euro monatlich übersteigen.
Bei einem Ausscheiden nach der Ernennung zum Beamten auf Probe ermäßigt sich der zurückzuzahlende Betrag für jedes volle abgeleistete Dienstjahr um ein Fünftel.
Zurückzuzahlen ist der Bruttobetrag der Anwärterbezüge (§ 59 Absatz 2 Satz 1 BBesG).
Von der Rückforderung kann aus Billigkeitsgründen im Sinn des § 12 Absatz 2 Satz 3 BBesG ganz oder teilweise abgesehen werden.
Daneben weise ich Sie besonders darauf hin, dass der Anwärtergrundbetrag in den Fällen des § 66 Absatz 1 BBesG gekürzt werden kann.
Zu Ihrer Information füge ich einen Auszug aus dem Bundesbesoldungsgesetz (§§ 59 ff. BBesG) in der zurzeit geltenden Fassung bei.“

[…]

59.5.5

Auf die Rückforderung soll insbesondere verzichtet werden, wenn

a) der Vorbereitungsdienst innerhalb von sechs Monaten seit der Einstellung als Beamter auf Widerruf abgebrochen wird,

b) der Vorbereitungsdienst abgebrochen wird, um unverzüglich ein anderes Ausbildungsverhältnis innerhalb des öffentlichen Dienstes des Bundes aufzunehmen; der Verzicht ist unter der auflösenden Bedingung auszusprechen, dass die zweite Ausbildung nicht vorzeitig aus einem vom ehemaligen Anwärter zu vertretenden Grunde endet und sich nach Bestehen der Ausbildung eine mindestens fünfjährige hauptberufliche Tätigkeit im öffentlichen Dienst des Bundes anschließt,

c) der Vorbereitungsdienst abgebrochen wird, um unverzüglich eine hauptberufliche Tätigkeit innerhalb des öffentlichen Dienstes des Bundes aufzunehmen und eine mindestens dreijährige hauptberufliche Tätigkeit im öffentlichen Dienst erbracht wird,

d) ein Beamter ausscheidet, um durch ein Studium an einer wissenschaftlichen Hochschule oder externen Fachhochschule die Befähigung für eine andere Laufbahn des gehobenen oder höheren Dienstes zu erlangen, unter der Bedingung, dass er
   - nach Abschluss des Studiums und gegebenenfalls eines anschließenden Vorbereitungsdienstes unverzüglich in den öffentlichen Dienst des Bundes eintritt,
   - nicht vor Ablauf von drei Jahren aus einem von ihm zu vertretenden Grund wieder ausscheidet,
   - der früheren Beschäftigungsbehörde oder Besoldungsstelle seine berufliche Verwendung nach Abschluss der Ausbildung anzeigt,
   - bis dahin jede Verlegung seines Wohnsitzes mitteilt;

e) in den Fällen b) und d) eine Verwendung des Beamten im öffentlichen Dienst des Bundes nach der Ausbildung trotz nachgewiesener Bemühungen aus von ihm nicht zu vertretenden Gründen nicht möglich ist,

f) ein Beamter auf eigenen Antrag ausscheidet, um einer Entlassung durch den Dienstherrn wegen eines vom Beamten nicht zu vertretenden Grundes zuvorzukommen,

g) ein Beamter aus Anlass der Eheschließung innerhalb von sechs Monaten oder aus Anlass der Geburt eines Kindes spätestens mit Ablauf einer Erziehungszeit ausscheidet, um sich überwiegend der Haushaltsführung bzw. der Erziehung und Betreuung des Kindes zu widmen.

[...]

Über die genannten allgemeinen und besonderen Entlassungsgründe hinaus existieren weitere spezielle Regelungen für Beamte in Führungsämtern auf Probe und politische Beamte auf Probe in den §§ 35, 36 BBG.

2. Verlust der Beamtenrechte

Ein Verlust der Beamtenrechte tritt automatisch, das heißt ohne weiteren Umsetzungsakt, dann ein, wenn ein Beamter von einem deutschen Gericht rechtskräftig zu einer Freiheitsstrafe von mindestens einem Jahr wegen einer vorsätzlichen Straftat verurteilt wurde, § 41 I 1 Nr. 1 BBG. Die gleiche Wirkung hat eine rechtskräftige Verurteilung wegen einer vorsätzlichen Straftat zu einer Freiheitsstrafe von mindestens sechs Monaten, sofern bestimmte staatsgefährdende und amtsbezogene Straftaten begangen wurden, § 41 I 1 Nr. 2 BBG. Hierzu zählt seit 2024 auch die Volksverhetzung gem. § 130 StGB, bei der es im Wesentlichen darum geht, den öffentlichen Frieden vor Hass und Hetze in Bezug auf bestimmte Personengruppen zu schützen. Darüber hinaus führt es zum Verlust der Beamtenrechte, wenn einem Beamten durch ein Strafgericht die Fähigkeit zur Wahrnehmung öffentlicher Ämter aberkannt wurde oder dieser ein Grundrecht nach Art. 18 GG verwirkt hat, § 41 I 2 BBG.

§ 41 BBG – Verlust der Beamtenrechte

(1) Werden Beamtinnen oder Beamte im ordentlichen Strafverfahren durch das Urteil eines deutschen Gerichts

1. wegen einer vorsätzlichen Tat zu einer Freiheitsstrafe von mindestens einem Jahr oder
2. wegen einer vorsätzlichen Tat, die nach den Vorschriften über Friedensverrat, Hochverrat, Gefährdung des demokratischen Rechtsstaates oder Landesverrat und Gefährdung der äußeren Sicherheit, Volksverhetzung oder, soweit sich die Tat auf eine Diensthandlung im Hauptamt bezieht, Bestechlichkeit strafbar ist, zu einer Freiheitsstrafe von mindestens sechs Monaten

verurteilt, endet das Beamtenverhältnis mit der Rechtskraft des Urteils. Entsprechendes gilt, wenn die Fähigkeit zur Wahrnehmung öffentlicher Ämter aberkannt wird oder wenn Beamtinnen oder Beamte aufgrund einer Entscheidung des Bundesverfassungsgerichts nach Artikel 18 des Grundgesetzes ein Grundrecht verwirkt haben.

(2) Nach Beendigung des Beamtenverhältnisses nach Absatz 1 besteht kein Anspruch auf Besoldung und Versorgung, soweit gesetzlich nichts anderes bestimmt ist. Die Amtsbezeichnung und die im Zusammenhang mit dem Amt verliehenen Titel dürfen nicht weiter geführt werden.

3. Entfernung aus dem Beamtenverhältnis nach dem Bundesdisziplinargesetz

Bei schwersten Dienstvergehen kann ein Beamter im Rahmen eines Disziplinarverfahrens aus dem Dienst entfernt werden, § 10 BDG. Dies erfolgt durch ein verwaltungsgerichtliches Urteil und setzt voraus, dass der Beamte durch ein schweres Dienstvergehen das Vertrauen des Dienstherrn oder der Allgemeinheit endgültig verloren hat, §§ 13 II 1, 34 I, 60 BDG.

4. Eintritt oder Versetzung in den Ruhestand

Der Eintritt in den Ruhestand erfolgt unmittelbar kraft Gesetzes bei Erreichen der Altersgrenze, § 51 I 1 BBG. Diese wird in der Regel mit Vollendung des 67. Lebensjahres erreicht (Regelaltersgrenze), § 51 I 2 BBG. Polizeivollzugsbeamte des Bundes treten abweichend davon mit dem Ende des Monats in den Ruhestand, in dem sie das 62. Lebensjahr vollenden, § 5 I BPolBG. Sowohl für den Regelfall als auch den Polizeivollzugsdienst gelten niedrigere Altersgrenzen für alle Beamten die vor 1964 geboren wurden, § 51 II BBG, § 5 II BPolBG.

§ 51 BBG – Ruhestand wegen Erreichens der Altersgrenze

(1) Beamtinnen auf Lebenszeit und Beamte auf Lebenszeit treten mit dem Ende des Monats in den Ruhestand, in dem sie die für sie jeweils geltende Altersgrenze erreichen. Die Altersgrenze wird in der Regel mit Vollendung des 67. Lebensjahres erreicht (Regelaltersgrenze), soweit nicht gesetzlich eine andere Altersgrenze (besondere Altersgrenze) bestimmt ist.
[...]

§ 5 BPolBG – Ruhestand wegen Erreichens der Altersgrenze

(1) Polizeivollzugsbeamte auf Lebenszeit treten mit dem Ende des Monats in den Ruhestand, in dem sie das 62. Lebensjahr vollenden.
[...]

Eine Versetzung in den Ruhestand erfordert im Gegensatz zum Eintritt kraft Gesetzes einen rechtsgestaltenden Verwaltungsakt. Dies ist beispielsweise der Fall bei dauernder Dienstunfähigkeit eines Beamten, § 44 I 1 BBG. Weitere Anwendungsbereiche sind der einstweilige Ruhestand bei politischen Beamten nach § 54 I BBG, der Ruhestand auf Antrag nach § 52 BBG sowie der einstweilige Ruhestand bei organisatorischen Veränderungen nach § 55 BBG.

VI. Rechtsprechung

Um einen Praxisbezug herzustellen, werden im Folgenden verschiedene relevante Gerichtsentscheidungen dargestellt:

Zur Rücknahme der Ernennung zur Beamtin auf Probe durch arglistiges Verschweigen von Erkrankungen – VG Bayreuth, Urt. vom 13.5.2025 – B 5 K 24.213 –

„[…] *Die am* […] *geborene Klägerin wendet sich gegen die Rücknahme ihrer Ernennung zur Polizeimeisterin auf Probe. Im Rahmen der polizeiärztlichen Eignungsuntersuchung zur Beurteilung der Polizeidienstfähigkeit am 30.03.2017 erklärte die Klägerin im Anamnesebogen, dass sie bereit sei, dem untersuchenden Arzt alle Umstände zu offenbaren, die für die Beurteilung ihres Gesundheitszustandes bedeutsam sein könnten. Sie nehme zur Kenntnis, dass das Verschweigen bestehender Beschwerden und früherer Krankheiten die Entlassung aus dem Polizeivollzugsdienst nach sich ziehen könne. Die sodann folgenden Fragen (Nrn. 1.2. 1.2.16), ob sie an Krankheiten, Störungen oder Beschwerden gelitten habe oder leide, verneinte die Klägerin jeweils. Nur zum Punkt „Wirbelsäule, Knochen und Gelenke" (Nrn. 1.2.9) ist „Bei der Geburt Schlüsselbeinbruch" vermerkt. Bei der Frage (Nr. 1.10), durch welche Ärzte – außer den bereits angegebenen – die Klägerin in den letzten fünf Jahren behandelt worden sei, sind ausschließlich genannt „Hausarzt Dr.* […] *„Frauenarzt Frau Dr.* […] *in* […] *in* […]*" sowie „; zuvor war allein bei Frage 1.8.1 ein Zahnarzt angegeben.*

Die Eingangsuntersuchung ergab, dass die Klägerin polizeidiensttauglich ist. In dem auf 31.08.2017 datierten und von der Klägerin unterschiebenen Anamnesebogen wurde nach Krankheiten, Störungen oder Beschwerden gefragt, die nach der Eingangsuntersuchung bestanden; diese Fragen verneinte die Klägerin allesamt. […] *Die Klägerin wurde nach erfolgreich absolviertem Einstellungs- und Auswahlverfahren (EAV) am 01.09.2017 unter Berufung in das Beamtenverhältnis auf Widerruf zur Polizeimeisteranwärterin ernannt. Nach erfolgreichem Absolvieren der Laufbahnausbildung wurde die Klägerin am* […] *2020 unter Berufung in das Beamtenverhältnis auf Probe zur Polizeimeisterin ernannt. Sodann wurde die Klägerin zunächst als Kontroll- und Streifenbeamtin am Flughafen* […] *eingesetzt.*

Seit […] *2022 ist sie als Lehrkraft bei der Bundespolizeiakademie tätig. Seit 2022 ist sie in dieser Funktion beim Bundespolizeiaus- und -fortbildungszentrum* […] *(BPOLAFZ* […] *im Wege der Abordnung eingesetzt. Anlässlich der Beurteilung der Gesundheit der Klägerin zwecks ihrer späteren Berufung in das Beamtenverhältnis auf Lebenszeit sind in dem auf 16.11.2022 datierten, von der Klägerin unterschriebenen Anamnesebogen die Fragen (Nrn. 1.2.–1.2.16), ob sie an Krankheiten, Störungen oder Beschwerden gelitten habe oder leide, allesamt verneint.*

Nach Mitteilung der Bundespolizeidirektion […] *vom 11.11.2022 fiel die Klägerin während ihrer Probezeit durch viele Krankheitstage auf.*

So sei sie im Zeitraum vom 24.07.2020 bis 26.10.2022 an 53 Arbeitstagen krank gewesen, die sich auf 27 einzelne Zeiträume verteilen würden, während die anderen mit ihr zur Ernennung auf Lebenszeit anstehen den Beamten lediglich neun bzw. 13 Krankheitstage gehabt hätten. Vor der Ernennung zur Beamtin auf Lebenszeit wurde die Klä-

gerin sodann am 01.02.2023 vom Sozialmedizinischen Dienst der Bundespolizei in [...], LtdMedD [...], untersucht.

Mit Bescheid vom 09.02.2023 verlängerte die Beklagte die Probezeit der Klägerin um ein Jahr bis zum 25.02.2024, nachdem der polizeiärztliche Dienst die Beurteilung der Klägerin ausgesetzt und eine Nachuntersuchung in zwölf Monaten verfügt hatte. Unter dem 13.02.2023 fertigte LtdMedD [...] auf Grundlage der Untersuchung vom 01.02.2023 ein elfseitiges sozialmedizinisches Gutachten.

Zusammenfassend heißt es darin: „Die zuletzt diagnostizierte Toxoplasmose ist ebenso, wie das FNH kein Ausschlusskriterium für die weitere Tätigkeit in der Bundespolizei. Frau [...] hat jedoch im Rahmen der EAV, ebenso wie zur Einstellung, weder die unklare Transaminasenerhöhung, diagnostiziert November 2015, genauso wie die Juni 2016 diagnostizierte Migräne mit Aura, die bereits seit der Pubertät bestand, als auch die am 30.01.2017 somit 2 Monate vor EAV diagnostizierte rezidivierende Sinusitis aufgeführt.

Im Anamnesebogen vom 30.03.2017 werden neben der Hausärztin und der Frauenärztin keine weiteren Ärzte angegeben bei der sie behandelt wurde. Auffällig ist bei der nun zugesendeten Krankenkarte von Frau Dr. [...], die hohe Krankentagezahl der ehemaligen Bewerberin, insbesondere mit den Diagnosen Migräne, depressive Episode, Cervicalneuralgie, die neben der immer wieder vorhandenen Erkrankung der Atemwege zu nicht unwesentlichen Krankenfehlzeiten führten. Aktuell ist unklar, ob die seinerzeit verschwiegene und jetzt angeblich nicht mehr zu Beschwerden führende Migräne die Krankenfehltage während der Probezeit im Rahmen der Kulanzzeiten begründen. Die dauerhaft erhöhte GGT im Verbund mit immer wieder erhöhten anderen Leberwerten wurde nie konsequent abgeklärt und auch im Rahmen der EAV nicht angegeben. Vor dem Hintergrund der fehlenden Krankheitsangaben und der Aussage der Beamtin, dass sie den Anamnesebogen mithilfe der Hausärztin ausgefüllt hätte, kann davon ausgegangen werden, dass Frau [...] auf die Nennung der Krankenfehltage begründenden Diagnosen verzichtet hat, um ihre Einstellung bei der Bundespolizei nicht zu gefährden. Meiner Ansicht nach ist dies als arglistige Täuschung zu sehen." Die Bundespolizeidirektion [...] wandte sich daraufhin mit Schreiben vom 11.05.2023 an das Bundespolizeipräsidium und bat um Rücknahme der Ernennung. Mit Schreiben vom 09.08.2023, der Klägerin ausgehändigt am 11.08.2023, hat das Bundespolizeipräsidium die Klägerin davon unterrichtet, dass es die Rücknahme ihrer Ernennung zur Beamtin auf Probe wegen arglistiger Täuschung beabsichtige, und ihr Gelegenheit zur Äußerung bis zum 24.08.2023 gegeben. [...] Der Bevollmächtigte der Klägerin erwiderte unter dem 06.09.2023, dass von der Klägerin medizinische Wertungen verlangt würden. Die Beklagte werte ohne medizinischen Sachverstand und behaupte, es habe „eine Erkrankung" bei der Klägerin vorgelegen, ohne diese zu substantiieren.

Der Sozialmedizinische Dienst [...], LtdMedD [...], nahm gegenüber der Bundespolizeidirektion [...] mit Schreiben vom 16.10.2023 wie folgt Stellung: Im Rahmen der Untersuchung vor Lebzeitverbeamtung habe die Klägerin in der Anamneseerhebung ausgeführt, dass sie den Anamnesebogen mithilfe der Hausärztin ausgefüllt habe, sodass zumindest im Rahmen der Untersuchung vor Lebzeitverbeamtung entsprechende Di-

agnosen hätten erwähnt werden können. Von Bewerbern bzw. Beamten werde keine Diagnose per se verlangt, jedoch sei vor einer Krankschreibung bzw. bei vorhandenen Befunden ein Aufsuchen des Arztes durch den Beamten erfolgt. Es bestehe im allgemeinen ein Leidensdruck, der den Patienten zum Arzt führe. Zumindest den Grund des Arztbesuches könne der Bewerber/Beamte angeben. Bei den hohen Arbeitsunfähigkeitszeiten der Klägerin von 191 Tagen im 1. Quartal 2015 bis 2. Quartal 2017 sei davon auszugehen, dass sich die Klägerin an diese Erkrankungen auch noch erinnern müsse – wenn nicht an jede eizelne, so doch an die Hauptprobleme. Ob dies von der Beamtin als Migräne bezeichnet werde, als Cervicalneuralgie oder einfach als Kopfschmerz sei dabei irrelevant und auch eine depressive Episode sei durchaus als Allgemeinwortschatz, zum Beispiel als Depression, vorhanden. – Mit Bescheid vom 14.11.2023 nahm das Bundespolizeipräsidium die Ernennung der Klägerin zur Polizeimeisterin auf Probe zum 26.02.2020 zurück.

[...] Begründet wurde die Entscheidung vor allem damit, dass von einer arglistigen Täuschung angesichts des von der Klägerin wahrheitswidrig unterschriebenen Selbstauskunftsbogens auszugehen sei. Die Klägerin habe im Rahmen der Eingangsuntersuchung am 30.03.2017 weder Angaben zu der unklaren Transaminasenerhöhung, diagnostiziert im November 2015, noch zu der im Juni 2016 diagnostizierte Migräne mit Aura, die bereits in der Pubertät bestanden habe, noch zu der am 30.01.2017 diagnostizierten rezidivierende Sinusitis gemacht. Es werde zwar von Bewerbern/Beamten keine Diagnose per se verlangt, aber bei der Klägerin sei ein Befund seitens eines Arztes erfolgt. Zumindest kann also von ihr erwartet werden, den Grund des Arztbesuches und den daraus folgenden Befund anzugeben. Die Ernennungsbehörde hätte bei Kenntnis dieser Erkrankungen von der Ernennung der Klägerin zur Beamtin auf Probe Abstand genommen. [...]“

In der Sache argumentierte das Gericht wie folgt:

„*Die erhobene Anfechtungsklage ist zulässig, hat jedoch in der Sache keinen Erfolg. [...] Auch hat die Beklagte die Entlassungsfrist des § 14 Abs. 3 Satz 1 BBG eingehalten.* ***Im Interesse der Rechtssicherheit muss die Ernennung gemäß § 14 Abs. 3 Satz 1 BBG innerhalb einer Frist von sechs Monaten zurückgenommen werden. Die Ausschlussfrist beginnt von dem Zeitpunkt an zu laufen, an dem die oberste Dienstbehörde von der Ernennung und dem Rücknahmegrund Kenntnis erlangt hat.*** *Unerheblich ist, wann die Ernennung erfolgt ist. Maßgebend ist nur die Kenntnis der obersten Dienstbehörde, nicht die der Ernennungsbehörde und innerhalb der obersten Dienstbehörde nur die Kenntnis des entscheidungsbefugten Bediensteten. Vorwerfbare Unkenntnis (Kennenmüssen) genügt nicht. Bei einer Rücknahme wegen arglistiger Täuschung muss die oberste Dienstbehörde sichere Kenntnis von der Täuschungshandlung in objektiver und subjektiver Hinsicht erlangt haben (vgl. BVerwG, U. v. 08.11.1961 – VI C 120.59 – BVerwGE 13, 156, 161 f.). Die oberste Dienstbehörde kann den Ausgang eines Strafverfahrens abwarten, um sich so die erforderliche sichere Kenntnis zu verschaffen (vgl. ebd.; so zum Ganzen Battis, BBG, 6. Aufl. 2022, § 14*

Rn. 17). Die Klägerin hat den Entlassungsbescheid innerhalb einer Frist von sechs Monaten erhalten, nachdem die oberste Dienstbehörde bzw. die Stelle, der die Ausübung der Befugnis zur Entlassung von ihr übertragen worden ist (hier konkret das Bundespolizeipräsidium), von dem Entlassungsgrund sichere Kenntnis erhalten hat. Wann der entscheidungsbefugte Bedienstete des Bundespolizeipräsidiums das Schreiben der Bundespolizeidirektion [...] vom 11.05.2023 erhalten hat, kann dahinstehen, weil dieses Schreiben nicht die Sechs-Monats-Frist in Lauf gesetzt hat.

Vielmehr sah das Bundespolizeipräsidium durch die Antwort der Bevollmächtigten der Klägerin vom 06.09.2023 auf das Anhörungsschreiben die Notwendigkeit weiterer Ermittlungen, konkret eine ergänzende Stellungnahme des Sozialmedizinischen Dienstes einzuholen. Daher hat die Entlassungsfrist erst mit Zugang dieser, auf 16.10.2023 datierenden Stellungnahme begonnen und war bei Zugang des Rücknahmebescheides vom 14.11.2023 augenscheinlich noch nicht abgelaufen.

Es kann der Beklagten nicht zum Nachteil gereichen, dass sie zwecks zuverlässiger Feststellung des gesamten Sachverhalts und Nachgehen der Einwendungen der Klägerin zunächst weitere Ermittlungen anstellte (vgl. BVerwG, U. v. 08.11.1961 – VI C 120.59 – BVerwGE 13, 156, 161 f.). 2.

Die streitgegenständlichen Bescheide sind auch materiell rechtmäßig. Rechtsgrundlage für die Rücknahme der Ernennung der Klägerin zur Polizeimeisterin auf Probe ist § 14 Abs. 1 Nr. 1 BBG. Danach ist die Ernennung mit Wirkung für die Vergangenheit zurückzunehmen, wenn sie durch Zwang, arglistige Täuschung oder Bestechung herbeigeführt wurde. Die Voraussetzungen dieser Befugnisnorm liegen vor, denn die Klägerin hat ihre Ernennung zur Polizeimeisterin auf Probe durch arglistige Täuschung herbeigeführt. [...] Eine arglistige Täuschung liegt vor, wenn der zu Ernennende durch Angaben, deren Unrichtigkeit ihm bewusst war oder deren Unrichtigkeit er für möglich hielt, oder durch Verschweigen wahrer Tatsachen bei einem an der Ernennung maßgeblich beteiligten Bediensteten der Ernennungsbehörde einen Irrtum in dem Bewusstsein hervorrief, um diesen durch Täuschung zu einer günstigen Entschließung zu bestimmen. Unrichtige Angaben sind stets eine Täuschung, unabhängig davon, ob die Ernennungsbehörde danach gefragt hat oder nicht. ***Das Verschweigen von Tatsachen ist eine Täuschung, wenn die Ernennungsbehörde nach Tatsachen gefragt hat oder der Ernannte auch ohne Befragung weiß oder in Kauf nimmt, dass die verschwiegenen Tatsachen für die Entscheidung der Ernennungsbehörde erheblich sind oder sein können.*** *Eine arglistige Täuschung liegt nach alledem schon dann vor, wenn der Täuschende erkennt und in Kauf nimmt, dass die Ernennungsbehörde aufgrund seines Verhaltens für sie wesentliche Umstände als gegeben ansieht, die in Wahrheit nicht vorliegen oder – umgekehrt – der Ernennung hinderliche Umstände als nicht gegeben ansieht, obwohl solche in Wahrheit vorliegen (vgl. BVerwG, U. v. 18.09.1985 – 2 C 30.84 – juris Rn. 24 m.w.N.; Plog/Wiedow, BBG, Stand Juni 2018, § 14 Rn. 11).*

Die Täuschungshandlung kann auch gegenüber dem Amtsarzt erfolgen, da sich die Ernennungsbehörde maßgeblich auf dessen Beurteilung der gesundheitlichen Eignung des zur Ernennung anstehenden Bewerbers stützt und dem Bewerber das auch

bewusst ist *(vgl. BVerwG, U. v. 18.09.1985 – 2 C 30.84 – juris Rn. 28; VG Neustadt-Seite 8 von 12 a. d. W., B. v. 25.09.2015 – 1 L 657/15.NW – juris Rn. 6). Im Rahmen der amtsärztlichen Untersuchung muss der zur Ernennung anstehende Bewerber die Fragen nach seiner gesundheitlichen Verfassung nach ihrem erkennbaren Sinn richtig und vollständig beantworten (vgl. erneut Plog/Wiedow, a.a.O. Rn. 12).*

Die Klägerin hat im handschriftlich von ihr unterzeichneten, auf 30.03.2017 datierten Anamnesebogen („I. Vorgeschichte"; Seite 1 f. BA II) unvollständige Angaben gemacht, konkret klar formulierte Fragen besseren Wissens mit „Nein" beantwortet. So wurde beispielsweise unter Nr. 1.2.2 ausdrücklich nach Krankheiten, Störungen oder Beschwerden der Atmungsorgane gefragt und als Beispiel u.a. „Stirn- oder Nebenhöhlenvereiterungen" genannt. Die Klägerin beantwortete die Frage mit „Nein", erwähnte also insbesondere nicht ihre rezidivierende Sinusitis bzw. häufigen Atemwegsinfekte, welche Frau Dr. [...] ausweislich ihres Datenblattes [...]) diagnostiziert hatte und wegen der im Januar 2017 sogar ein Facharzt eingeschaltet war [...]. Auch die Frage Nr. 1.2.5 (Krankheiten, Störungen oder Beschwerden des Gehirn- oder Rückenmarks, Gemüts- oder Geistesstörungen) verneinte die Klägerin, obwohl dort als Beispiel „häufige Kopfschmerzen" genannt war und bei der Klägerin nicht nur im Juni 2016 Migräne mit Aura (Dr. [...], Facharzt für Neurologie, am 07.06.2016 an Frau Dr. [...] : „Seit Pubertät Migräne mit Aura bekannt.", Seite 52 BA II) diagnostiziert wurde, sondern sie deshalb bei Frau Dr. [...] auch ausweislich ihres Datenblattes (Seite 73 ff. BA II) u.a. am 14.04.2015, 02.11.2015, 04.11.2015, 06.11.2015, 23.11.2015 und 06.08.2016 vorstellig wurde – zudem wegen depressiver Episode am 03.08.2015 und 14.08.2015 sowie Cervicalneuralgie am 18.05.2015. Augenfällig ist auch, dass die Klägerin die sie wegen Sinusitis, Migräne sowie Transaminasenerhöhung behandelnden Fachärzte allesamt nicht angegeben hat [...], obwohl unter Frage Nr. 1.10 ausdrücklich danach gefragt wurde und die jeweiligen Untersuchungen bzw. Diagnosen aus den Jahren 2015 bis 2017 stammten. Hinzu kommt, dass die Klägerin im Zeitraum Januar 2015 bis Januar 2017 für insgesamt 163 (!) Tage von ihrer Hausärztin Dr. [...] ausweislich deren Datenblattes [...] Arbeitsunfähigkeitsbescheinigungen erhalten hat – weitgehend wegen der genannten, relevanten Diagnosen. Damit lag auch für einen medizinischen Laien auf der Hand, dass die Erkrankungen bzw. Beschwerden keine bloßen Bagatellen sind und für das Einstellungsverfahren relevant sein könnten. ***Jedenfalls beim Vorliegen nicht unerheblicher, der Behandlung bedürftiger Beschwerden ist zu erwarten, dass der Bewerber unabhängig von der exakten medizinischen Diagnose im engeren Sinn sein Beschwerdebild zumindest laienhaft bezeichnet*** *(vgl. OVG Berlin-Bbg, U.v. 30.11.2006 – OVG 4 B 11.06 juris Rn. 45). Dies hat die Klägerin jedoch gerade nicht getan, sondern diese Tatsachen schlicht verschwiegen, obwohl die Beklagte ausdrücklich danach gefragt hatte. Es hätte genügt, dass die Klägerin sie laienverständlich angibt und ihre behandelnden Ärzte nennt, um der Beklagten die nähere Abklärung zu ermöglichen. Aufgrund der Gesamtumstände, insbesondere der dezidierten Fragen nach bestimmten Erkrankungen und behandelnden Ärzten sowie ihren erheblichen Krankheitszeiten, ist das Gericht auch davon überzeugt, dass die Klägerin zumindest billigend in Kauf nahm, dass ihre unvollständigen Antworten für ihre Einstellung und spätere Ernennungen von Bedeutung sind.*

Die von der Klägerin bei ihrer Eingangsuntersuchung am 30.03.2017 arglistig verschwiegen Tatsachen waren für ihre Ernennung zur Polizeimeisterin (auf Probe) am 26.02.2020 auch kausal. Eine arglistige Täuschung ist schon dann für die Ernennung ursächlich, wenn sich feststellen lässt, dass die Behörde bei Kenntnis des wahren Sachverhalts von der Ernennung jedenfalls zu diesem Zeitpunkt Abstand genommen hätte. Für die Ursächlichkeit der Täuschung genügt, dass die Behörde ohne sie den Bewerber jedenfalls nicht wie geschehen alsbald ernannt hätte, sondern zunächst weitere Prüfungen und Erwägungen angestellt und erst auf dieser vervollständigten Grundlage ihre Entscheidung getroffen hätte *(vgl. BVerwG, U. v. 10.06.1999 – 2 C 20.98 – juris Rn. 13; B.v. 29.07.1998 – 2 B 63.98 – juris Rn. 5; BayVGH, B. v. 15.12.1998 – 3 B 96.586 – juris Rn. 46 m.w.N.). Die Eingangsuntersuchung am 30.03.2017 diente zwar zunächst der Feststellung der Polizeidienstfähigkeit für das EAV, das mit Ernennung der Klägerin zur Polizeimeisteranwärterin (Beamtin auf Widerruf) am 01.09.2017 abgeschlossen war. Jedoch waren die dortigen Angaben auch Grundlage der späteren Ernennung der Klägerin zur Polizeimeisterin am 26.02.2020. Denn zwischenzeitlich hat die Klägerin nur am 31.08.2017 einen Anamnesebogen ausfüllen müssen, der sich verständlicherweise auf die Zeit seit der Eingangsuntersuchung beschränkte. Eine weitere Untersuchung durch den Sozialmedizinischen Dienst der Bundespolizei auf ihre Polizeidienstfähigkeit fand vor der Ernennung zur Polizeimeisterin nicht statt. Hätte die Klägerin die Fragen im Anamnesebogen am 30.03.2017 vollständig beantwortet, wäre sie auch nicht eingestellt worden.*

Denn damals wurde sie aufgrund ihrer unvollständigen Angaben als polizeidiensttauglich eingestuft, während unter Berücksichtigung der damaligen Diagnosen und Fremdbefunde die Polizeidiensttauglichkeit nicht festgestellt hätte werden können. [...] *Entgegen der klägerischen Ansicht führt auch die mit Bescheid vom 09.02.2023 erfolgte Probezeitverlängerung nicht dazu, dass die vorherige arglistige Täuschung nicht mehr im Rahmen des § 14 BBG herangezogen werden könnte oder die Kausalität zu verneinen wäre. Die Probezeitverlängerung unterbricht insbesondere nicht den Zurechnungszusammenhang, sondern ist gerade ergangen, um die Entscheidung über die Lebenszeiternennung nicht (sogleich) treffen zu müssen und das Rücknahmeverfahren zwischenzeitlich betreiben zu können.*

[...] *Es kann dahinstehen, ob eine etwaige unbillige Härte einer Rücknahme entgegenstehen könnte, obwohl das BBG eine solche Prüfung – anders als das Soldatengesetz – nicht vorsieht. Denn vorliegend ist keine unbillige Härte gegeben. Zwar sind von der arglistigen Täuschung bis zur streitgegenständlichen Rücknahme mehr als sechs Jahre vergangen. Es ist aber nichts Stichhaltiges dafür ersichtlich, dass die gesundheitlichen Probleme der Klägerin nicht fortbestehen, sich also nicht mehr auf das Dienstverhältnis auswirken. Vielmehr hat die Klägerin auch nach Ernennung zur Polizeimeisterin noch über durchschnittlich viele Krankheitstage gehabt.* [...]

Da es sich vorliegend um eine gebundene Entscheidung handelt, musste die Beklagte auch keine Ermessenabwägung vornehmen. Denn nur, wenn eine besondere Härte bejaht werden kann, ist Raum für Ermessenserwägungen und deren richterliche Nachprüfung [...].“

Zur dienstlichen Beurteilung
– BVerwG, Urt. vom 11.12.2008 – 2 A 7.08 –, zitiert nach juris

[...] *Der beurteilte Beamte muss nachvollziehen können, welchen Stellenwert der Dienstherr seiner beruflichen Leistung im Vergleich zu den Leistungen anderer vergleichbarer und beurteilter Beamten zumisst. Denn die dienstliche Beurteilung dient der Verwirklichung des mit Verfassungsrang ausgestatteten Grundsatzes, Beamte nach Eignung, Befähigung und fachlicher Leistung einzustellen, einzusetzen und zu befördern. Ihr Ziel ist es, die den Umständen nach optimale Verwendung des Beamten zu gewährleisten und so die im öffentlichen Interesse liegende Erfüllung hoheitlicher Aufgaben (Art. 33 Abs. 4 GG) durch Beamte bestmöglich zu sichern. Zugleich dient die dienstliche Beurteilung auch dem berechtigten Anliegen des Beamten, in seiner Laufbahn entsprechend seiner Eignung, Befähigung und Leistung voranzukommen. Ihr kommt die entscheidende Bedeutung bei der Auswahlentscheidung des Dienstherrn und der dabei erforderlichen „Klärung einer Wettbewerbssituation" zu. Dies verlangt größtmögliche Vergleichbarkeit der erhobenen Daten. Die dienstliche Beurteilung soll den Vergleich mehrerer Beamter miteinander ermöglichen und zu einer objektiven und gerechten Bewertung des einzelnen Beamten führen.* [...]

Zur Entlassung von Beamten auf Widerruf
– OVG Brem, Beschl. vom 13.7.2018 – 2 B 174/18 –

[...] *Die angegriffene Entlassungsverfügung erweist sich nicht als offensichtlich rechtswidrig. Gemäß § 23 Abs. 4 Satz 1 BeamtStG können Beamte auf Widerruf jederzeit entlassen werden. Es genügt jeder sachliche, d. h. nicht willkürliche Grund. Nach § 23 Abs. 4 Satz 2 BeamtStG soll dem Beamten auf Widerruf die Gelegenheit zur Beendigung des Vorbereitungsdienstes und zur Ablegung der Prüfung gegeben werden. Die Vorschrift schränkt das dem Dienstherrn eingeräumte weite Ermessen dahin ein, dass die Entlassung nur aus Gründen statthaft ist, die auch unter dem Blickwinkel des Vorbereitungsdienstes sachgerecht sind. Sie müssen mit dem Sinn und Zweck des Vorbereitungsdienstes im Beamtenverhältnis auf Widerruf im Einklang stehen.*

§ 23 Abs. 4 Satz 2 BeamtStG schränkt die Möglichkeit der Entlassung nicht nur dort ein, wo der Vorbereitungsdienst als allgemeine Ausbildungsstätte im Sinne von Art. 12 Abs. 1 Satz 1 GG zu qualifizieren ist, sondern auch dort, wo ein Vorbereitungsdienst für eine Beamtenlaufbahn abgeleistet wird. Insoweit sind für die Ermessensausübung die Anforderungen maßgeblich, die an die angestrebte Laufbahn zu stellen sind. Die Entlassung ist danach mit dem Sinn und Zweck des Vorbereitungsdienstes vereinbar, wenn der Beamte aufgrund mangelnder Eignung, Befähigung oder fachlichen Leistung (vgl. § 9 BeamtStG) den Anforderungen der Laufbahn – hier des (gehobenen) Polizeivollzugsdienstes – nicht gerecht wird. Insofern genügen berechtigte Zweifel an der persönlichen Eignung des Widerrufsbeamten.

Die charakterliche Eignung ist ein Unterfall der persönlichen Eignung. Hierfür ist die Einschätzung entscheidend, inwieweit der Beamte der von ihm zu fordernden Loyalität,

Aufrichtigkeit, Zuverlässigkeit, Fähigkeit zur Zusammenarbeit und Dienstauffassung gerecht werden wird. Dies erfordert eine wertende Würdigung aller Aspekte des Verhaltens des Beamten, die einen Rückschluss auf die für die charakterliche Eignung relevanten persönlichen Merkmale zulassen. Die Zweifel können sich sowohl aus dem dienstlichen als auch dem außerdienstlichen Verhalten ergeben.

Die Einschätzung der charakterlichen Eignung ist dem Dienstherrn vorbehalten. Die dem Dienstherrn zustehende Beurteilungsermächtigung führt dazu, dass die verwaltungsgerichtliche Kontrolle darauf beschränkt ist, ob der Dienstherr gegen Verfahrensvorschriften verstoßen hat, von einem unrichtigen Sachverhalt ausgegangen ist, den gesetzlichen Begriff der Eignung oder die gesetzlichen Grenzen der Beurteilungsermächtigung verkannt hat, allgemein gültige Wertmaßstäbe nicht beachtet oder sachfremde Erwägungen angestellt hat.

Der Senat geht mit dem Verwaltungsgericht davon aus, dass die Antragsgegnerin weder von einem unzutreffenden Sachverhalt ausgegangen ist noch die Grenzen ihres Beurteilungsspielraums mit der Einschätzung der fehlenden charakterlichen Eignung des Antragstellers überschritten hat. Die Verwaltungsgerichte haben dabei von den Erkenntnismitteln auszugehen, die dem Dienstherrn im Zeitpunkt seiner Entscheidung zur Verfügung standen. Die in der Entlassungsverfügung aufgeführten Vorkommnisse tragen in der Gesamtschau die Einschätzung der Antragsgegnerin, dass der Antragsteller nicht über die charakterliche Eignung verfügt, die von einem Polizeivollzugsbeamten zu erwarten ist.

Im Zeitraum vom 16.10.2017 bis zum 11.02.2018 ist es zu insgesamt sechs Polizeieinsätzen bei dem Antragsteller gekommen, weil Nachbarn von dem Antragsteller ausgehende Ruhestörungen gemeldet hatten. Bei dem ersten Einsatz am 16.10.2017 beschwerten sich zwei Nachbarn darüber, dass es seit zwei Tagen mehrmals zu lautstarken sexuellen Handlungen in einem Whirlpool, den der Antragsteller auf seinen Balkon aufgestellt hatte, gekommen sei; letztmalig zur Mittagszeit. Laut polizeilichem Einsatzbericht ist der Balkon von dem daran vorbeiführenden Fußweg einsehbar. Der über dem Antragsteller wohnende Nachbar erstattete am 23.10.2017 wegen der Erregung öffentlichen Ärgernisses Anzeige, weil der Antragsteller nach seiner Aussage am 14.10.2017 (ebenfalls zur Mittagszeit) deutlich wahrnehmbaren Geschlechtsverkehr im Whirlpool hatte. Am 18.10.2017 kam es zu einem weiteren Einsatz bei dem Antragsteller, weil Nachbarn wiederum angezeigt hatten, dass dieser lauten Geschlechtsverkehr im Whirlpool habe. Am 29.11.2017 sowie zweimal am 30.11.2017 wurden von dem Antragsteller ausgehende Ruhestörungen, wie bspw. lautes Rumschreien in der Wohnung, polizeilich gemeldet. Am 11.02.2018 zeigten Nachbarn eine Sachbeschädigung an, die sie dem Antragsteller zurechneten. Dies führte jeweils zu einem Polizeieinsatz. Am 05.12.2017 wurde zudem angezeigt, dass der Antragsteller am Vorabend zusammen mit seiner Freundin und einem Freund mit einer Softairwaffe auf seiner Terrasse herumgeschossen habe.

Soweit der Antragsteller sich als Opfer eines Nachbarschaftsstreits sieht, der maßgeblich von dem damals über ihm wohnenden Nachbarn ausgegangen sei, schließt der Senat nicht aus, dass den verschiedenen Polizeieinsätzen ein eskalierter Nachbar-

schaftsstreit zu Grunde lag. Auch ist in den Aussagen der Anzeigen erstattenden Personen teilweise eine gewisse Übertreibungs- und Belastungstendenz zu erkennen. Es sind jedoch keine Anhaltspunkte dafür ersichtlich, dass der Antragsteller allein Opfer einer ungerechtfertigten Verfolgung seiner Nachbarn geworden ist. Der Nachbarschaftskonflikt bestand nicht allein zwischen dem Antragsteller und der über ihm wohnenden Person. Bei dem Einsatz am 16.10.2017 wurde der Vorfall von zwei anderen Nachbarn angezeigt. Bei dem Einsatz am 18.10.2017 brachte zwar der über dem Antragsteller wohnende Nachbar den Vorfall zur Anzeige, die Ruhestörung wurde jedoch durch drei weitere Personen bestätigt. Ebenso wurden die Ruhestörungen am 29.11.2017 und 30.11.2017 durch andere Personen bestätigt.

Die Antragsgegnerin durfte aus diesen Vorkommnissen und dem Verhalten des Antragstellers im Zusammenhang mit den Polizeieinsätzen auf seine charakterliche Ungeeignetheit schließen. Nachdem die Polizeibeamten ihm beim Einsatz am 16.10.2017 den Inhalt der Beschwerde der Nachbarn mitgeteilt hatten und er gebeten worden war, sexuelle Handlungen auf dem Balkon zu unterlassen, entgegnete der Antragsteller mit der Frage, ob auch die Polizeibeamten sexuelle Handlungen festgestellt hätten sowie der Bemerkung, er könne auf seinem Balkon tun und lassen, was er wolle. Dieses Verhalten des Antragstellers konnte als uneinsichtig eingeschätzt werden. Obwohl der Vorfall am 16.10.2017 zum Gegenstand eines Mitarbeitergesprächs (20.10.2017) mit dem Antragsteller gemacht worden war, in dem dieser auf seine außerdienstliche Wohlverhaltenspflicht hingewiesen wurde, und es am 29.11.2017 und 30.11.2017 zu insgesamt drei Polizeieinsätzen beim Antragsteller gekommen war, hat dieser am 04.12.2017 (Anzeige vom 05.12.2017) eine echt wirkende Softairwaffe auf seiner Terrasse benutzt und damit auf einen Windfang oder eine davor stehende Zielscheibe geschossen. Dies hat der Antragsteller eingeräumt. Auch wenn es sich um die Benutzung einer zugelassenen und handelsüblichen Softairwaffe handelte, musste dem Antragsteller in seiner besonderen Situation bewusst sein, dass die Nutzung der Softairwaffe einen weiteren negativen Eindruck hinterlassen konnte und geeignet war, aufgrund von Fehleinschätzungen seines Umfeldes einen Polizeieinsatz auszulösen. Es ist auch nicht zu beanstanden, dass die Antragsgegnerin berücksichtigt hat, dass bei dem Polizeieinsatz am 11.02.2018 auf dem Balkon des über dem Antragsteller wohnenden Nachbarn mehrere Plastikkugeln gefunden wurden, die identisch waren mit Munitionskugeln, die in größerer Anzahl auf dem Fußboden in der Wohnung des Antragstellers lagen, und zudem die Softairwaffe griffbereit in der Wohnung des Antragstellers lag. Der Antragsteller hatte somit trotz des schwelenden Nachbarschaftskonflikts und des Mitarbeitergespräches am 20.10.2017, in dem ihm die Probleme der Benutzung der Softairwaffe deutlich vor Augen geführt worden waren, nicht alles unternommen, um jeglichen Verdacht einer weiteren Benutzung der Softairwaffe auszuschließen. Vielmehr legen die polizeilichen Ermittlungen eine weitere Benutzung der Waffe nahe. Des Weiteren hatte sich der Antragsteller beim Einsatz am 11.02.2018 nach Einschätzung der handelnden Polizeibeamten in einem derartigen psychischen Zustand befunden, der ihnen Anlass gab, den Antragsteller beim sozialpsychiatrischen Dienst vorzustellen. In dem Polizeibericht wird geschildert, dass der Antragsteller während des gesamten Einsatzes einen emotional instabilen Eindruck gemacht habe und immer wieder ins Weinen verfallen sei.

Auch die weiteren von der Antragsgegnerin herangezogenen Umstände rechtfertigen in einer Gesamtschau mit den genannten Vorkommnissen die Einschätzung der charakterlichen Ungeeignetheit des Antragstellers. Er ist am 11.09.2017 nach einer Feier in seiner Wohnung in eine körperliche Auseinandersetzung mit einem Taxifahrer geraten. Es lässt sich nicht feststellen, von wem die Auseinandersetzung ausging, jedenfalls wird ein Anteil des Antragstellers durch die Zeugenaussagen nicht eindeutig ausgeschlossen. Der Antragsteller sieht sich auch hier ausschließlich als Opfer eines Angriffs des Taxifahrers, ohne seinen Anteil an der Auseinandersetzung zu hinterfragen. Weiterhin hatten sich mehrere Mitstudierende dahingehend geäußert, der Antragsteller sei häufig Auslöser von Konflikten, nicht kritikfähig und nicht bereit, sich unterzuordnen. Er habe Schwierigkeiten, sich in das Dienstgruppengefüge zu integrieren. Am 04.04.2017 beobachtete und beschrieb der Studiengruppenleiter außerdem ein wütendes und unangemessenes Verhalten gegenüber einem Mitstudierenden, für das der Antragsteller sich einen Tag später entschuldigte.

Den berechtigten Zweifeln an der charakterlichen Eignung des Antragstellers steht nicht entgegen, dass die Vorwürfe zum Teil Gegenstand von strafrechtlichen Ermittlungsverfahren bzw. einem Ordnungswidrigkeitenverfahren waren, die Verfahren jedoch eingestellt wurden. Die Verfahren wurden nicht wegen erwiesener Unschuld, sondern allein deshalb eingestellt, weil dem Antragsteller die Vorwürfe nicht nachgewiesen werden konnten oder nach § 153 StPO.

Bei der Beurteilung der charakterlichen Eignung des Antragstellers durfte die Antragsgegnerin berücksichtigen, dass der Antragsteller zum Zeitpunkt der geschilderten Vorkommnisse bereits 34 Jahre alt war sowie zuvor bei der Bundeswehr bereits eine Vorgesetztenfunktion ausgeübt hatte und daher von ihm eine gefestigte charakterliche Persönlichkeit zu erwarten war. Sie darf von einem Polizeibeamten auch erwarten, dass er sich außerdienstlich streitschlichtend und deeskalierend verhält. Angesichts der Häufung der Vorkommnisse innerhalb eines sehr kurzen Zeitraums und der Anzeigen durch verschiedene Personen war die Antragsgegnerin berechtigt anzunehmen, der Antragsteller sei nicht in der Lage oder nicht willens, im erforderlichen Maße deeskalierend zu handeln, sondern dass er durch Ausnutzung seines rechtlichen Spielraums den Nachbarschaftskonflikt vorantreibe. Nicht zu beanstanden ist die Einschätzung, der nicht angemessene Umgang des Antragstellers mit Konflikten habe sich zudem auch außerhalb des Nachbarschaftsstreits bestätigt. Des Weiteren konnte die Antragsgegnerin ihrer Beurteilung zugrunde legen, dass die Polizei in ganz besonderem Maße auf ihr Ansehen und das Vertrauen der Bürgerinnen und Bürger angewiesen ist und dem sozialen Auftreten des Beamten in der Öffentlichkeit besondere Bedeutung zukommt.

Die Einschätzung der mangelnden charakterlichen Eignung wird auch dadurch getragen, dass sich die Gesprächsführung mit dem Antragsteller bei dem Einsatz am 30.11.2017 als schwierig gezeigt hat. Im Polizeibericht wird geschildert, der Antragsteller habe gewirkt, als stünde er „neben sich". Er habe knappe 45 Minuten regungslos auf der Sofakante gesessen und einzelne Polizeieinsatzbeamte über einen längeren Zeitraum angestarrt. Bei dem Einsatz am 11.02.2018 hat sich der Antragsteller – wie oben beschrieben – als emotional instabil gezeigt. An die charakterliche Stabilität ei-

nes Polizeibeamten darf der Dienstherr aber im Hinblick auf dessen Aufgaben besonders hohe Anforderungen stellen. [...]

Zur Entlassung von Beamten auf Widerruf – VG Düsseldorf, Beschl. vom 2.9.2025 – 2 L 2837/25 –, zitiert nach juris

„[…] *Gemäß § 23 Abs. 4 Satz 1 BeamtStG können Beamtinnen auf Widerruf und Beamte auf Widerruf jederzeit entlassen werden. Die Gelegenheit zur Beendigung des Vorbereitungsdienstes und zur Ablegung der Prüfung soll gegeben werden (Satz 2 der Vorschrift). Für die danach im Ermessen des Dienstherrn stehende Entlassung einer Widerrufsbeamtin bzw. eines Widerrufsbeamten genügt jeder sachliche, d.h. nicht willkürliche Grund, auch die Annahme mangelnder charakterlicher Eignung. Hierfür ist die Einschätzung entscheidend, inwieweit die Beamtin bzw. der Beamte der von ihr bzw. ihm zu fordernden Loyalität, Aufrichtigkeit, Zuverlässigkeit, Fähigkeit zur Zusammenarbeit und Dienstauffassung gerecht werden wird. Dies erfordert eine wertende Würdigung aller Aspekte des Verhaltens der Beamtin bzw. des Beamten, die einen Rückschluss auf die für die charakterliche Eignung relevanten persönlichen Merkmale zulassen. Die Einschätzung der charakterlichen Eignung ist dem Dienstherrn vorbehalten.* […]

Insoweit können bereits berechtigte Zweifel der Entlassungsbehörde genügen, ob die Beamtin bzw. der Beamte auf Widerruf die persönliche Eignung für ihr bzw. sein Amt besitzt. Die Entlassung aus dem Beamtenverhältnis auf Widerruf ist aus diesem Grund nicht von dem Nachweis eines konkreten Dienstvergehens abhängig. Eignungszweifel können sich dabei sowohl aus dem dienstlichen als auch dem außerdienstlichen Verhalten ergeben. [...]

Dabei ist die verwaltungsgerichtliche Kontrolle darauf beschränkt, ob der Dienstherr seine Annahme, es lägen Eignungszweifel vor, auf einen zutreffend und vollständig ermittelten Sachverhalt gestützt, er den Rechtsbegriff der Eignung nicht verkannt und bei der von ihm zu treffenden Prognoseentscheidung allgemeingültige Wertmaßstäbe beachtet und auch sonst keine sachwidrigen Erwägungen angestellt hat. [...] *Im Streitfall ist weiter in den Blick zu nehmen, dass die Polizei in ganz besonderem Maße auf ihr Ansehen und das Vertrauen der Bürgerinnen und Bürger angewiesen ist. Letztere müssen sich in jeder Lage darauf verlassen können, dass sich die Mitarbeiterinnen und Mitarbeiter der Polizei neutral und unvoreingenommen ihrer Aufgabe, dem Schutz der Bürgerinnen und Bürger sowie der Gesetze widmen. Unabhängig davon, ob sich der Polizeibeamte zivil oder in Uniform bewegt, besteht die Gefahr, dass eine Person, die um seinen Beruf weiß, bei pflichtwidrigem Verhalten in Zukunft weniger auf die Unvoreingenommenheit der Polizei vertraut. Vor diesem Hintergrund ist gerichtlich nicht zu beanstanden, wenn der Dienstherr für den Polizeivollzugsdienst besonders hohe Anforderungen an die charakterliche Stabilität eines Beamten stellt.* [...] *Die an-*

gefochtene Verfügung vom 10. März 2025 wird maßgeblich auf Zweifel an der charakterlichen Eignung gestützt, weil die Antragstellerin anlässlich einer privaten Feierlichkeit am 00. November 2024 – zusammen mit KA X. – dienstliche Bekleidungsgegenstände (Pullover und Außentragehülle) getragen hat, obgleich sie sich nicht im Dienst befunden hat. Auf dieser Feier haben sich ungefähr 30 Personen befunden, neben anderen Kommissaranwärtern auch Personen, die keine Verbindung zur Polizei aufgewiesen haben. [...]

Zutreffend mag sein, dass in dem Video über die Festnahme und Durchsuchung eines Gastes die Antragstellerin selbst in der Tat nicht abgebildet ist. [...] *Darauf ist zu sehen, wie Sie vor Publikum eine Durchsuchungs- und Festnahmesituation und das Ergreifen eines Dealers darstellen* [...] *Auf diesem Geschehen fußt jedoch ersichtlich nicht die Annahme des Antragsgegners, es bestünden hinsichtlich der Antragstellerin Eignungszweifel. Inmitten dieser Annahme steht vielmehr der Vorwurf des Tragens von Dienstkleidung anlässlich privater Feierlichkeiten. So heißt es denn auch eingangs der Entlassungsverfügung auf Seite 3: „Die Zweifel an der charakterlichen Eignung ergeben sich daraus, dass Sie auf einer privaten Feierlichkeit am 00.11.2024 Ihre dienstlich gelieferten Bekleidungsgegenstände außerdienstlich trugen. Gemeinsam mit dem Kommissaranwärter (KA) X. bekleideten Sie sich dort mit dem dienstlichen Pullover und Ihrer Außentragehülle. Auf der Feier befanden sich unter den insgesamt ca. 30 Gästen neben Kommissaranwärterinnen und -anwärtern auch Freunde der Gastgeberin, die keine Verbindung zur Polizei aufweisen. Einige Gäste zeigten sich deutlich irritiert über ihr Auftreten in dienstlicher Uniform im Rahmen einer privaten Feier." Auch die Verweise etwa auf die „Belehrung zu Ausrüstungsgegenständen und Uniformteilen" und die „Dienstbekleidungsordnung der Polizei des Landes NRW (Runderlass des Ministeriums für Inneres und Kommunales – Aktenzeichen 405/401 – 63.01.01 vom 21. Januar 2014) verdeutlichen, dass sich der der Antragstellerin gegenüber erhobene Vorwurf auf das Tragen der Dienstkleidung anlässlich einer privaten Feier bezieht. Soweit es die auf Seite 7 des Bescheides angeführte Passage der „Durchsuchungs- und Festnahmesituation" anbelangt, ist der Kontext ein anderer. Dort ging es vielmehr um die Frage, „ob Dritte/Außenstehende Bilder oder Videos von Ihrem [gemeint ist die Antragstellerin] Auftreten anfertigten". In diesem Zusammenhang ging es darum, der Antragstellerin „im Zeitalter der sozialen Medien" (vgl. Blatt 6 der Entlassungsverfügung) die Tragweite ihres Verhaltens zu verdeutlichen und klar zu machen, dass auch ein außerdienstliches Fehlverhalten im privaten Raum infolge des Anfertigens von Videos, Screenshots, Snaps und Ähnlichem das Ansehen der Polizei beeinträchtigen kann. Insoweit ist es in diesem Zusammenhang auch unbeachtlich, dass die Antragstellerin auf dem Video nicht zu sehen ist. Denn unstreitig waren auch Privatpersonen auf der Feier, die Videos von dem Auftreten auch der Antragstellerin in ihrer Dienstkleidung – und dies ist der Kern des Vorwurfs – (Festnahmesituation) angefertigt haben. Unstreitig hat die Antragstellerin für das Anfertigen eines videografischen Gästebuchs an der Ergreifung eines Drogendealers „mitgespielt". Damit hat der der Antragstellerin in der Sache gegenüber erhobene Vorwurf, sie hätte im Zeitalter sozialer Medien bei der Wahl ihres Kostüms auf der Mottoparty am 00. November*

2024 gerade auch aufgrund ihrer Stellung als Polizeivollzugsbeamtin bedenken müssen, dass Foto- und Videomaterial von Dritten angefertigt werden können, bestand.

Schließlich hat der Antragsgegner auch allgemeingültige Wertmaßstäbe beachtet. Er hat ausgeführt, dass das Auftreten auf der privaten Feier in Teilen der Dienstbekleidung das Vertrauen der Bevölkerung in die Polizei deutlich und nachhaltig schädige. Nach der Wohlverhaltenspflicht im Sinne des § 34 Abs. 1 Satz 3 BeamtStG müsse das Verhalten eines Beamten innerhalb und außerhalb des Dienstes der Achtung und dem Vertrauen gerecht werden, die der Beruf erfordere. Der Beruf als Polizeibeamtin genieße in der Öffentlichkeit aufgrund des entgegengebrachten Vertrauens seitens der Bevölkerung ein besonderes Ansehen, welches im Besonderen zu schützen sei. Die Dienstbekleidung von Polizeivollzugsbeamten verfolge den Zweck, gegenüber der Öffentlichkeit unmissverständlich als Hoheitsträger aufzutreten und erkennbar zu werden. Dabei sei von überragender Bedeutung, das Ansehen der Polizei im öffentlichen Raum nicht zu schädigen. Dies ist nicht zu beanstanden. [...]

Die Entlassungsverfügung erweist sich auch nicht als ermessensfehlerhaft. Sie erweist sich insbesondere nicht deshalb als unverhältnismäßig, weil die darin ausgesprochene Entlassung aus dem Polizeivollzugsdienst der Antragstellerin die Gelegenheit zur Beendigung des Vorbereitungsdienstes und Ablegung der Prüfung nimmt. Zwar bestimmt § 23 Abs. 4 Satz 2 BeamtStG, dass Beamte auf Widerruf im Vorbereitungsdienst in der Regel die Möglichkeit erhalten sollen, den Vorbereitungsdienst zu beenden und die Prüfung abzulegen. Die genannte Vorschrift schränkt die Möglichkeit der Entlassung nicht nur dort ein, wo der Vorbereitungsdienst als allgemeine Ausbildungsstätte im Sinne von Art. 12 Abs. 1 Satz 1 GG zu qualifizieren ist, sondern auch dort, wo – wie hier – ein Vorbereitungsdienst für eine Beamtenlaufbahn abgeleistet wird, dessen Abschluss nicht den Zugang zu einer Beschäftigung außerhalb des Beamtenverhältnisses ermöglicht. [...] § 23 Abs. 4 Satz 2 BeamtStG steht jedoch im Streitfall der Entlassung der Antragstellerin vor Ende des Vorbereitungsdienstes nicht entgegen. Eine Entlassung kann danach gerechtfertigt sein, wenn der Beamte das Ziel des Vorbereitungsdienstes, nämlich den Erwerb der Befähigung für die angestrebte Laufbahn, aufgrund nachhaltig unzureichender Leistungen auch bei wohlwollender Betrachtung aller Voraussicht nach nicht erreichen wird und die Fortsetzung der Ausbildung damit sinnlos ist, oder wenn begründete Zweifel an seiner gesundheitlichen oder persönlichen Eignung gegeben sind. [...]

Bei einem Vorbereitungsdienst, der – wie hier – keine allgemeine Ausbildungsstätte im Sinne des Art. 12 Abs. 1 Satz 1 GG darstellt, sondern mit dem der Staat für seinen eigenen Bedarf ausbildet, darf der Dienstherr dabei die persönliche Eignung an den Maßstäben messen, die er für die Übertragung eines Amtes auf Lebenszeit zugrunde legt. [...] Hiervon ausgehend ist im Streitfall die Entscheidung des Polizeipräsidiums, die Antragstellerin bereits vor Ende des Vorbereitungsdienstes zu entlassen, nicht zu beanstanden. Das Polizeipräsidium hegt – wie dargelegt – berechtigterweise erhebliche Zweifel an der charakterlichen Eignung der Antragstellerin, die ihrer Übernahme in ein Beamtenverhältnis auf Probe bzw. auf Lebenszeit entgegenstehen würden. Dann ist es gerechtfertigt, dem Beamten die Möglichkeit der Ableistung des Vorbereitungs-

dienstes im Sinne des § 23 Abs. 4 Satz 2 BeamtStG zu verwehren. Dies eröffnet ihm zugleich – worauf auch das Polizeipräsidium zu Recht hingewiesen hat – die Möglichkeit einer beruflichen Neuorientierung. [...]"

Zur Entlassung von Beamten auf Widerruf; Buchstabieren des Namens Jung bei einer Funkübung mit „Jude", Untermensch, Nazi sowie „Gaskammer" oder „Genozid" – OVG Bln-Bbg, Beschl. vom 5.11.2020 – OVG 4 S 41/20 –, zitiert nach openJur

[...]

Nach Auffassung des Verwaltungsgerichts hat der Antragsgegner zwar den Entlassungsbescheid formell rechtmäßig verfügt und auch die Anordnung der sofortigen Vollziehung hinreichend begründet, es bestünden jedoch Zweifel, ob der Sachverhalt vollständig zugrunde gelegt und ob allgemeingültige Bewertungsmaßstäbe beachtet worden seien. Es stehe nur ein Vorfall fest. Das vom Antragsteller in einer Kriminalistik-Übung am 21. November 2019 abweichend vom Üblichen angewandte Funkalphabet des Nachnamens seines Kollegen Jung („Jude, Untermensch, Nazi" sowie „Gaskammer" oder „Genozid") sei zwar geeignet, die Entlassung mangels charakterlicher Eignung zu rechtfertigen. Es biete einen konkreten Anhaltspunkt für eine rechtsextreme und antisemitische Einstellung. Der Antragsgegner habe aber den Sachverhalt unzureichend ermittelt und nicht ausreichend geprüft, ob es sich um einen einmaligen persönlichkeitsfremden Vorfall gehandelt habe. Selbst wenn die Erfolgsaussichten in der Hauptsache als offen betrachtet würden, ginge die Abwägung zum Vorteil des Antragstellers aus. Der Antragsgegner habe die Gelegenheit, die Entwicklung des Antragstellers während des Beamtenverhältnisses auf Widerruf und auf Probe zu beobachten und im Wiederholungsfall Konsequenzen zu ziehen, während der Antragsteller die Möglichkeit habe, seine Persönlichkeit zu festigen.

Der Antragsgegner hält dem Verwaltungsgericht entgegen, er habe den Sachverhalt hinreichend ermittelt und der Vorfall sei für den Antragsteller nicht persönlichkeitsfremd. Die näher begründete Kritik des Antragsgegners überzeugt.

Gemäß § 23 Abs. 4 BeamtStG können Beamte auf Widerruf jederzeit entlassen werden (Satz 1); ihnen soll die Gelegenheit zur Beendigung des Vorbereitungsdienstes und zur Ablegung der Prüfung gegeben werden (Satz 2). Die mit der Soll-Vorschrift bestehende Einschränkung gilt auch im Polizeivollzugsdienst (Senatsbeschluss vom 10. April 2019 – OVG 4 S 16.19 – juris Rn. 3). Kann mit der erfolgreichen Ableistung des Vorbereitungsdienstes allerdings nicht mehr gerechnet werden, weil dem Beamten auf Widerruf die Eignung fehlt, ist es mit Sinn und Zweck des § 23 Abs. 4 Satz 2 BeamtStG vereinbar, den Beamten auf Widerruf zu entlassen (so BVerwG, Beschluss vom 26. Januar 2010 – 2 B 47.09 – juris Rn. 6; Senatsbeschluss vom 10. April 2019 – OVG 4 S 16.19 – juris Rn. 7).

Die Eignung für den Brandenburger Polizeivollzugsdienst bestimmt sich ohne Abstriche nach den beamtenrechtlichen Regelungen (Senatsbeschluss vom 10. April 2019 – OVG 4 S 16.19 – juris Rn. 6). Ein Landesbeamter ist nicht geeignet, wenn er nicht die Gewähr bietet, jederzeit für die freiheitliche demokratische Grundordnung im Sinne des Grundgesetzes (§ 7 Abs. 1 Nr. 2 BeamtStG) und in diesem Sinne für die Verfassung des Landes Brandenburg (§ 3 Abs. 1 LBG) einzutreten. Ein Beamter darf auch nicht charakterlich ungeeignet sein (§ 9 BeamtStG; BVerwG, Beschluss vom 20. Juli 2016 – 2 B 17.16 – juris Rn. 26). In dem einen wie dem anderen Fall können begründete Zweifel ausreichen, um einen Beamten auf Widerruf bereits während des Vorbereitungsdienstes zu entlassen (BVerwG, Urteil vom 9. Juni 1981 – 2 C 48.78 – juris Rn. 21; siehe auch BVerwG, Beschluss vom 20. Juli 2016 – 2 B 17.16 – juris Rn. 10; Bodanowitz in: Schnellenbach/Bodanowitz, Beamtenrecht in der Praxis, 10. Aufl. 2020, § 6 Rn. 51; von Roetteken in: von Roetteken/Rothländer, BeamtStG, Stand Juni 2020, § 23 Rn. 780). Bereits ein einmaliges Fehlverhalten kann Zweifel an der charakterlichen Eignung eines Beamten begründen, wenn es dessen charakterliche Mängel hinreichend deutlich zu Tage treten lässt (vgl. BVerwG, Beschluss vom 20. Juli 2016 – 2 B 17.16 – juris Rn. 10).

Der Antragsgegner bezog sich im Entlassungsbescheid der Hochschule des Landes Brandenburg vom 9. April 2020 auf den Vorfall vom 21. November 2019 und begründete damit sowohl seine Zweifel an der Verfassungstreue des Antragstellers als auch seine Zweifel an dessen charakterlicher Eignung.

Dem Dienstherrn steht in Bezug auf beide Entlassungsaspekte ein Beurteilungsspielraum zu, der von der Gerichtsbarkeit nur eingeschränkt überprüfbar ist (vgl. BVerwG, Beschluss vom 20. Juli 2016 – 2 B 17.16 – juris Rn. 17; OVG Bremen, Beschluss vom 13. Juli 2018 – 2 B 174/18 – juris Rn. 12; OVG Münster, Beschluss vom 19. Oktober 2020 – 6 B 1062/20 – juris Rn. 27; OVG Lüneburg, Beschluss vom 26. Oktober 2020 – 5 ME 141/20 – juris Rn. 27; Masuch, DÖV 2018, 697 <699>). Die gerichtliche Überprüfung beschränkt sich darauf, ob der Dienstherr den anzuwendenden Rechtsbegriff der Eignung oder den rechtlichen Rahmen verkannt hat, von einem unrichtigen Sachverhalt ausgegangen ist, allgemeingültige Bewertungsmaßstäbe oder Denkgesetze verletzt oder sachfremde Erwägungen angestellt hat (Sauerland in: Brinktrine/Schollendorf, BeckOK Beamtenrecht, Stand April 2020, BeamtStG § 23 Rn. 77c).

Daran gemessen sind dem Antragsgegner keine Beurteilungsfehler unterlaufen.

Das Verwaltungsgericht geht im Ausgangspunkt zutreffend vom Beurteilungsspielraum des Antragsgegners aus, beachtet ihn jedoch nicht hinreichend. Mit seinem Verlangen nach weiterer Sachverhaltsaufklärung lässt es außer Acht, dass der Dienstherr bei einem einmaligen schwerwiegenden Vorfall im Dienst seine wertende Würdigung aller Aspekte des Verhaltens des Beamten auf den Vorfall ausrichten darf (vgl. BVerwG, Beschluss vom 20. Juli 2016 – 2 B 17.16 – juris Rn. 10). Davon abgesehen gab der Antragsgegner bereits in der Begründung des Entlassungsbescheids zu erkennen, dass er nicht allein den Vorfall würdigte, sondern Aussagen von Zeugen im Strafverfahren verwertete und „ähnlich gelagerte Äußerungen“ des Antragstellers einbezog. In der erstinstanzlichen Antragserwiderung und in der Beschwerdebegründung hat er die Angaben von Mitschülern und Lehrkräften genauer dargelegt.

Die Annahme des Verwaltungsgerichts, der Antragsgegner müsste würdigen, dass die Äußerung nur vor einigen Mitschülern und nicht gegenüber Lehrkräften gemacht worden sei, führt den Gedanken der Breitenwirkung von Fehlverhalten ein. Demgegenüber sind die Einstellung zur Verfassung und der Charakter einer Person innere Tatsachen. Eine Entlassung kommt auch dann in Betracht, wenn die inneren Tatsachen unbeabsichtigt, beiläufig oder nur gegenüber Gleichgesinnten zu Tage treten (vgl. BVerwG, Urteil vom 17. November 2017 – 2 C 25.17 – juris Rn. 29).

Auch das Verlangen des Verwaltungsgerichts nach weiteren Erwägungen des Antragsgegners dazu, ob es sich um einen einmaligen, persönlichkeitsfremden Vorfall gehandelt haben könne, engt den Beurteilungsspielraum des Antragsgegners unzulässig ein. Hat sich gravierendes Fehlverhalten nicht im privaten Bereich ereignet, sondern im Dienst, darf der Dienstherr ohne Weiteres annehmen, dem Charaktermangel komme im Rahmen der dienstlichen Aufgabenerfüllung Bedeutung zu (vgl. BVerwG, Beschluss vom 20. Juli 2016 – 2 B 17.16 – juris Rn. 8). Der Senat braucht hier nicht genauer zu klären, unter welchen Voraussetzungen dieser vom Bundesverwaltungsgericht im konkreten Fall ausdrücklich gebilligte Rechtssatz des zweitinstanzlichen Gerichts eine Ausnahme erfährt. Denn der Antragsgegner führt jedenfalls mit der Beschwerdebegründung näher aus, dass sich der Antragsteller laut Aussagen von Mitschülern „öfters in ähnlicher Weise“ geäußert habe, dass der Vorfall vom 21. November 2019 „ein typischer A [...]“ *(Vorname des Antragstellers) gewesen sei, dass, wie Lehrkräfte angaben, die „flotten Sprüche“ des Antragstellers „schon grenzwertig in die Richtung gehen“ und dass sich der Antragsteller im Rahmen einer im Unterricht vorgegebenen visualisierten Selbstreflektion als „groß, blond und blauäugig“ beschrieben habe.*

Indem das Verwaltungsgericht in Auswertung der ihm bekannten Umstände zu dem Schluss kommt, der Antragsteller sei noch nicht ausreichend charakterlich gefestigt und habe am 21. November 2019 einmalig eine persönlichkeitsfremde Handlung begangen, hat es selbst anstelle des Antragsgegners die Eignung des Antragstellers beurteilt. Das wäre dann nicht zu beanstanden, wenn der Sachverhalt bei Anlegung allgemeingültiger Bewertungsmaßstäbe keine andere Beurteilung zuließe. Schon vor dem Hintergrund der oben zitierten Zeugenaussagen verneint das der Senat.

Das Verwaltungsgericht bezieht sich mit seiner hilfsweisen Erwägung, dem Antragsteller müsse durch Verbleib im Vorbereitungsdienst die Gelegenheit zum Nachweis der Festigung seiner Persönlichkeit eingeräumt werden, unausgesprochen auf das Verhältnismäßigkeitsprinzip, das jeder behördlichen Entscheidung über die Entlassung von Beamten auf Widerruf einen rechtlichen Rahmen gibt. Das Verhältnismäßigkeitsprinzip verlangt indes vom Antragsgegner kein weiteres Zuwarten. Der Vorbereitungsdienst ist bereits eine Zeit der Bewährung. Den jungen Beamtinnen und Beamten wird der Ernst des Polizeiberufs vor Augen geführt. Die Ausbildung auf dem Campus der Hochschule in Sachsenhausen enthält im ersten Semester ein polizeigeschichtliches Modul, in dem die besondere Geschichte des Ortes gelehrt wird. Der Antragsteller hat seinen Vorbereitungsdienst im April 2019 aufgenommen. Er war am 21. No-

vember 2019 kein Heranwachsender (unter einundzwanzig Jahren; § 1 Abs. 2 JGG) mehr, dem nach der Wertung des Gesetzgebers bei noch fehlender Reife wie einem Jugendlichen mit Milde begegnet werden könnte (§§ 105 ff. JGG). Der Antragsteller war bereits 24 Jahre elf Monate alt.

Davon abgesehen hätte das vom Verwaltungsgericht verlangte Zuwarten nur Sinn, wenn das Fehlverhalten des Antragstellers auf fehlender Selbstbeherrschung beruhte, die sich mit zunehmender Reife noch einstellen würde. Der Antragsgegner spricht indes dem Antragsteller nicht ab, bereits im vollen Sinn erwachsen zu sein, sondern hegt begründete Zweifel an seiner Verfassungstreue und der charakterlichen Eignung. Eine Zurückhaltung und Verstellung bis zur Übernahme in das Beamtenverhältnis auf Lebenszeit wäre nicht ausgeschlossen. Dieses Risiko braucht der Dienstherr nicht einzugehen.

Reichen begründete Zweifel aus, ist es unerheblich, ob das gegen den Beamten eingeleitete Strafverfahren eingestellt wurde, zumal das Schutzgut beim Straftatbestand der Volksverhetzung (§ 130 StGB) sich nicht mit den Aspekten der Verfassungstreue bzw. der charakterlichen Eignung deckt. […]

Zur Rückforderung von Anwärterbezügen bei vorzeitigem Ausscheiden aus dem Beamtenverhältnis auf Widerruf – BVerwG, Beschl. vom 4.7.2022 – BVerwG 2 B 5.22 –

Leitsätze:

1. *Das Ausscheiden aus dem öffentlichen Dienst ist dann von dem Beamten auf Widerruf mit der Folge einer möglichen Rückforderung von Anwärterbezügen zu vertreten, wenn es auf Umständen beruht, die seinem Verantwortungsbereich zuzurechnen sind. Dies ist bei einer Entlassung aus dem Beamtenverhältnis auf Widerruf wegen mangelnder charakterlicher Eignung nicht per se ausgeschlossen, sondern nach den jeweiligen Umständen des Einzelfalls zu prüfen.*
2. *Erfolglose Beschwerde einer Beamtin auf Widerruf gegen die Rückforderung von Anwärterbezügen, nachdem sie wegen mehrmaligen Konsums von Cannabis und ihres dienstlichen Verhaltens nach der festgestellten Verfehlung gegenüber Dienstvorgesetzten und Kollegen aus dem Beamtenverhältnis auf Widerruf wegen charakterlicher Nichteignung entlassen wurde.*

[…]

1. *Die 1991 geborene Klägerin wurde im September 2014 unter Berufung in das Beamtenverhältnis auf Widerruf zur Kommissaranwärterin ernannt. Mit bestandskräftig gewordenem Bescheid vom November 2015 entließ das zuständige Polizeipräsidium die Klägerin aus dem Beamtenverhältnis auf Widerruf. Zur Begründung verwies es im Wesentlichen darauf, dass der von der Klägerin praktizierte mehrfache Konsum von Cannabis und ihr dienstliches Verhalten nach der festgestellten Verfehlung gegenüber Dienstvorgesetzten und Kollegen berechtigte Zweifel an ihrer charakterlichen Eignung für den gehobenen Polizeivollzugsdienst begründe.*

Mit Bescheid vom April 2016 forderte das zuständige Landesamt für Besoldung und Versorgung (Landesamt) für den Zeitraum von September 2014 bis zum November 2015 den Teil der Anwärterbezüge zurück, der einen Betrag von 383,47 € monatlich übersteigt, insgesamt einen Betrag von 10 670,25 €. Zur Begründung hat es im Wesentlichen ausgeführt, dass die Klägerin die Auflage für die Gewährung der Anwärterbezüge nicht erfüllt habe. Sie habe gegen die Wohlverhaltenspflicht verstoßen und damit ihre Entlassung zu vertreten. Auf den Widerspruch der Klägerin gewährte das Landesamt die Tilgung der Rückforderung in monatlichen Raten und wies den Widerspruch im Übrigen mit Bescheid vom März 2017 zurück.

Das Berufungsgericht hat das stattgebende Urteil des Verwaltungsgerichts geändert und die Klage abgewiesen. Zur Begründung hat es im Wesentlichen ausgeführt: Die Rückforderung der Anwärterbezüge sei rechtmäßig. Der mit der Leistung dieser Bezüge bezweckte Erfolg sei nicht eingetreten. Dies habe die Klägerin zu vertreten. Nicht zu folgen sei der Annahme des Verwaltungsgerichts, dass eine Entlassung wegen fehlender charakterlicher Eignung grundsätzlich nicht auf einem vom Anwärter zu vertretenden Grund beruhe, weil er seine Persönlichkeitsmerkmale regelmäßig nicht ohne Weiteres durch eigenes willensgesteuertes Verhalten verändern könne. Die Entlassung der Klägerin aus dem Beamtenverhältnis auf Widerruf beruhe auf einem ihr vorwerfbaren Verhalten.

[…]

a) Der von der Beschwerde aufgeworfenen Frage,

„ob bei der Entlassung aus dem Beamtenverhältnis auf Widerruf wegen charakterlicher Nichteignung die Entlassung von dem Beamten zu vertreten ist",

kommt keine grundsätzliche Bedeutung im Sinne von § 132 Abs. 2 Nr. 1 VwGO zu. Die sich allein im Zusammenhang mit der Rückforderung von Anwärterbezügen stellende Frage ist – soweit sie in verallgemeinerungsfähiger Form beantwortet werden kann – in der Rechtsprechung des Senats im Sinne des Berufungsurteils geklärt und im Übrigen einer rechtsgrundsätzlichen Klärung nicht zugänglich.

Ausgangspunkt der rechtlichen Beurteilung ist § 15 Abs. 2 Satz 1 des Besoldungsgesetzes für das Land Nordrhein-Westfalen in der im maßgebenden Zeitpunkt der letzten Behördenentscheidung gültigen Fassung vom 14. Juni 2016 (GV. NRW. S. 310, 339, LBesG NRW) i. V. m. § 812 Abs. 1 Satz 2 Alt. 2 BGB. Danach besteht ein Anspruch des Dienstherrn auf Rückzahlung von Bezügen, wenn der mit der Leistung bezweckte Erfolg nicht eintritt. Gemäß § 74 Abs. 4 LBesG NRW (vormals § 59 Abs. 5 des Übergeleiteten Besoldungsgesetzes für das Land Nordrhein-Westfalen <ÜBesG NRW> in der bis zum 30. Juni 2016 geltenden Fassung vom 16. Mai 2013, GV. NRW. S. 234) kann – ebenso wie nach der inhaltsgleichen Regelung des § 59 Abs. 5 BBesG – die Gewährung von Anwärterbezügen für Anwärter, die im Rahmen ihres Vorbereitungsdienstes ein Studium ableisten, von der Erfüllung von „Auflagen" als besonderer Zweckbestimmung im Sinne des § 812 Abs. 1 Satz 2 Alt. 2 BGB abhängig gemacht werden. Sinn und Zweck der Vorschrift ist es, sicherzustellen, dass Anwärter, die zunächst im Rahmen ihres Vorbereitungsdienstes an einer Fachhochschule studieren, aber nicht als Beamte *im Dienst eines öffentlich-rechtlichen Dienstherrn verbleiben, keine finanziellen Vorteile gegenüber anderen Studierenden erlangen. Die verfassungsrechtlich nicht zu beanstandende Ermächtigung umfasst daher auch die Befugnis, die Anwärterbezüge an die – vor deren Auszahlung ausdrücklich zu erklärende – Verpflichtung zu koppeln, das Studium im Rahmen des Vorbereitungsdienstes bis zum Abschluss zu absolvieren, im Anschluss daran in den öffentlichen Dienst einzutreten und darin während einer Mindestdienstzeit zu verbleiben. Der Dienstherr darf die Zahlung der Anwärterbezüge daran knüpfen, dass der Anwärter nicht aus einem von ihm zu vertretenden Grund aus dem Vorbereitungsdienst ausscheidet (vgl. BVerwG, Urteile vom 10. Februar 2000 – 2 A 6.99 – Buchholz 240 § 59 BBesG Nr. 10 S. 2 und vom 13. September 2001 – 2 A 9.00 – Buchholz 240 § 59 BBesG Nr. 11 S. 6 sowie Beschluss vom 3. Juli 2009 – 2 B 13.09 – juris Rn. 5 zur inhaltsgleichen Vorschrift des § 59 Abs. 5 BBesG). Das Ausscheiden aus dem Dienst ist dann von dem Beamten auf Widerruf zu vertreten, wenn es auf Umständen beruht, die seinem Verantwortungsbereich zuzurechnen sind. Das ist in der Regel der Fall, wenn die Umstände maßgeblich durch das Verhalten des Beamten geprägt sind, wobei die Motive für das Ausscheiden aus dem Dienst zu berücksichtigen sind. Entscheidend ist, ob das Verhalten des Beamten auf Widerruf bei der Einbeziehung der Motivation in dem jeweiligen rechtlichen Zusammenhang, in dem er steht, „billigerweise" dem von dem Bediensteten oder dem vom Dienstherrn zu verantwortenden Bereich zuzuordnen ist (vgl. BVerwG, Urteile vom 12. März 1987 – 2 C 22.85 – Buchholz 240 § 63 BBesG Nr. 2 S. 3 und vom 16. Januar 1992 – 2 C 30.90 – BVerwGE 89, 293 <295> sowie Beschluss vom 15. Juni 2011 – 2 B 82.10 – IÖD 2011, 190). Ob dies anzunehmen ist, bedarf einer Prüfung und Würdigung der Umstände des jeweiligen Einzelfalls. Dies gilt auch bei einer Entlassung eines Beamten aus dem Beamtenverhältnis auf Widerruf wegen charakterlicher Nichteignung. Ein Vertretenmüssen des Ausscheidens aus dem Dienst ist in dieser Fallkonstellation nicht – wie die Beschwerde meint – per se ausgeschlossen.*

Begründete Zweifel an der charakterlichen Eignung als Unterfall der persönlichen Eignung (vgl. BVerwG, Urteil vom 30. Januar 2003 – 2 A 1.02 – Buchholz 232 § 8 BBG Nr. 55 S. 7 und Beschluss vom 25. November 2015 – 2 B 38.15 – juris Rn. 9) des Beamten auf Widerruf für die angestrebte Beamtenlaufbahn stellen nach der Rechtsprechung des Senats einen sachlichen Grund dar, der die „jederzeitige" Entlassung aus dem Beamtenverhältnis auf Widerruf – hier gemäß § 23 Abs. 4 Satz 1 BeamtStG – rechtfertigen kann (vgl. BVerwG, Urteil vom 9. Juni 1981 – 2 C 48.78 – BVerwGE 62, 267 <269 ff.>). Der Begriff der charakterlichen Eignung ist in der Rechtsprechung des Senats geklärt und einer weitergehenden rechtsgrundsätzlichen Klärung nicht zugänglich (vgl. BVerwG, Urteil vom 25. Januar 2001 – 2 C 43.99 – Buchholz 111 Art. 20 EV Nr. 11 S. 32 f. sowie Beschlüsse vom 20. Juli 2016 – 2 B 17.16 – Buchholz 232.01 § 9 BeamtStG Nr. 4 und – 2 B 18.16 – juris, jeweils Rn. 10 und 25 f.). Danach ist für die charakterliche Eignung die prognostische Einschätzung entscheidend, inwieweit der Beamte der von ihm zu fordernden Loyalität, Aufrichtigkeit, Zuverlässigkeit, Fähigkeit zur Zusammenarbeit und Dienstauffassung gerecht wird. Dies erfordert eine wertende Würdigung aller Aspekte des Verhaltens des Beamten, die einen Rückschluss auf die für die charakterliche Eignung relevanten persönlichen Merkmale zulassen. Dies *schließt nicht aus, dass sich die begründeten Zweifel an der charakterlichen Eignung eines Beamten auch aus einem einmaligen Fehlverhalten ergeben können, wenn dieses die charakterlichen Mängel hinreichend deutlich zu Tage treten lässt. Selbstverständlich kann es sich dabei um willensgesteuerte Verhaltensweisen des Beamten handeln, die auf die charakterliche Nichteignung schließen lassen, wie sich etwa zuletzt den Entscheidungen des Senats vom 20. Juli 2016 – 2 B 17.16 – (juris Rn. 2) und – 2 B 18.16 – (juris Rn. 2) zu einem zur charakterlichen Nichteignung führenden Kollegenstreich ohne Weiteres entnehmen lässt. Ob solche Verhaltensweisen vorliegen und das für die Rückforderung von Anwärterbezügen erforderliche Vertretenmüssen des Widerrufs des Beamtenverhältnisses nach dem dargestellten Maßstab begründen, bedarf der Würdigung der Umstände des jeweiligen Einzelfalls, die der rechtsgrundsätzlichen Klärung nicht zugänglich ist.*

Das Berufungsgericht ist im Übrigen entgegen der Annahme der Beschwerde von diesen Grundsätzen ausgegangen. Das Oberverwaltungsgericht ist nicht der Annahme des Verwaltungsgerichts gefolgt, dass die fehlende charakterliche Eignung im Allgemeinen kein vom Beamten zu vertretender Grund sein kann. Es hat geprüft, ob die Klägerin die zum Widerruf des Beamtenverhältnisses führenden Umstände zu vertreten hat. Es ist zu der Überzeugung gelangt, dass die vom Dienstherrn beanstandeten Verhaltensweisen – der Konsum von Cannabis, die Aussagen über eine Kollegin, die fehlende Einsichtigkeit gegenüber Vorgesetzten sowie die uneinsichtige und kritikunfähige Reaktion gegenüber Ausbildern – dem Einfluss der Klägerin unterlagen und es ihr freigestanden hätte, diese zu unterlassen oder anzupassen. Es hat keine Anhaltspunkte dafür gesehen, dass die Klägerin aus gesundheitlichen oder anderen Gründen nicht in der Lage gewesen wäre, sich in den jeweiligen Situationen anders zu verhalten (vgl. UA S. 22).

b) Der von der Beschwerde weiter gestellten Frage,

„ob eine Behörde an diejenigen Gründe auch im Hinblick auf die Rückforderung von Bezügen gebunden ist, die sie in der Entlassungsverfügung angegeben und begründet hat",

ist keine grundsätzliche Bedeutung beizumessen. Sie kann auch auf der Grundlage der Rechtsprechung des Bundesverwaltungsgerichts im Sinne des Berufungsurteils beantwortet werden, ohne dass es hierzu einer revisionsgerichtlichen Überprüfung bedarf.

In der Rechtsprechung des Bundesverwaltungsgerichts ist geklärt, dass ein Verwaltungsakt, solange er nicht aufgehoben ist, mit der in ihm verbindlich mit Wirkung nach außen getroffenen Regelung Bindungswirkung entfaltet (sog. Tatbestandswirkung, vgl. BVerwG, Urteile vom 4. Juli 1986 – 4 C 31.84 – BVerwGE 74, 315 <320> und vom 24. Oktober 2001 – 8 C 32.00 – Buchholz 428 § 1 Abs. 3 VermG Nr. 31 S. 95). Aus der Tatbestandswirkung folgt demgemäß nur, dass mit dem gegenüber einem Widerrufsbeamten – hier bestandskräftig – ergangenen Entlassungsbescheid die im Entscheidungssatz verfügte Beendigung des Beamtenverhältnisses auf Widerruf verbindlich ist. Eine darüber hinausgehende Feststellungswirkung kommt der Verfügung hinsichtlich der zur Entlassung aus dem Beamtenverhältnis auf Widerruf führenden Gründe nicht zu. Denn eine Feststellungswirkung muss nach der ständigen Rechtsprechung des Bun-

desverwaltungsgerichts ausdrücklich gesetzlich angeordnet sein (vgl. etwa BVerwG, Urteile vom 27. Oktober 1998 – 1 C 19.97 – Buchholz 451.09 IHKG Nr. 13 S. 15, vom 24. Oktober 2001 – 8 C 32.00 – Buchholz 428 § 1 Abs. 3 VermG Nr. 31 S. 95, vom 25. Oktober 2007 – 2 C 22.06 – Buchholz 232 § 47 BBG Nr. 3 S. 2, vom 6. Mai 2021 – 2 C 10.20 – Buchholz 239.1 § 31 BeamtVG Nr. 35 Rn. 26 und vom 2. Dezember 2021 – 2 C 36.20 – NVwZ-RR 2022, 420 Rn. 21 ff.). Für den Anspruch auf Rückzahlung gewährter Anwärterbezüge fehlt es offenkundig an <einer solchen gesetzlichen Anordnung. Die für den Rückforderungsanspruch maßgeblichen gesetzlichen Bestimmungen, § 15 Abs. 2 Satz 1 LBesG NRW i. V. m. § 812 Abs. 1 Satz 2 Alt. 2 BGB und § 74 Abs. 4 LBesG NRW, nehmen nicht auf den Grund der Entlassung Bezug. Lediglich die vom Dienstherrn getroffene „Auflage" für die Gewährung von Bezügen für Anwärter der Laufbahn des gehobenen Polizeivollzugsdienstes im Land Nordrhein-Westfalen knüpft u. a. daran an, dass das Beamtenverhältnis auf Widerruf nicht aus einem vom Widerrufsbeamten zu vertretenden Grund endet. Hierüber entscheiden das für Besoldung und Versorgung zuständige Landesamt und im Streitfall die Verwaltungsgerichte ohne Bindung an die Feststellungen in der Entlassungsverfügung der dafür zuständigen Behörde, auch wenn regelmäßig kein Anlass zu einer abweichenden Beurteilung bestehen mag.

[…]

Zur Zulassung zur Zwischenprüfung für den mittleren Dienst in der Bundespolizei; Nichterfüllung der Mindestanforderungen (12-Minuten-Lauf); unterschiedliche Mindestanforderungen für männliche und weibliche Beamte; Diskriminierung aufgrund des Geschlechts – VG Bayreuth, Urt. vom 29.10.2024 – B 5 K 22.663 –, zitiert nach juris.

„[…] *Mit seiner Klage wendet sich der Kläger gegen die Prüfungsentscheidung der Beklagten in Bezug auf die Zwischenprüfung zum Abschluss der Grundausbildung (erstmaliges Nichtbestehen).*

Der am [...] *geborene Kläger war ab 2021 als Polizeimeisteranwärter (PMA) Angehöriger des Lehrgangs* [...] *20 I beim Bundespolizeiaus- und -fortbildungszentrum* [...] *(BPOLAFZ* [...]*) und nahm an der Ausbildung für den mittleren Polizeivollzugsdienst in der Bundespolizei teil.*

Als Zulassungsvoraussetzungen zur mündlichen und zur praktischen Zwischenprüfung müssen im Fach Polizeitraining bestimmte Mindestanforderungen erfüllt werden. Hierunter fällt auch eine praktische Leistungsabnahme im 12-Minuten-Lauf, bei welchem von der Beklagten für Männer in einem Alter zwischen 18 und 29 Jahren ein Mindeststandard von 2.770 Metern gefordert wird.

Unter dem 19.07.2021 wurde einem Antrag des Klägers auf Verschiebung der mündlichen und praktischen Zwischenprüfung stattgegeben, da es dem Kläger aufgrund einer nachgewiesenen Erkrankung nicht möglich gewesen sei, an einer Abnahme des 12-Minuten-Laufs im vorgesehenen Zeitrahmen teilzunehmen. Aufgrund des nicht rechtzeitigen

Bestehens der Zulassungsvoraussetzung „Polizeitraining" gem. § 37 Abs. 1 Nr. 2 der Verordnung über den Vorbereitungsdienst für den mittleren Polizeivollzugsdienst in der Bundespolizei (MBPolVDVDV) sei eine Zulassung zur Zwischenprüfung nicht möglich gewesen.

Aus einer tabellarischen Aufstellung in der Akte der Beklagten geht hervor, dass der Kläger im Rahmen verschiedener Nachholtermine folgende Laufleistungen erbracht hat:

24.09.2021: 2.714 Meter
12.11.2021: 2.620 Meter
03.12.2021: 2.605 Meter
17.01.2022: 2.680 Meter

Mit Bescheid vom 21.01.2022 erfolgte eine Mitteilung über das Nichtbestehen gem. § 48 Abs. 1 MBPolVDVDV. Hiernach sei die Prüfung nicht bestanden, weil die Zulassungsvoraussetzungen gem. § 37 Abs. 1 MBPolVDVDV nicht erfüllt seien.

Gegen diese Prüfungsentscheidung erhob der Kläger mit Schreiben vom 03.02.2022 Widerspruch. Zu dessen Begründung brachte er vor, er habe am 06.01.2022 im Rahmen seines Praktikums bei der Bundespolizeiabteilung [...] *am 06.01.2022 am 12-Minuten-Lauf teilgenommen und dabei eine Strecke von 2.783 Metern zurückgelegt, da die letzte Abnahme vor dem Praktikum abgesagt worden sei und der letzte Versuch erst wieder am Anreisetag in* [...] *hätte stattfinden können. Die Abnahme sei durch den Sportleiter, Polizeihauptmeister (PHM)* [...], *auf einer Tartanbahn mit einer Rundenlänge von 400 Metern erfolgt, die ebenfalls von allen in* [...] *ansässigen Personen zur Abnahme des sog. Cooper-Tests genutzt werde, inklusive der Anwärter aus* [...], *die für das zweite Dienstjahr abgeordnet seien. Da diese ihren Cooper-Test dort ablegen könnten, sei er davon ausgegangen, dass dies ebenfalls für ihn gelte, da er aufgrund des Praktikums für fünf Wochen nach* [...] *abgeordnet worden sei. Auch seine bisherigen Leistungen mit 2.670, 2.700 und 2.750 Metern sprächen dafür, dass ein Bestehen des 12-Minuten-Laufs glaubhaft sei. PHM* [...] *habe ihm das Erfüllen durch eine Bescheinigung der Sportleistung und durch die Tabelle der an dem Tag gelaufenen Rundenzeiten bestätigt. Auch Erster Polizeihauptkommissar (EPHK)* [...] *habe dies durch ein Schreiben bestätigt.*

[...] *Mit Widerspruchsbescheid vom 24.06.2022 wies die Bundespolizeiakademie den Widerspruch des Klägers zurück. Die inoffizielle Leistungsabnahme am 06.01.2022 sei durch das BPOLAFZ* [...] *nicht anerkannt worden. Für die Abnahme von Sportleistungen, die Zulassungsvoraussetzung für die Laufbahnprüfung seien, gelte § 26 Abs. 1 MBPolVDVDV, wonach Leistungsabnahmen durch Angehörige der Bundespolizeiakademie zu bewerten seien. Der Sportleiter der Bundespolizeiabteilung* [...], *PHM* [...], *sei kein Angehöriger der Bundespolizeiakademie. Hinsichtlich der Regelungen der MBPolVDVDV besäßen weder das BPOLAFZ* [...] *noch die Stabsstelle Prüfungsamt Verwerfungskompetenzen. Dass der Kläger in* [...] *die erforderlichen 2.770 Meter erreicht habe, sei durch das BPOLAFZ* [...] *durchaus registriert worden. Aufgrund der Vorgaben in der MBPolVDVDV habe sich daraus aber keine Auswirkung bezüglich der Zulassung zur Zwischenprüfung ergeben können. Eine Änderung der Mitteilung über das Nichtbestehen gem. § 48 Abs. 1 MBPolVDVDV könne daher nicht erfolgen.*

[...]

Entscheidungsgründe:

In der Sache selbst folgt das Gericht der zutreffenden Begründung des Widerspruchsbescheids vom 24.06.2022 und sieht insoweit von einer gesonderten Darstellung der Entscheidungsgründe ab (§ 117 Abs. 5 VwGO). Ergänzend hierzu sind noch die folgenden Ausführungen veranlasst:

Wer die Zwischenprüfung nicht bestanden hat, erhält nach § 48 Abs. 1 MBPolVDVDV hierüber einen Bescheid. Als nicht bestanden gilt die Zwischenprüfung gem. § 37 Abs. 2 MBPolVDVDV, wenn die Voraussetzungen für die Zulassung nicht erfüllt sind. Zu diesen Voraussetzungen zählt – unter anderem – die Erfüllung der Mindestanforderungen im 12-Minuten-Lauf (§ 37 Abs. 1 Nr. 2 Buchst. b, § 22 Abs. 2 Nr. 2 Buchst. b, Abs. 5 MBPolVDVDV i.V.m. Nr. 3.1 bis 3.8 des Ausbildungsplans, Nr.1.1 Buchst. a und Nr. 3.2.3 der Richtlinien zur Abnahme von Leistungen zur Erfüllung der Mindestanforderungen gem. §§ 37 Abs. 1 Nr. 2b und Abs. 1 Nr. 2b MBPolVDVDV (RiLeM) sowie Anhang 3e zur Anlage 4 der Grundsätze zum Ausbildungsplan). Hiernach fordert die Beklagte von männlichen Anwärtern im Alter zwischen 18 und 29 Jahren im 12-Minuten-Lauf einen Mindeststandard von 2.770 Metern.

Diese Anforderung ist mit höherrangigem Recht vereinbar. Insbesondere verstößt die Aufstellung unterschiedlicher Mindestanforderungen für männliche und weibliche Anwärter nicht gegen Art. 3 Abs. 3 Satz 1 GG, wonach niemand wegen seines Geschlechtes benachteiligt oder bevorzugt werden darf. Sie ist auch sonst nicht gleichheitswidrig.

Der Verweis der Klagepartei auf die Einsatzsituationen, die sich für männliche und weibliche Polizeivollzugsbeamte gleich darstellen, verfängt im Zusammenhang mit der Mindestanforderung für den 12-Minuten-Lauf nicht. Denn die in Streit stehende Laufprüfung zielt nicht darauf ab, zu ermitteln, ob jemand für den Polizeivollzugsdienst geeignet ist, weil er eine bestimmte Strecke in einer bestimmten Zeit absolvieren kann. Die entsprechenden Vorgaben sollen vielmehr lediglich dazu dienen, aufzuklären, ob ein Prüfling einen bestimmten Fitnesszustand erreicht hat. Der so gekennzeichnete Fitnesszustand – nicht hingegen die Absolvierung einer bestimmten Strecke – stellt das eignungsrelevante Merkmal dar. Die prüfungsrechtlichen Vorschriften tragen biologischen Unterschieden zwischen Männern und Frauen, die naturgemäß eine unterschiedliche physische Konstitution aufweisen, Rechnung. Diese Unterschiede hat die Beklagtenseite insbesondere durch Vorlage des Vermerks des Sachbereichs 13 vom 13.03.2023 nachvollziehbar dargelegt, ohne dass die Klägerseite dem im Verfahren argumentativ entgegengetreten ist. Die auf die Geschlechter bezogene Differenzierung ist daher geeignet, erforderlich und angemessen, um den legitimen Zweck der Eignungsüberprüfung zu erreichen und daher insgesamt mit Blick auf das Gleichberechtigungsgebot aus Art. 3 Abs. 2 GG verfassungsrechtlich gerechtfertigt [...]

Aus § 26 Abs. 1 MBPolVDVDV ergibt sich, dass Leistungstests durch Angehörige der Bundespolizeiakademie bewertet werden. Die Abnahme am 06.02.2022 erfolgte demgegenüber durch PHM [...], *der Angehöriger der Bundespolizeiabteilung* [...] *ist, welche – wie die Beklagte zutreffend eingewandt hat und wie sich aus dem öffentlich zugänglichen Organisationsplan der Bundespolizei ergibt (vgl. www.bundespolizei.de/SharedDocs/Webs/Downloads/IFG/organigramm_file.pdf?_blob=publicationFile&*

v=35; Abruf am 29.10.2024) – der Direktion Bundesbereitschaftspolizei (Fuldatal) nachgeordnet ist. Dasselbe gilt für den Aussteller der schriftlichen Bestätigung, EPHK [...].

Nach Nr. 3.3.4 des Ausbildungsplans erfolgt die Bewertung der Leistungstests grundsätzlich durch das für die Ausbildung eingesetzte Fachpersonal der mit Ausbildungsaufgaben betrauten Dienststellen. Bei Abnahmen von praktischen Leistungen im Fach Polizeitraining gelten dabei zusätzlich die fachlichen Anforderungen für die Bewerterinnen und Bewerter gemäß den RiLeM. Hierin kommt zum Ausdruck, dass gerade auch die Abnahme der vorbezeichneten Leistungen – und nicht etwa lediglich eine hiervon zu trennende „Bewertung" nach § 26 Abs. 1 MBPolVDVDV – den Ausbildern obliegt, die Angehörige der Bundespolizeiakademie sind. Die Annahme, dass die (mit der Bewertung zusammenfallende) Erhebung von Leistungstests den Angehörigen der Bundespolizeiakademie vorbehalten ist, wird weiter dadurch gestützt, dass nach Nr. 3.4.8 des Ausbildungsplans die Ergebnisse so zu dokumentieren sind, dass u.a. „Bewerter oder Bewerterin" nachvollziehbar sind. Mit Recht stützt sich die Beklagte in diesem Zusammenhang auch auf § 17 Abs. 2 Satz 1 MBPolVDVDV, wonach die Bundespolizeiakademie die Ausbildung organisiert. Im Rahmen dieser Organisationshoheit ist es an der Bundespolizeiakademie, Vorgaben für die Leistungstests zu machen und auf die Einhaltung derselben zu achten.

Bei der Anforderung, dass die Abnahme der Leistungstests durch Angehörige der Bundespolizeiakademie zu erfolgen hat, handelt es sich nicht um eine unverhältnismäßige reine Förmelei. Insbesondere verstoßen die Vorgaben und ihre Anwendung und Auslegung durch die Beklagte nicht gegen Grundrechte bzw. grundrechtsgleiche Rechte des Klägers (Art. 3, 12, 33 Abs. 2 GG). Denn es verhält sich vielmehr so, dass es im Zuge der Chancengleichheit nicht nur zulässig, sondern geboten ist, einheitliche Maßstäbe anzulegen, für gleiche Bedingungen zu sorgen und Fehlversuche zu dokumentieren. Allein diese Praxis gewährt den in der Ausbildung befindlichen Personen gleiche Chancen an einem angemessenen beruflichen Fortkommen, die sich nach Eignung, Befähigung und fachlicher Leistung richten, was im Übrigen auch im legitimen Interesse des Dienstherrn liegt. Der Kläger hat in seinem Widerspruchsschreiben vom 03.02.2022 selbst dargelegt, dass die Prüfungsbedingungen in [...] – wo die Abnahme zusammen mit den anderen Anwärtern erfolgt wäre, die die Leistung noch nicht erbracht haben – für ihn ungünstiger gewesen wären. Hiermit räumt er implizit ein, dass die erfolgte Abnahme in [...] gewissermaßen eine Vorzugsbehandlung darstellt. Was den Aspekt der Dokumentation der Fehlversuche angeht, lässt sich nicht einwenden, dass eine begrenzte Anzahl von Fehlversuchen grundsätzlich nicht vorgegeben ist. Nach Nr. 2.2 der RiLeM ist bei Nichterfüllung der Mindestleistungen bis zur Zulassungskonferenz des Wiederholungsjahrgangs mindestens einmal die Gelegenheit zum Nachweis der Mindestleistungen zu geben. Insoweit ist eine Dokumentation der Fehlversuche jedoch bereits deswegen angezeigt, um bei der konkreten Umsetzung, wie viele weitere Versuche den betreffenden Personen in Ausübung pflichtgemäßen Ermessens noch gewährt werden, gleiche Maßstäbe anlegen zu können.

Schließlich kann der Kläger auch nicht beanspruchen, dass die dokumentierte Leistungsabnahme vom 06.01.2022 von der Beklagten anerkannt wird. In der MBPol-VDVDV ist hierfür – wie auch im Ausbildungsplan – keine Rechtsgrundlage ersichtlich. Die Beklagte hat im Verfahren ausgeführt, eine Anerkennung einer Laufleistung komme allenfalls in Betracht, wenn diese vorab beantragt worden wäre. Dies stellt offenbar die ständige Verwaltungspraxis der Beklagten dar (s.a. den Vermerk auf Bl. 2 des Beiakts „Verwaltungsvorgang“), was der Kammer auch aus anderen Verwaltungsstreitsachen bekannt ist. Der Kläger kann hieraus jedoch mit Blick auf Art. 3 Abs. 1 GG keinen Anspruch herleiten, weil er die Voraussetzungen dieser Verwaltungspraxis mangels vorheriger Antragstellung nicht erfüllt. Dass die Beklagte in der Vergangenheit auch nachträglich andernorts erbrachte Laufleistungen anerkannt hätte, wird vom Kläger nicht geltend gemacht und ist auch nicht ersichtlich.

[...]“

D. Personalmaßnahmen des Dienstherrn

Der Dienstherr – für Bundesbeamte der Bund, für die Beamten der Länder das jeweilige Land – ist eine juristische Person des öffentlichen Rechts und kann als solche selbst nicht handeln. Vielmehr benötigt er hierzu natürliche Personen, nämlich seine Beamten. Diese sind auf Grundlage eines sog. „Organisations- und Dienstpostenplans" (ODP) regelmäßig einer bestimmten Dienststelle zugeordnet. Dass aber auch das Gefüge des öffentlichen Dienstes nicht statisch ist, zeigt sich u. a. daran, dass Beamte die Dienststelle temporär oder dauerhaft wechseln, teilweise sogar dienstherrenübergreifend. Geht die Initiative von den Beamten aus, so geht es in der Regel um persönliche Belange wie z. B. eine Verwendung in Heimatnähe oder bessere Aufstiegs- bzw. Entwicklungsmöglichkeiten.[15] Auf der anderen Seite kann auch der Dienstherr ein Bedürfnis nach einer Fluktuation seines Personals haben, bspw. wenn eine Behörde aufgelöst oder neu gegründet wird, oder aber aufgrund eines besonderen Anlasses temporär erhöhter Personalbedarf besteht, wie bspw. im Kontext der Migrationsbewegungen im Herbst 2015 an der deutsch-österreichischen Grenze.

Grundsätzlich kann der Dienstherr nach eigenem Gusto entscheiden, wie und wo er sein Personal einsetzt. Richtschnur sollte dabei stets die bestmögliche Erledigung des gesetzlichen Auftrags sein. Man spricht insoweit auch von der Organisationshoheit bzw. dem Organisationsermessen des Dienstherrn, auf dessen Grundlage Personalentscheidungen getroffen werden. Da aber entsprechende Maßnahmen durchaus tief in die Rechtsposition – u. a. die Grundrechte – der Beamten eingreifen können, hat der Gesetzgeber unter Beachtung des Grundsatzes des Vorbehalts des Gesetzes die Abordnung, die Versetzung sowie die Zuweisung einfachgesetzlich normiert. Neben diesen drei Personalmaßnahmen wird auch die nicht-kodifizierte Umsetzung im Folgenden näher beleuchtet.

I. Abordnung

Die Abordnung ist auf Bundesebene in § 27 BBG geregelt.[16] Es handelt sich um eine vorübergehende Übertragung einer dem Amt des Beamten

15 Zur Vertiefung empfohlen: *Dose/Wolfes/Burmester*, Kleinstaaterei im Dienstrecht der deutschen Bundesländer, Nomos 2020.

16 Für die Landesbeamten gilt § 14 BeamtStG.

entsprechende Tätigkeit bei einer anderen Dienststelle desselben oder eines anderen Dienstherrn unter Beibehaltung der Zugehörigkeit zur bisherigen Dienststelle.

§ 27 Bundesbeamtengesetz

(1) Eine Abordnung ist die vorübergehende Übertragung einer dem Amt der Beamtin oder des Beamten entsprechenden Tätigkeit bei einer anderen Dienststelle desselben oder eines anderen Dienstherrn unter Beibehaltung der Zugehörigkeit zur bisherigen Dienststelle. Die Abordnung kann ganz oder teilweise erfolgen.
(2) Eine Abordnung ist ganz oder teilweise aus dienstlichen Gründen auch zu einer nicht dem bisherigen Amt entsprechenden Tätigkeit möglich, wenn die Wahrnehmung der neuen Tätigkeit aufgrund der Vorbildung oder Berufsausbildung zumutbar ist. Dabei ist auch die Abordnung zu einer Tätigkeit zulässig, die nicht einem Amt mit demselben Endgrundgehalt entspricht.
(3) Die Abordnung bedarf der Zustimmung der Beamtin oder des Beamten, wenn sie
1. im Fall des Absatzes 2 länger als zwei Jahre dauert oder
2. zu einem anderen Dienstherrn erfolgt.

Die Abordnung zu einem anderen Dienstherrn ist ohne Zustimmung zulässig, wenn die Tätigkeit einem Amt mit demselben Endgrundgehalt auch einer anderen Laufbahn entspricht und nicht länger als fünf Jahre dauert.
(4) Die Abordnung zu einem anderen Dienstherrn wird von dem abgebenden im Einverständnis mit dem aufnehmenden Dienstherrn verfügt. Das Einverständnis ist schriftlich oder elektronisch zu erklären.
(5) Werden Beamtinnen und Beamte des Bundes zu einem Land, einer Gemeinde, einem Gemeindeverband oder einer sonstigen nicht der Bundesaufsicht unterstehenden Körperschaft, Anstalt oder Stiftung des öffentlichen Rechts zur vorübergehenden Beschäftigung abgeordnet, sind, soweit zwischen den Dienstherren nichts anderes vereinbart ist, die für den Bereich des aufnehmenden Dienstherrn geltenden Vorschriften über die Pflichten und Rechte der Beamtinnen und Beamten entsprechend anzuwenden mit Ausnahme der Regelungen über Diensteid, Amtsbezeichnung, Zahlung von Bezügen, Krankenfürsorgeleistungen und Versorgung.
(6) Die Verpflichtung zur Zahlung der Besoldung hat auch der Dienstherr, zu dem die Abordnung erfolgt ist.

1. Begriff und Allgemeines

Betrachtet man die einer Legaldefinition nahekommende Formulierung des § 27 I BBG genauer, erkennt man, dass der Dienststellenbegriff zentral ist, zumal ein Dienststellenwechsel Voraussetzung für eine Abordnung ist. Was unter einer Dienststelle zu verstehen ist, ergibt sich allerdings nicht aus dem Gesetz und ist auch sonst nicht selbsterklärend. Vielmehr gestaltet sich der Aufbau der Verwaltung überaus heterogen, da die Bedarfe in den einzelnen Ressorts sehr unterschiedlich sind. Insofern können die Fachressorts selbst entscheiden, wie sie ihren nachgeordneten Bereich organisatorisch aufstellen. Mit Blick auf die Bundespolizei sind dem Bundesministerium des Innern (BMI) als oberster Dienstbehörde i. S. d. § 3 I BBG das Bundespolizeipräsidium als Bundesoberbehörde sowie die Direktionen und die Akademie als Unterbehörden nachgeordnet, § 57 II BPolG, § 1 BPolZV. Diese Verwaltungseinheiten stellen Dienststellen i. S. d. §§ 27 ff. BBG dar. Für alle unterhalb der Direktionsebene angesiedelten Verwaltungseinheiten wie bspw. Inspektionen gilt dies hingegen nicht.

> ***Bsp. 1***: *POK P ist schon mehrere Jahre in der Bundespolizeidirektion München tätig. Im Sommer 2026 soll er für die Dauer von drei Monaten zur Bundespolizeidirektion Frankfurt a. M. Flughafen „wechseln“. Da es sich um einen direktionsübergreifenden „Wechsel“ handelt, kommt als Maßnahme eine Abordnung nach § 27 BBG in Betracht.*
>
> ***Bsp. 2***: *PHK H ist im Präsidialstab der Direktion München tätig und kommt für einen Aufstieg in den höheren Polizeivollzugsdienst in Frage. Um die nötigen Bausteine des Personalentwicklungskonzepts zusammenzubekommen, soll er im Sommer 2026 Erfahrungen an der Grenze sammeln. Er wird deshalb für sechs Monate zur Inspektion Rosenheim „entsandt“. Da die Inspektion Rosenheim organisatorisch zur Direktion München gehört, kann es sich bei der Maßnahme* nicht *um eine Abordnung i. S. d. § 27 BBG handeln.*

Charakteristisch für eine Abordnung ist ferner, dass es sich um eine vorübergehende Maßnahme handelt. Dies unterscheidet sie im Wesentlichen von der Versetzung nach § 28 BBG, welche auf Dauer angelegt ist. Die Beweggründe für eine Abordnung können sehr vielfältig sein. Zum einen ist es denkbar, dass an einer bestimmten Dienststelle nur für einen gewissen Zeitraum mehr Personal benötigt wird.

> ***Bsp.***: *Zur Hauptreisezeit im Juli und August 2026 soll in der Direktion Frankfurt a. M. Flughafen aufgrund des hohen Passagieraufkommens das Personal der Bundespolizei deutlich aufgestockt werden. Da das Passagieraufkommen erfahrungsgemäß im September wieder spürbar abnehmen wird, sind nur temporäre Personalmaßnahmen sinnvoll.*

Zum anderen wird das Instrument der Abordnung gewählt, wenn es darum geht, dass ein Beamter für eine gewisse Zeit Erfahrungen bei einer anderen Dienststelle sammeln soll, ohne dauerhaft dort zu verbleiben.

Bsp.: PHK H soll Erfahrungen in der kriminalpolizeilichen Arbeit sammeln. Aus diesem Grund wird er für die Dauer von sechs Monaten zum Bundeskriminalamt nach Wiesbaden abgeordnet.

Schließlich kann eine Abordnung auch als eine Art Vorstufe für einen dauerhaften Dienststellenwechsel dienen. Man spricht insoweit von einer Abordnung mit dem Ziel der Versetzung. Sinn und Zweck der Abordnung ist in diesen Konstellationen, dass sich sowohl der Beamte als auch die aufnehmende Dienststelle ein Bild davon machen können, ob es „passt". Die Zeit der Abordnung beträgt in solchen Fällen meist drei bis sechs Monate.

Bsp.: POR R ist bayerischer Landesbeamter. Da er sich bei der Bundespolizei ein interessanteres Aufgabenfeld verspricht, möchte er sich dorthin – also dienstherrenübergreifend – versetzen lassen. Zunächst wird er aber für die Dauer von drei Monaten ins Bundespolizeipräsidium abgeordnet. Nachdem alle Beteiligten der Auffassung sind, dass R die nötigen Voraussetzungen für eine Tätigkeit bei der Bundespolizei mitbringt, wird er unmittelbar im Anschluss an die Abordnungsphase zum Bundespolizeipräsidium versetzt.

Der Gesetzgeber spricht in § 27 I 1 BBG ferner davon, dass während einer Abordnung die Zugehörigkeit zur bisherigen Dienststelle beibehalten bleibt. Dies bedeutet, dass grundlegende Personalentscheidungen weiterhin von der Stammdienststelle zu treffen sind. Dies betrifft bspw. Beförderungsentscheidungen sowie die Erstellung von Beurteilungen, wobei der Vorgesetzte der aufnehmenden Dienststelle mit Blick auf den Zeitraum der Abordnung zumindest einen Beurteilungsbeitrag beisteuern wird. In disziplinarrechtlicher Hinsicht besteht die Besonderheit, dass nach § 17 IV BDG zwar grundsätzlich auch die Disziplinarbefugnis bei der Stammdienststelle verbleibt. Dies gilt allerdings nicht für disziplinare Verfehlungen, die sich während der Zeit der Abordnung zugetragen haben. In diesen Fällen geht die Zuständigkeit grundsätzlich auf den disziplinaren Dienstvorgesetzten der aufnehmenden Dienststelle über.

In § 27 I 2 BBG ist weiterhin davon die Rede, dass eine Abordnung ganz oder teilweise erfolgen kann. Der Regelfall ist, dass sie ganz erfolgt – so auch in allen bisherigen Beispielen in diesem Abschnitt des Buchs. Eine teilweise Abordnung bedeutet, dass ein Beamter an zwei oder mehreren Dienststellen Aufgaben wahrnimmt und jeweils den fachlichen Weisungen der dortigen Vorgesetzten Folge leisten muss.

> ***Bsp.**: PKin K ist als Kontroll- und Streifenbeamtin am Hauptbahnhof Nürnberg tätig. Da im Aus- und Fortbildungszentrum Bamberg ein großer Bedarf an Lehrpersonal besteht, wird K für die Dauer von einem Jahr teilweise zur Bundespolizeiakademie – AFZ Bamberg – abgeordnet. In der Praxis trägt es sich so zu, dass K an einem bestimmten Wochentag im AFZ Bamberg drei Blöcke Dienstrecht unterrichtet, im Übrigen aber ihrer Tätigkeit am Hauptbahnhof Nürnberg nachgeht. Im Ergebnis bleibt also die Direktion München, der die Inspektion Nürnberg zugeordnet ist, die Stammdienststelle der K.*

Während § 27 I BBG davon ausgeht, dass die bei der aufnehmenden Dienststelle auszuübende Tätigkeit dem Amt der Beamtin bzw. des Beamten entspricht, regelt § 27 II BBG, dass es aus dienstlichen Gründen auch möglich ist, eine **nicht** dem bisherigen Amt entsprechende Tätigkeit zu übertragen, wenn die Wahrnehmung der neuen Tätigkeit aufgrund der Vorbildung oder Berufsausbildung zumutbar ist. In diesen Konstellationen ist es – entgegen dem Grundsatz der amtsangemessenen Beschäftigung – sogar möglich, zu einer Tätigkeit abzuordnen, die **nicht** einem Amt mit demselben Endgrundgehalt entspricht. Unter dienstlichen Gründen sind organisatorische und allgemein personalplanerische Gründe der Stamm- oder Beschäftigungsbehörde zu verstehen.

> ***Bsp.**: PK M (BBesO A 9 gD) ist als Kontroll- und Streifenbeamter in der Inspektion Hamburg eingesetzt. Vor seinem Studium an der Hochschule des Bundes für öffentliche Verwaltung hat er eine Ausbildung zum Kfz-Mechatroniker abgeschlossen und fünf Jahre in diesem Beruf gearbeitet. Da an der Bundespolizeiakademie in Lübeck im Bereich Kfz-Wesen großer Personalbedarf besteht, der nicht kurzfristig behoben werden kann, wird K zur Unterstützung für die Dauer von zwölf Monaten dorthin abgeordnet. Der unbesetzte Dienstposten, für den K nun „einspringt", hat die Wertigkeit BBesO A 8. Die tatsächliche Besoldung des M ändert sich jedoch nicht.*

Nach § 27 III BBG bedarf eine Abordnung nach § 27 II BBG nur dann der Zustimmung des Beamten, wenn sie länger als zwei Jahre dauert oder zu einem anderen Dienstherrn erfolgt. Im Beispielfall wird M allerdings nur für ein Jahr abgeordnet und verbleibt beim selben Dienstherrn, dem Bund. Insofern kann diese Abordnung auch gegen seinen Willen erfolgen. Im Übrigen regelt § 27 III 2 BBG, dass eine Abordnung zu einem anderen Dienstherrn sogar bis zu fünf Jahren ohne Zustimmung des Beamten zulässig ist, wenn die dortige Tätigkeit einem Amt mit demselben Endgrundgehalt entspricht. Eine solche Maßnahme dürfte in der Praxis die absolute Ausnahme darstellen.

Unabhängig von diesem Zustimmungserfordernis müssen dienstherrenübergreifende Abordnungen gemäß § 27 IV BBG immer im Einverständnis beider Dienstherren erfolgen.[17] Für die Zeit der Abordnung ist der aufnehmende Dienstherr nach § 27 VI BBG zur Zahlung der Besoldung verpflichtet. Gewissermaßen im Gegenzug gelten nach § 27 V BBG dessen Vorschriften über die Pflichten und Rechte der Beamtinnen und Beamten mit Ausnahme der Regelungen über Diensteid, Amtsbezeichnung, Zahlung von Bezügen, Krankenfürsorgeleistungen und Versorgung.

2. Verfahren und Rechtsschutz

Die Abordnung ist ein Verwaltungsakt i. S. d. § 35 I VwVfG. Insofern ist dem betroffenen Beamten gemäß § 28 I VwVfG vorher Gelegenheit zu geben, sich zu den für die Entscheidung erheblichen Tatsachen zu äußern. Dies gilt insbesondere, wenn die Abordnung nicht auf einen Antrag des Beamten zurückzuführen ist. Nach § 78 I Nr. 7 BPersVG handelt es sich bei einer Abordnung für mehr als drei Monate um einen mitbestimmungspflichtigen Tatbestand, d. h. der zuständige Personalrat muss der beabsichtigten Personalmaßnahme zustimmen. Tut er das nicht, kann die Behörde die Maßnahme zunächst nicht vollziehen, sondern muss sich ins sog. „Stufenverfahren" begeben (s. Kap. E. – Personalvertretung und Gleichstellung). Im Umkehrschluss wird deutlich, dass Abordnungen von bis zu drei Monaten vorbei am Personalrat verfügt werden können.

Wenn der betroffene Beamte mit der Abordnung nicht einverstanden sind, handelt es sich für ihn um einen belastenden Verwaltungsakt, gegen den zunächst in Form des Widerspruchs vorzugehen ist. Dass Beamte vor Klageerhebung immer ein Widerspruchsverfahren durchlaufen müssen, ist in § 126 II BBG geregelt. Hintergrund ist, dass sich der Beamte einerseits und der Dienstherr andererseits immer eine zweite Chance zur Klärung eines Konflikts einräumen müssen, bevor die Streitigkeit vor Gericht – und damit öffentlich – ausgetragen wird. Der Widerspruch selbst ist allerdings in den §§ 68 ff. VwGO normiert, auf den § 126 II BBG gewissermaßen verweist.

---

17 Dies stellt den rechtlichen Hintergrund von Tauschpartnerregelung und Ein-Jahres-Sperrfirst dar. Zur Vertiefung empfohlen: *Bretschneider/Peter*, DÖV 2021 S. 386 ff.

Während Widerspruch und die im Nachgang mögliche Anfechtungsklage nach § 80 I VwGO aufschiebende Wirkung haben, d. h. die Grundverfügung muss bis zu einer rechtskräftigen Abschlussentscheidung nicht befolgt werden, gilt dies mit Blick auf Abordnung und Versetzung gemäß §§ 80 II Nr. 3 VwGO i. V. m. § 126 IV BBG nicht. Diese Ausnahme lässt sich damit rechtfertigen, dass die Erfüllung des gesetzlichen Auftrags nicht mit hinreichender Sicherheit gewährleistet wäre, wenn Beamte durch Einlegung eines Widerspruchs eine Abordnung bis auf weiteres verzögern könnten.

Im Ergebnis müssen Beamte also auch im Fall eines eingelegten Widerspruchs gegen die Abordnungsverfügung dieser dennoch Folge leisten. Der Gesetzgeber gibt ihnen aber mit § 80 V 1 VwGO die Möglichkeit, beim Verwaltungsgericht einen Antrag auf Anordnung der aufschiebenden Wirkung ihres Widerspruchs zu stellen. Wird diesem Antrag stattgegeben, muss der Beamte jedenfalls bis zu einer rechtskräftigen Entscheidung in der Hauptsache nicht die Dienststelle wechseln.

3. Rechtsprechung

Um einen Praxisbezug herzustellen, werden im Folgenden einige Gerichtsentscheidungen zur Abordnungsthematik verkürzt dargestellt:

Fürsorgepflicht gebietet Berücksichtigung des Gesundheitszustandes bei Abordnung – VGH BW, Beschl. vom 21.9.2007 – 4 S 2131/07 –, juris

> [...] *Nach* [...] *kann ein Beamter vorübergehend ganz oder teilweise zu einer seinem Amt entsprechenden Tätigkeit an eine andere Dienststelle abgeordnet werden, wenn ein dienstliches Bedürfnis besteht. Das Verwaltungsgericht hat das Vorliegen eines dienstlichen Bedürfnisses zu Recht bejaht, da die Abordnung dem Ziel dient, den vorhandenen Lehrkräftemangel an den Förderschulen im Landkreis T. gleichmäßig zu verteilen und bestehende Ungleichgewichte auszugleichen. Die Antragstellerin hat dies im Beschwerdeverfahren nicht mehr in Zweifel gezogen.*
>
> *Die angefochtene Abordnung dürfte auch ohne Ermessensfehler verfügt worden sein, insbesondere vermag der Senat anders als das Verwaltungsgericht nicht zu erkennen, dass der Antragsgegner bei der Ausübung des Abordnungsermessens die ihm der Antragstellerin gegenüber obliegende Fürsorgepflicht missachtet und damit gegen Art. 33 Abs. 5 GG verstoßen hätte. Die Fürsorgepflicht verpflichtet den Dienstherrn, bei seinen Entscheidungen die wohlverstandenen Interessen des Beamten in gebührender Weise zu berücksichtigen und substantiierte Anhaltspunkte für eine Gesundheitsschädigung im Rahmen des Abordnungsermessens angemessen zu berücksichtigen* [...].

Anforderungen an die Anhörung vor Abordnung und Begründung der Abordnungsverfügung – VG Frankfurt, Beschl. vom 23.10.2012 – 9 L 3080/12.F –, juris

[...] *Die auf § 27 BBG gestützte Abordnung des Antragstellers für die Zeit von 3 Monaten, beginnend ab dem 27.08.2012, stellt einen Verwaltungsakt dar und unterliegt deshalb den verfahrensrechtlichen Anforderungen, die das VwVfG an den Erlass eines Verwaltungsaktes stellt. Da die Abordnung des Antragstellers hier durch den Entzug des Rechts zur Ausübung des abstrakt-funktionellen Amts beim Bundespolizeipräsidium und das Gebot, die Dienstleistungspflicht bei der Bundespolizeidirektion Flughafen Frankfurt/Main als Kontroll- und Streifenbeamter zu erfüllen, in die Rechte des Antragstellers eingreift, war dieser nach § 28 Abs. 1 VwVfG vor Erlass der Abordnungsverfügung anzuhören. Dem Antragsteller hätte Gelegenheit gegeben werden müssen, sich vor Erlass der Maßnahme zu den für ihn aus Sicht der Antragsgegnerin maßgeblichen Tatsachen zu äußern. Dies ist unterblieben, ohne dass dem Text der Abordnungsverfügung oder den Verwaltungsvorgängen entnehmen lässt, aus welchen Gründen die Anhörung unterblieben ist* [...].

Darüber hinaus beachtet die schriftlich ergangene Abordnungsverfügung nicht die sich aus § 39 Abs. 1 VwVfG resultierenden Anforderungen an eine schriftliche Begründung. In ihr hätten die wesentlichen tatsächlichen und rechtlichen Gründe mitgeteilt werden müssen, die das Bundespolizeipräsidium zu seiner Entscheidung bewogen hatten (§ 39 Abs. 1 S. 2 VwVfG). Dazu hätte auch gehört, die Gesichtspunkte zu erkennen und anzugeben, die für die nach § 27 Abs. 2 S. 1 BBG zu treffende Ermessensentscheidung zulasten des Antragstellers maßgebend waren. Der Text der Abordnungsverfügung benennt weder die konkret für beachtlich gehaltenen dienstlichen Gründe der Abordnung, noch lässt dieser Text auch nur ansatzweise erkennen, ob und nach welchen Kriterien das durch § 27 Abs. 2 S. 1 BBG eröffnete Ermessen ausgeübt wurde [...].

Ablehnung eines Antrags auf Verlängerung der Abordnung; Ermessen des Dienstherrn (Kettenabordnung) – BayVGH, Beschl. vom 22.2.2022 – 6 CE 21.2766 –, juris

Die Antragstellerin steht als Polizeihauptmeisterin im Dienst der Antragsgegnerin. Ihre Stammdienststelle ist die Bundespolizeiinspektion Flughafen K. Die Antragstellerin wurde erstmals mit Wirkung vom 1. November 2017 für ein Jahr mit der Option auf Verlängerung zur Verwendung als Lehrkraft zur Bundespolizeiakademie, Bundespolizeiaus- und fortbildungszentrum (BPOLAFZ) B., abgeordnet. Die Abordnung wurde seither jährlich jeweils um ein Jahr verlängert, zuletzt mit Bescheid vom 5. Mai 2020 bis zum 31. Oktober 2021. Die Antragstellerin ist Mitglied des Personalrats des Bundespolizeiaus- und fortbildungszentrums B. Mit Bescheid vom 1. April 2021 wurde die Abordnung vom 5. Mai 2020 auf Antrag der Bundespolizeiakademie mit sofortiger

Wirkung aufgehoben. Das Verwaltungsgericht ordnete im einstweiligen Rechtsschutzverfahren die aufschiebende Wirkung des hiergegen erhobenen Widerspruchs an.

Den Antrag der Antragstellerin vom 8. März und 22. August 2021 auf (erneute) Verlängerung der Abordnung über den 31. Oktober 2021 hinaus lehnte die Antragsgegnerin mit Bescheid vom 31. August 2021 mit der Begründung ab, eine Verlängerung der Abordnung werde durch die Bundespolizeiakademie nicht befürwortet. Am 20. September 2021 hat die Antragstellerin beim Verwaltungsgericht beantragt, die Antragsgegnerin im Wege einer einstweiligen Anordnung zu verpflichten, sie vorläufig bis zum Abschluss des Hauptsacheverfahrens am derzeitigen Dienstort, dem BPOLAFZ B. einzusetzen. Zur Begründung wurde u. a. ausgeführt, dass die Ablehnungsentscheidung ermessensfehlerhaft sei und sie in ihren Rechten verletze. Aus der Ablehnungsentscheidung ergebe sich mit keinem Wort, warum ein dienstliches Bedürfnis bestanden habe, die Antragstellerin für vier Jahre als Lehrkraft abzuordnen und eine weitere Abordnung ohne Begründung abzulehnen. Ferner seien die persönlichen Belange (u. a. Familie, Alter, Stellung als Mitglied im Personalrat) der Antragstellerin nicht ausreichend berücksichtigt worden.

Das Gericht lehnte die Gründe der Antragstellerin ab. Hierzu führte das Gericht u. a. aus, dass der Antragstellerin zur Vermeidung schwerer und unzumutbarer Nachteile effektiver Rechtsschutz dadurch zu gewähren sei, dass sie über den 31. Oktober 2021 hinaus bis zu einer rechtskräftigen Entscheidung in der Hauptsache weiterhin am derzeitigen Dienstort in B. eingesetzt wird. Dahingestellt bleiben kann, ob die Ablehnung der beantragten Verlängerung der Abordnung mit der Begründung, die aufnehmende Behörde sei nicht mehr einverstanden, ermessensfehlerhaft war. Selbst wenn dies der Fall sein und der Dienstherr bei seiner Entscheidung die vom Verwaltungsgericht angesprochenen Umstände (Kettenabordnung, persönliche Belange der Antragstellerin – insbesondere ihr Alter und die in wenigen Jahren anstehende Pensionierung – sowie die Stellung als Personalrätin) nicht oder nicht rechtzeitig berücksichtigt haben sollte, vermag dies einen Anspruch auf eine erneute und vorläufig durchzusetzende Abordnung nicht zu begründen. Denn auch bei Vorliegen eines Ermessensfehlers käme der Erlass der angestrebten Regelungsanordnung nur bei einer Ermessensreduzierung auf Null in Betracht.

Steht der Antragstellerin aber allenfalls ein ***Anspruch auf ermessensfehlerfreie Entscheidung*** *über ihren Antrag auf Verlängerung der Abordnung zu, kommt der Erlass der beantragten, auf die Verpflichtung der Antragsgegnerin zur Verlängerung der Abordnung gerichteten einstweiligen Anordnung auch unter Berücksichtigung des Rechts auf effektiven Rechtsschutz (Art. 19 Abs. 4 GG) nicht in Betracht.* […] *Die mehrfache Verlängerung der Abordnung in der Vergangenheit (****Kettenabordnung****) genügt hierfür nicht.* ***Auch wenn die Abordnung mit dem Ziel ausgesprochen wird, den Beamten später zu versetzen, behält sie ihren Charakter als vorübergehende Maßnahme. Entsprechendes gilt für die angeführten persönlichen Belange der Antragstellerin. Der Umstand, dass die Antragstellerin ihren Angaben zufolge ihren Lebensmittelpunkt in Erwartung ihrer künftigen Versetzung bereits vollständig nach B. verlagert hat, ist nicht auf Veranlassung des Dienstherrn erfolgt, sondern ist letztlich Ausfluss ihrer*** *__eigenen freien Entscheidung__. Die laut ihren Angaben bereits gefestigte Bindung an ihren neuen Wohnort B. ist nicht von einem solchen Gewicht, dass sie einer Rückkehr an ihre Stammdienststelle entgegenstünde. Die Antragstellerin verweist insoweit insbesondere auf die enge Beziehung zu ihrem Sohn, der allerdings nach den unwidersprochenen Feststellungen des Verwaltungsgerichts bereits volljährig ist und nach eigenen Angaben der Antragstellerin nicht in B., sondern im über 200 km entfernt liegenden M. lebt. Ebenso wenig erscheint der pauschale Hinweis auf die am neuen Wohnort entstandenen freundschaftlichen Beziehungen von hinreichendem Gewicht. Es ist nichts dafür ersichtlich, dass diese Beziehungen, wie die Antragsgegnerin zu Recht ausführt, nicht auch im Falle einer Rückkehr der Antragstellerin an ihre Stammdienststelle aufrechterhalten werden können.*

Auch der Umstand, dass die Antragstellerin Mitglied des Personalrats ist, gebietet nicht ihre weitere Abordnung an die derzeitige Dienststelle in B. Dass die Mitgliedschaft im Personalrat und eine damit verbundene Freistellung vom Dienst mit dem Ende der Abordnung erlischt, ist im Fall einer zeitlich befristeten Abordnung eine kraft Gesetzes eintretende Folge des Fristablaufs (vgl. § 31 Abs. 1 Nr. 4 BPersVG) und trägt dem vorübergehenden Charakter der Abordnung Rechnung, die stets eine nur vorübergehende Dienststellenzugehörigkeit begründet. Auch die Vorschrift des § 55 Abs. 2 BPersVG kann zu keinem anderen Ergebnis führen. Danach dürfen Mitglieder des Personalrats gegen ihren Willen nur versetzt, zugewiesen oder abgeordnet werden, wenn dies auch unter Berücksichtigung der Mitgliedschaft im Personalrat aus dienstlichen Gründen unvermeidbar ist (§ 55 Abs. 2 Satz 1 BPersVG). Die Versetzung, Zuweisung oder Abordnung von Mitgliedern des Personalrats bedarf zudem der Zustimmung des Personalrats (§ 55 Abs. 2 Satz 3 BPersVG). Der Zweck dieser Norm besteht insbesondere darin, die ungestörte Ausübung des Personalratsamts sicherzustellen und den Mitgliedern des Personalrats die für ihre Arbeit notwendige Unabhängigkeit gegenüber dienstlichen Maßnahmen zu geben, welche sie dauernd oder vorübergehend an der Ausübung ihres Personalratsamts hindern können. In der vorliegenden Fallkonstellation wird die Antragstellerin aber nicht primär infolge einer dienstlichen Maßnahme in ihrer Amtsausübung gestört; vielmehr ist der Verlust des Personalratsamts unmittelbare, kraft Gesetzes eintretende und von Anfang an absehbare Folge der durch Fristablauf regulär endenden (befristeten) Abordnung.

Kein gesetzliches Antragsrecht des Beamten auf Abordnung – VG Frankfurt, Beschl. vom 14.8.2013 – 9 L 3043/13.F –, juris

In der zugrunde liegenden Entscheidung beantragte ein Polizeibeamter die Verlängerung der seitens des Dienstherrn angeordneten Abordnung. Im Rahmen der Begründung wurden durch den Beamten persönliche Belange für eine Verlängerung der Abordnung angeführt. Das Gericht wies im Rahmen des einstweiligen Rechtsschutzverfahrens die persönlichen Belange des Antragstellers zurück und führt hierzu u. a. aus:

Nach § 27 Abs. 2 BBG steht die Abordnung des Antragstellers zu einer Tätigkeit in einer anderen Dienststelle als seiner Stammdienststelle, der Bundespolizeidirektion Flugha-

fen Frankfurt am Main, im Ermessen des Dienstherrn. Ein darauf bezogenes gesetzlich normiertes Antragsrecht steht dem Antragsteller im Unterschied zu der die Versetzung betreffenden Regelung in § 28 Abs. 2 S. 1 BBG nicht zu. Damit steht dem Dienstherrn für den Erlass oder die Ablehnung einer Abordnungsverfügung ein weitergehender Ermessensspielraum zu als im Bereich einer Versetzungsverfügung. Andererseits schließt das Fehlen eines einfachgesetzlich normierten Antragsrechts, bezogen auf eine Abordnung, diesbezügliche Anträge eines Beamten weder aus, noch entbindet dieser Umstand von der Pflicht, einen auf Abordnung gerichteten Individualantrag in pflichtgemäßer Ermessensausübung entsprechend dem Zweck der Ermächtigung (§ 40 VwVfG) zu bescheiden.

Die Antragsgegnerin hat ihr Ermessen nach dem vorgelegten Bescheid vom 2. August 2013 zur Ablehnung der Abordnungsverlängerung nach A-Stadt entsprechend dem Zweck der Ermächtigung ausgeübt und die nach Lage der Dinge zu berücksichtigenden Umstände in ihre Erwägungen einbezogen. Dies gilt insbesondere für die vom Antragsteller dargestellte persönliche Lage. Die Berücksichtigung dieser Umstände ist entgegen der Auffassung des Antragstellers nicht fehlerhaft erfolgt. Es liegt nämlich innerhalb des Ermessensspielraums, die jeweils zu beachtenden Umstände im Verhältnis zu vergleichbaren Umständen anderer Beschäftigter und den dienstlichen Einsatzinteressen zu gewichten und gegeneinander abzuwägen. Die Fürsorgepflicht (§ 78 BBG) gibt dem Antragsteller keinen Anspruch auf eine wohnortnahe dienstliche Verwendung. Vielmehr verhält es sich umgekehrt, wie im Bescheid vom 2. August 2013 zutreffend ausgeführt. Nach § 72 Abs. 1 BBG hat ein Beamter seine Wohnung so zu wählen, dass er in seiner Dienstausübung nicht beeinträchtigt wird. Daraus folgt, dass sich der private Wohnsitz nach dem Dienstort richtet, und nicht etwa der Dienstort sich nach dem Wohnort zu richten hat.

Das gilt auch im Hinblick auf die familiäre Verantwortung des Antragstellers, da sich aus Art. 6 Abs. 1, 2 GG kein Anspruch auf einen bestimmten dienstlichen Einsatzort ergibt. Die familiäre Verantwortung ist vielmehr so zu organisieren, dass sie an einem dem Dienstort entsprechenden Wohnort wahrgenommen werden kann. Hier hat die Antragsgegnerin den familiären Problemen des Antragstellers durch die vorausgegangene Abordnung nach A-Stadt bereits Rechnung getragen und ihm so die Möglichkeit verschafft, seine familiären Verhältnisse auf eine Weise neu zu organisieren, dass künftig die Erfüllung der Dienstaufgaben mit den familiären Angelegenheiten besser vereinbart werden kann. Es handelte sich um eine Übergangsmaßnahme, wie der Bescheid vom 20. März 2013 zum Ausdruck bringt. Ein Anspruch auf eine Verstetigung oder auch nur eine Verlängerung dieser Maßnahme lässt sich daraus nicht herleiten, noch hat die Antragsgegnerin einen entsprechenden Vertrauensschutz beim Antragsteller begründet.

Die in Anknüpfung an § 72 Abs. 1 BBG vorgenommene Gewichtung der dienstlichen Belange im Verhältnis zu den persönlichen Belangen des Antragstellers ist vor diesem Hintergrund nicht zu beanstanden. Zwar hätte die Antragsgegnerin ihr Ermessen auch anders ausüben können. Dies liegt jedoch allein in der Natur des durch § 27 Abs. 2 S. 1 BBG eröffneten weiten Ermessens. Eine rechtliche Pflicht zu einer solchen anderen Ermessensausübung ist jedoch nicht erkennbar. Gegenteiliges folgt auch nicht aus § 12 BGleiG. Die dort geregelte Pflicht zur Schaffung familienfreundlicher Arbeitsbedingungen richtet sich an die jeweilige Beschäftigungsdienststelle, derzeit also die Bundespolizeidirektion Flughafen Frankfurt am Main, und die von ihr zu gestaltenden Dienstbedingungen. Die Abordnung an eine andere Dienststelle liegt außerhalb dieses „örtlichen" Radius'. Dem Recht des Antragstellers aus § 13 Abs. 1 S. 2 BGleiG hat die Antragsgegnerin dadurch entsprochen, dass sie dem Antragsteller im Rahmen seiner Teilzeitbeschäftigung innerhalb der Elternzeit ein besonderes Arbeitszeitmodell angeboten hat. Weitergehende Rechtsansprüche des Antragstellers aus dieser Norm sind hier nicht erkennbar.

Rechtsmittel gegen die Aufhebung einer Abordnung haben keine aufschiebende Wirkung – OVG Bln-Bbg, Beschl. vom 2.9.2025 – OVG 4 S 28/25 –

[…] *Der Widerspruch gegen eine Aufhebung (Beendigung) einer Abordnung hat gemäß § 54 Abs. 4 BeamtStG keine aufschiebende Wirkung. Für die dem Gericht nach § 80 Abs. 5 Satz 1 VwGO gebotene Abwägung der widerstreitenden Interessen der Beteiligten ist richtungweisend, dass mit dem in § 54 Abs. 4 BeamtStG gesetzlich festgelegten Vorrang des öffentlichen Interesses an der sofortigen Vollziehung einer Abordnungsverfügung der Gesetzgeber seinen Willen zum Ausdruck gebracht hat, im Regelfall das öffentliche Interesse an der sofortigen Vollziehung einer derartigen Maßnahme dem privaten Interesse des Betroffenen an einem Verbleib an seiner bisherigen Dienststelle vorzuziehen, so dass eine gerichtliche Anordnung der aufschiebenden Wirkung eines Widerspruchs oder einer Klage gegen die Aufhebung einer Abordnungsverfügung nur dann gerechtfertigt ist, wenn ausnahmsweise besondere Umstände vorliegen, aus denen sich ergibt, dass das persönliche Interesse des Beamten am Aufschub der Vollziehung das öffentliche Interesse an der sofortigen Vollziehung überwiegt.*

Nach diesen Maßstäben ist in der Abwägung von hohem Gewicht, dass die Aufhebung der Abordnung des Antragstellers rechtmäßig ist. Gemäß § 14 Abs. 1 BeamtStG können Beamte aus dienstlichen Gründen vorübergehend ganz zu einer dem übertragenen Amt entsprechenden Tätigkeit in den Bereich eines Dienstherrn des Bundes abgeordnet werden. Zuständig für die Abordnungsverfügung wie auch deren Aufhebung ist der abgebende Dienstherr. Der Dienstherr hat für den Erlass einer Abordnungsverfügung oder deren Ablehnung oder Aufhebung einen noch weitergehenden Ermessensspielraum als bei einer Versetzungsverfügung. Das Fehlen eines einfachgesetzlich normierten Antragsrechts des Beamten schließt zwar entsprechende Anträge oder berücksichtigungsfähige Begehren eines Beamten nicht aus, bewirkt aber, dass die Ausübung des Abordnungsermessens vorrangig dienstlichen Interessen dient. Da die Abordnung gemäß § 14 Abs. 4 Satz 1 BeamtStG von dem abgebenden im Einverständnis mit dem aufnehmenden Dienstherrn verfügt wird, hat das Verlangen des aufnehmenden Dienstherrn nach Rückabwicklung eine erhebliche Bedeutung bei der Bestimmung der dienstlichen Interessen, auch wenn das Einverständnis nicht mehr ohne Weiteres widerruf-

lich sein sollte. Wenn der aufnehmende Dienstherr den Wegfall des Verwendungsbedarfs anmeldet, liegt es regelmäßig im dienstlichen Interesse des abgebenden Dienstherrn, seinen Beamten einer dienstlichen Tätigkeit zuzuführen, in der er sich bereits bewährt hat. Denn es ist eine Beeinträchtigung oder Störung der dienstlichen Tätigkeit beim aufnehmenden Dienstherrn zu gewärtigen. Der abgebende Dienstherr muss grundsätzlich nicht für ausschlaggebend halten, ob die konkreten Probleme in der Verwendung seines Beamten von diesem verschuldet sind oder eine andere (überwiegende) Ursache haben.

Hier hat sich der Antragsgegner davon leiten lassen dürfen, dass der Bund den Einsatz des Antragstellers wegen gravierender fachlicher Defizite und einer fehlenden Bereitschaft zu deren Behebung als nicht zielführend angesehen hat. Der Antragsgegner beruft sich im Widerspruchsbescheid darauf, dass der Bund den Antragsteller persönlich nicht geeignet für die Ausübung des Auslandsamts hält, was mit den Ausführungen im Schreiben des Bundespolizeipräsidiums vom 8. Mai 2025 unterlegt wird und in die Bewertung mündet, sein Verhalten sei rufschädigend für die Bundesrepublik Deutschland. Der Antragsgegner beruft sich darauf, dass das Einverständnis des Bundes mit der Abordnung nicht mehr vorliegt. Dahinter treten die vom Antragsteller in seiner Beschwerdebegründung artikulierten Interessen zurück. Ihm geht es, wie er behauptet, vorrangig darum, dass er seine Reputation im Wege der Rückabordnung an den ausländischen Dienstort wiederherstellen kann. Er brenne dafür, in seiner Tätigkeit als Lehrkraft insbesondere auch ausländische Dienstkräfte zu schulen und anzulernen. Genau das sei das Ziel der Mission im Ausland und darauf habe er sich langjährig vorbereitet. Dieses Interesse wiegt nicht schwer, weil ein Beamter sich nicht aussuchen kann, wo er am liebsten eingesetzt werden möchte. Dem Antragsteller geht es erklärtermaßen auch um die gegenüber der Inlandsbesoldung höheren Auslandsdienstbezüge. Dieser Belang fällt nicht ins Gewicht. Denn diese Bezüge setzen sich zusammen aus Auslandszuschlag und Mietzuschuss (§ 52 Abs. 1 Satz 2 BBesG) und gelten den materiellen Mehraufwand sowie allgemeine und dienstortbezogene immaterielle Belastungen der allgemeinen Verwendung im Ausland sowie besondere Wohnkosten ab (§ 53 Abs. 1 Satz 1 und § 54 BBesG). Sie sind nicht als Belohnung oder Gehaltserhöhung angelegt. Beim Einsatz im Inland fallen der Mehraufwand und die Belastungen nicht an. […]

II. Versetzung

Die Versetzung ist auf Bundesebene in § 28 BBG geregelt.[18] Es handelt sich um eine auf Dauer angelegte Übertragung eines anderen Amtes bei einer anderen Dienststelle bei demselben oder einem anderen Dienstherrn.

18 Für die Landesbeamten gilt § 15 BeamtStG.

§ 28 Bundesbeamtengesetz

(1) Eine Versetzung ist die auf Dauer angelegte Übertragung eines anderen Amtes bei einer anderen Dienststelle bei demselben oder einem anderen Dienstherrn.
(2) Eine Versetzung ist auf Antrag der Beamtin oder des Beamten oder aus dienstlichen Gründen ohne ihre oder seine Zustimmung zulässig, wenn das Amt mit mindestens demselben Endgrundgehalt verbunden ist wie das bisherige Amt, und die Tätigkeit aufgrund der Vorbildung oder Berufsausbildung zumutbar ist.
(3) Bei der Auflösung oder einer wesentlichen Änderung des Aufbaus oder der Aufgaben einer Behörde oder der Verschmelzung von Behörden können Beamtinnen und Beamte, deren Aufgabengebiet davon berührt wird, ohne ihre Zustimmung in ein anderes Amt derselben oder einer anderen Laufbahn mit geringerem Endgrundgehalt im Bereich desselben Dienstherrn versetzt werden, wenn eine dem bisherigen Amt entsprechende Verwendung nicht möglich ist. Das Endgrundgehalt muss mindestens dem des Amtes entsprechen, das die Beamtin oder der Beamte vor dem bisherigen Amt wahrgenommen hat. Beamtinnen und Beamte sind verpflichtet, an Qualifizierungsmaßnahmen zum Erwerb der Befähigung für eine andere Laufbahn teilzunehmen.
(4) Im Übrigen bedarf die Versetzung der Zustimmung der Beamtin oder des Beamten.
(5) Die Versetzung zu einem anderen Dienstherrn wird von dem abgebenden im Einverständnis mit dem aufnehmenden Dienstherrn verfügt. Das Einverständnis ist schriftlich oder elektronisch zu erklären.

1. Begriff und Allgemeines

Ähnlich wie bei der Abordnung geht es auch im Fall der Versetzung um einen Wechsel der Dienststelle (s. o.). Im Unterschied zur Abordnung erfolgt der Dienststellenwechsel allerdings nicht temporär, sondern dauerhaft. Die Versetzung kann im Zuständigkeitsbereich des eigenen Dienstherrn erfolgen oder auch dienstherrenübergreifend. In letzterem Fall wird die Versetzung nach § 28 V BBG durch den abgebenden Dienstherrn im Einverständnis mit dem aufnehmenden Dienstherrn verfügt.

***Bsp. 1**: PHK H wechselt von der Bundespolizeidirektion Stuttgart dauerhaft zur Bundespolizeidirektion Berlin – mithin innerhalb derselben „Organisation". Da der Dienststellenbegriff des BBG innerhalb der Organisation Bundespolizei an die Direktionsebene anknüpft (s. o.), wird der Dienststellenwechsel des H im Wege der Versetzung nach § 28 I BBG vollzogen.*

***Bsp. 2**: POKin K war mehrere Jahre bei der Bundespolizeidirektion Koblenz im Rahmen der Kriminalitätsbekämpfung eingesetzt. Nunmehr möchte sie sich ganz auf die kriminalpolizeiliche Arbeit konzentrieren und sich deshalb zum Bundeskriminalamt (BKA) versetzen lassen. Auch wenn das BKA organisatorisch nichts mit der Bundespolizei zu tun, so ist auch diese Behörde im selben Ressort – gemeinsame oberste*

Dienstbehörde ist das Bundesinnenministerium – angesiedelt. Es handelt sich also um eine Versetzung beim selben Dienstherrn.

***Bsp. 3**: PR R hat sich in seiner Masterarbeit an der Deutschen Hochschule der Polizei eingehend mit dem Thema Finanzermittlungen beschäftigt. Nach seinem abgeschlossenen Aufstieg in den höheren Dienst möchte er seine Kenntnisse im Bereich der Finanzverwaltung einbringen und sich ins Bundesfinanzministerium versetzten lassen. R wechselt damit nicht nur die Organisation, sondern auch das Fachressort. Dennoch bleibt er beim selben Dienstherrn – dem Bund – beschäftigt; es handelt sich damit auch in diesem Fall* nicht *um eine dienstherrenübergreifende Versetzung. Allerdings ist damit zu rechnen, dass R die Laufbahn wechseln muss (nichttechnischer Verwaltungsdienst) und künftig die Amtsbezeichnung „Regierungsrat" tragen wird.*

***Bsp. 4**: PORin O möchte nach vielen Jahren im Dienst der Bundespolizei endlich heimatnah (im Saarland) verwendet werden. Mehrere diesbezügliche Versetzungsersuchen innerhalb der Bundespolizei sind erfolglos geblieben. Nunmehr ist ein interessanter Dienstposten bei der saarländischen Landespolizei extern ausgeschrieben. Nach einem erfolgreichen Bewerbungsverfahren möchte sich O zur saarländischen Landespolizei versetzen lassen. Eine solche Versetzung erfolgt dienstherrenübergreifend – vom Dienstherrn „Bund" und zum Dienstherrn „Saarland" – und kann folglich gemäß § 28 V BBG nur im Einverständnis mit dem aufnehmenden Dienstherrn verfügt werden.*

Im vierten Absatz der Norm ist der Grundsatz verbrieft, dass eine Versetzung der Zustimmung der betroffenen Beamtin bzw. des betroffenen Beamten bedarf. Dieses Erfordernis ist jedenfalls dann als erfüllt anzusehen, wenn der Beamte selbst einen Antrag auf Versetzung stellt, was in § 28 II 1 Alt. 1 BBG festgehalten ist. Darüber hinaus kann es nach § 28 II 1 Alt. 2 BBG aber auch dienstliche Gründe geben, die den Dienstherrn zu einer Versetzung eines Beamten veranlassen. Sofern die Betroffenen zustimmen, müssen keine weiteren Tatbestands-voraussetzungen für eine rechtmäßige Versetzung erfüllt sein. Stimmen die Betroffenen hingegen nicht zu, so ist eine Versetzung dennoch unter bestimmten Voraussetzungen – also auch gegen den Willen – möglich:

- Das neue Amt muss mindestens mit demselben Endgrundgehalt verbunden sein wie das bisherige Amt.
- Zudem muss die neue Tätigkeit aufgrund der Vorbildung oder Berufsausbildung zumutbar sein.

> ***Bsp.**: POKin H ist als Sachbearbeiterin am Flughafen Hamburg, der organisatorisch der Direktion Hannover zugeordnet ist, tätig. Da es die personelle Situation nicht anders hergibt, wird H gegen ihren Willen an den Flughafen Frankfurt a. M. versetzt. Da sie ihr Statusamt als Polizeioberkommissarin (BBesO A 10) beibehält und ihr neuer Aufgabenbereich nicht wesentlich von dem bisherigen abweicht, ist diese Personalmaßnahme auch ohne Zustimmung der H rechtlich möglich.*

Im dritten Absatz der Norm ist ein besonderer Fall geregelt: Hier geht es um die Situation, dass Behörden aufgelöst werden, mit anderen verschmolzen werden oder sich sonst der Aufbau oder die Aufgaben wesentlich ändern. Mit Blick auf die Bundespolizei gab es in der Vergangenheit entsprechend einschneidende organisatorische Veränderungen, etwa im Kontext des EU-Beitritts von Polen und Tschechien im Jahr 2004, in dessen Folge sich die Aufgabe des Grenzschutzes an der östlichen Grenze Deutschlands ganz anders und vor allem deutlich weniger personalintensiv darstellte. In einer solchen Ausnahmesituation soll es dem Dienstherrn ausnahmsweise möglich sein, Beamtinnen und Beamte ohne ihre Zustimmung in ein Amt derselben oder einer anderen Laufbahn – z. B. allgemeiner nichttechnischer Verwaltungsdienst – mit geringerem Endgrundgehalt zu versetzen. Da es sich bei einer solchen Maßnahme um einen schwerwiegenden Eingriff in das Recht am statusrechtlichen Amt handelt, müssen folgende Voraussetzung kumulativ vorliegen:

- Die Behörde, bei der der Beamte den Dienst ausübt, wird aufgelöst, wesentlich geändert oder verschmolzen, oder der Aufbau oder die Aufgaben der Behörde ändern sich wesentlich.
- Das Aufgabengebiet des Beamten wird durch diese Veränderung berührt.
- Eine dem bisherigen Amt entsprechende Verwendung des Beamten ist nicht möglich.

2. Verfahren und Rechtsschutz

Die Versetzung ist ein Verwaltungsakt i. S. d. § 35 I VwVfG. Insofern ist dem betroffenen Beamten gemäß § 28 I VwVfG vorher Gelegenheit zu geben, sich zu den für die Entscheidung erheblichen Tatsachen zu äußern. Dies gilt insbesondere, wenn die Versetzung nicht auf einen Antrag des Beamten zurückzuführen ist. Nach § 78 I Nr. 5 BPersVG handelt es sich bei einer Versetzung um einen mitbestimmungspflichtigen Tatbestand,

d. h. der zuständige Personalrat muss der beabsichtigten Personalmaßnahme zustimmen. Tut er das nicht, kann die Behörde die Maßnahme zunächst nicht vollziehen, sondern muss sich ins sog. „Stufenverfahren“ begeben (s. Kap. E. – Personalvertretung und Gleichstellung).

Wenn der betroffene Beamte mit der Versetzung nicht einverstanden sind, handelt es sich für ihn um einen belastenden Verwaltungsakt, gegen den zunächst in Form des Widerspruchs vorzugehen ist. Dass Beamte vor Klageerhebung immer ein Widerspruchsverfahren durchlaufen müssen, ist in § 126 II BBG geregelt. Hintergrund ist, dass sich der Beamte einerseits und der Dienstherr andererseits immer eine zweite Chance zur Klärung eines Konflikts einräumen müssen, bevor die Streitigkeit vor Gericht – und damit öffentlich – ausgetragen wird. Der Widerspruch selbst ist allerdings in den §§ 68 ff. VwGO normiert, auf den § 126 II BBG gewissermaßen verweist.

Während Widerspruch und die im Nachgang mögliche Anfechtungsklage nach § 80 I VwGO aufschiebende Wirkung haben, d. h. die Grundverfügung muss bis zu einer rechtskräftigen Abschlussentscheidung nicht befolgt werden, gilt dies mit Blick auf Abordnung und Versetzung gemäß § 80 II Nr. 3 VwGO i. V. m. § 126 IV BBG nicht. Diese Ausnahme lässt sich damit rechtfertigen, dass die Erfüllung des gesetzlichen Auftrags nicht mit hinreichender Sicherheit gewährleistet wäre, wenn Beamte durch Einlegung eines Widerspruchs eine Versetzung bis auf weiteres verzögern könnten.

Im Ergebnis müssen Beamte also auch im Fall eines eingelegten Widerspruchs gegen die Versetzungsverfügung dieser dennoch Folge leisten. Der Gesetzgeber gibt ihnen aber mit § 80 V 1 VwGO die Möglichkeit, beim Verwaltungsgericht einen Antrag auf Anordnung der aufschiebenden Wirkung ihres Widerspruchs zu stellen. Wird diesem Antrag stattgegeben, muss der Beamte jedenfalls bis zu einer rechtskräftigen Entscheidung in der Hauptsache nicht die Dienststelle wechseln.

3. Rechtsprechung

Um einen Praxisbezug herzustellen, werden im Folgenden einige Gerichtsentscheidungen zur Versetzungsthematik verkürzt dargestellt:

Antrag auf Versetzung an einen bestimmten Dienstort – VG Bayreuth, Urt. vom 25.2.2014 – B 5 K 11.938 –, juris

Der am [...] geborene Kläger ist als Polizeiobermeister im mittleren Polizeivollzugsdienst der 2. Einsatzhundertschaft der Bundespolizeiabteilung [...] beschäftigt und begehrt seine Versetzung an das Bundespolizeirevier [...] Der Kläger beantragte bereits mit Schreiben vom 27. Oktober 2008 bei der Direktion der Bundesbereitschaftspolizei [...] seine Abordnung mit dem Ziel der Versetzung zum Bundespolizeirevier [...] Zur Begründung führte er damals im Wesentlichen familiäre und persönliche Gründe an. So machte der Kläger die Entfernung zwischen seinem Wohnort in [...] und seinem Dienstort in [...] geltend. Außerdem habe er von seinen Eltern einen land- und forstwirtschaftlichen Betrieb übernommen. Seine Mutter, welche in seinem Haushalt lebe, leide an Diabetes und Rheuma und sei im Besitz eines Behindertenausweises mit einem anerkannten Grad der Behinderung von 50 Prozent. Neben der Mutter benötige auch die berufstätige und alleinerziehende Schwester seine Unterstützung. Schließlich sei er verheiratet und Vater einer damals [...]-jährigen Tochter.

Die in der Hauptsache erhobene Verpflichtungsklage (Ziel Versetzung als begünstigender Verwaltungsakt) hatte keinen Erfolg. Hierzu heißt es in den Entscheidungsgründen u. a.:

Das Begehren des Klägers ist ausschließlich auf eine Versetzung i. S. d. § 28 BBG und nicht auf eine Abordnung i. S. d. § 27 BBG gerichtet. Eine Abordnung ist nach § 27 Abs. 1 BBG die vorübergehende Übertragung einer dem Amt des Beamten entsprechende Tätigkeit bei einer anderen Dienststelle desselben oder eines anderen Dienstherrn unter Beibehaltung der Zugehörigkeit zur bisherigen Dienststelle.

Der Kläger hat gemäß § 28 Abs. 2 Alt. 1 BBG keinen Anspruch auf Versetzung. Gemäß § 28 Abs. 1 BBG ist eine Versetzung die auf Dauer angelegte Übertragung eines anderen Amtes bei einer anderen Dienststelle bei demselben oder einem anderen Dienstherrn. § 28 Abs. 2 Alt. 1 BBG regelt anknüpfend an die Legaldefinition des Abs. 1 die Versetzung des Beamten auf Antrag. Die durch den Antrag des Beamten ausgelöste Entscheidung über die Versetzung liegt im Ermessen des Dienstherrn. Mangels eines allgemeinen Rechts am abstrakt-funktionalen Amt hat der Beamte grundsätzlich weder einen Anspruch auf Zu- oder Wegversetzung. Nur im Einzelfall, wenn jede andere Ermessensentscheidung des Dienstherrn fehlerhaft wäre, kann sich der Anspruch auf fehlerfreie Ermessensausübung zu einem Versetzungsanspruch verdichten. Eine solche Ermessenreduzierung auf Null ist aber nur dann anzunehmen, wenn „schwerwiegende persönliche Gründe“ oder eine „außergewöhnliche Härte“ die Versetzung – bei Anlegung eines strengen Maßstabes – unabweisbar erscheinen lassen. Eine Versetzung nach § 28 Abs. 2 Alt. 1 BBG setzt jedoch zwingend voraus, dass innerhalb des Dienstbereichs des Dienstherrn eine freie und besetzbare Planstelle verfügbar ist.

Unter Zugrundelegung dieses Maßstabs kann der Kläger von der Beklagten nicht verlangen, an das Bundespolizeirevier nach ... versetzt zu werden. Zum einen besteht nach § 28 Abs. 2 Alt. 1 BBG schon kein gebundener Anspruch des Klägers auf Versetzung. Aber auch eine etwaige Ermessensreduzierung auf Null begründet vorliegend keinen Versetzungsanspruch des Klägers. Die Fürsorge- und Schutzpflicht des Dienstherrn nach § 78 BBG gebietet es zwar, den Beamten vor gesundheitlichen Schäden zu bewahren, die ihm wegen der Art seiner dienstlichen Tätigkeit am bisherigen Dienstort drohen. Die Beklagte ist also aufgrund der polizeiärztlichen Mitteilungen, wonach beim Kläger aufgrund der verminderten Belastbarkeit seines Bewegungsapparates die gesundheitlichen Voraussetzungen für eine Verwendung als Polizeivollzugsbeamter nicht mehr uneingeschränkt gegeben sind, gehalten, den Kläger im administrativen Bereich gesundheitsschonend zu verwenden. Hingegen gebietet es die Fürsorgepflicht nicht, dass der Kläger auf einen bestimmten Dienstposten im administrativen Bereich einer anderen Dienststelle versetzt werden müsste. Jedenfalls setzt ein konkretes Versetzungsbegehren – auch im Falle einer Ermessensreduzierung auf Null – voraus, dass ein freier und besetzbarer Dienstposten am gewünschten Dienstort zur Verfügung steht [...].

Kein Anspruch auf Versetzung an wohnortnähere Dienststelle – VG Bayreuth, Urt. vom 22.11.2016 – B 5 K 15.872 –, juris

Der Kläger steht als Polizeimeister im Dienst der Bundespolizeidirektion [...]. *Mit seiner Klage begehrt er die Verpflichtung der Beklagten, ihn zur Bundespolizeidirektion* [...] *zu versetzen.*

Der Kläger beantragte mit Schreiben vom 16. Juli 2015 die Abordnung oder Versetzung zur Bundespolizeidirektion ... (Bundespolizeiinspektion [...]*). Zur Begründung führt der Kläger aus, dass er zwei Töchter im Alter von 4 und 8 Jahren habe. Seine Frau arbeite im Einzelhandel (zweimal wöchentlich bis 18.00 Uhr und alle zwei bis drei Wochen auch samstags bis 12.00 Uhr). Da die Einsätze erst donnerstags feststünden, zudem im Frankfurter Raum angesiedelt seien und sich oft über zwei bis drei Tage erstreckten, werde das Familienleben stark belastet. Mit dem ihm zustehenden freien Wochenende pro Monat könne er nicht die Anzahl der Samstage abdecken, an denen seine Frau arbeite. Weitere Vertrauenspersonen zur Betreuung der Kinder stünden dem Kläger nicht zur Verfügung. Eine Betreuung der Kinder könne nur bei einem Einsatz in der Inspektion* [...] *sichergestellt werden.*

Der Personalrat stimmte der angekündigten Versagung der Versetzung nicht zu, ebenso nicht die Gleichstellungsbeauftragte der Direktion Bundesbereitschaftspolizei. Mit Bescheid vom 28. Juli 2015 lehnte die Direktion Bundesbereitschaftspolizei den Antrag des Klägers auf Versetzung oder Abordnung ab. Gravierende soziale/familiäre Gründe seien nicht vorgetragen. Es handele sich um eine allgemeine soziale Härte, von der eine Vielzahl anderer Beamter in gleichem Maße betroffen sei. Zudem wurde mitgeteilt, dass eine derzeitige Nachbesetzung von Dienstposten an der Wunschdienststelle des Klägers untersagt worden ist und damit im Ergebnis keine freien Dienstposten zur Verfügung stehen.

Gegen den Bescheid ließ der Kläger durch seinen Bevollmächtigten Widerspruch erheben und damit begründen, dass seine im Jahr 2007 geborene Tochter auf Grund der Trennung psychisch krank sei. Dem beigefügten ärztlichen Attest des Sozialpädiatrischen Zentrums Hochfranken ist zu entnehmen, dass die Tochter seit dem 28. Januar 2014 in Behandlung ist. Die berufsbedingte Trennung stelle für das Kind ein Risiko für die psychoemotionale Entwicklung dar und solle daher vermieden werden.

Das Gericht erteilte dem Antrag des Beamten eine Absage. Auch im konkreten Fall hatte der Beamte keinen Anspruch auf Versetzung. Zum einen war auch hier keine freie Planstelle vorhanden. Freie Dienstposten und eine entsprechende Nachbesetzung fallen in das Organisationsermessen des Dienstherrn. In einem solchen Fall ist der Beamte gehalten, eine künftige Ausschreibung abzuwarten und sich im Anschluss daran auf den bekannt gegebenen Dienstposten zu bewerben, wobei er dann in Konkurrenz zu anderen Versetzungsbewerbern stehen wird. Selbst wenn eine freie Planstelle verfügbar wäre, so hätte der Kläger aber dennoch keinen Anspruch auf Versetzung an die Inspektion [...] *bzw. auf erneute Verbescheidung durch den Dienstherrn, da weder eine Ermessensreduktion auf Null anzunehmen ist noch Ermessensfehler bei der Entscheidung ersichtlich sind. Der Kläger ist als Bundesbeamter grundsätzlich bundesweit versetzbar und hat mit dem Eintritt in das Beamtenverhältnis zum Bund als Dienstherrn damit verbundene Belastungen für die private Lebensführung grundsätzlich in Kauf genommen. Dass die Einsatzorte somit auch im Bereich Frankfurt oder im Ruhrgebiet liegen, entspricht dieser bei Berufseintritt getroffenen Entscheidung des Beamten.*

Die Fürsorgepflicht (§ 78 BBG) gibt dem Kläger keinen Anspruch auf eine wohnortnahe dienstliche Verwendung. Nach § 72 Abs. 1 BBG hat ein Beamter seine Wohnung so zu wählen, dass er in seiner Dienstausübung nicht beeinträchtigt wird. Daraus folgt, dass sich der private Wohnsitz nach dem Dienstort richtet, und nicht der Dienstort sich nach dem Wohnort zu richten hat. Das gilt auch im Hinblick auf die familiäre Verantwortung des Klägers, da sich aus Art. 6 Abs. 1 GG kein Anspruch auf einen bestimmten dienstlichen Einsatzort ergibt. Die familiäre Verantwortung ist vielmehr so zu organisieren, dass sie an einem dem Dienstort entsprechenden Wohnort wahrgenommen werden kann. Insoweit sind keine Ermessensfehler im Bescheid ersichtlich, soweit der Abstand zum Wohnort als für Tagespendler zumutbar angesehen wurde. Schwerwiegende Gründe oder eine außergewöhnliche Härte, die zu einem Anspruch auf Versetzung führen würden, sind nicht gegeben. Auch aus der ärztlich-psychologischen Stellungnahme des Sozialpädiatrischen Zentrums ist dies nicht zu entnehmen, da andere Bundespolizeibeamte mit vergleichbarer Familiensituation diesem Problem ebenso ausgesetzt sind.

III. Umsetzung

Die Umsetzung stellt keinen Verwaltungsakt i. S. d. § 35 I VwVfG dar, da es ihr nach h. M. an der Außenwirkung fehlt. Mangels Verwaltungsaktsqualität wird der Maßnahme keine Wesentlichkeit zugesprochen, weshalb der Gesetzgeber sie nicht zu regeln braucht, sondern die Ausführung der Verwaltung überlassen kann. Mithin findet sich in den §§ 27 ff. BBG kein Hinweis auf die Umsetzung, wohl aber im BPersVG, das sogar eine Mitbestimmung vorsieht, wenn die Umsetzung einen Dienstortwechsel zur Folge, was gerade bei der Bundespolizei nicht selten vorkommt.

1. Begriff und Allgemeines

Die Umsetzung wird in der Praxis sehr häufig als Personalmaßnahme gewählt. Durch sie ändert sich der Dienstposten und damit das konkret-funktionelle Amt. Idealtypisch verbleibt der Beamte am selben Dienstort und bekommt eine leicht abweichende Tätigkeit übertragen, sodass die Maßnahme tatsächlich wenig Außenwirkung entfaltet.

> ***Bsp.**: PK L wird nach seinem Studium als Sachbearbeiter an der Hochschule des Bundes für öffentliche Verwaltung, Fachbereich Bundespolizei, verwendet. Seine Aufgabe besteht im Wesentlichen darin, das Deputat des Lehrpersonals zu erfassen und abzurechnen. Nach einem Jahr wird er innerhalb desselben Organisationsbereichs umgesetzt. Er wechselt das Büro und ist für die Vorlesungsplanung zuständig.*

In großen Flächendirektionen oder in der Bundesbereitschaftspolizei können Umsetzungen deutlich größere Auswirkungen haben, zumal sie mitunter nicht nur mit einem Dienstortwechsel, sondern auch mit einem Wohnortwechsel einhergehen.

> ***Bsp.**: POKin M ist als Kontroll- und Streifenbeamtin am Hauptbahnhof Würzburg tätig (die Inspektion Würzburg gehört organisatorisch zur Direktion München). Da an der deutsch-österreichischen Grenze erhöhter Personalbedarf besteht, wird sie dauerhaft zur Inspektion Freilassing umgesetzt und zieht nach ein paar Monaten der Eingewöhnung dorthin um.*

Da die Umsetzung nicht normiert ist, existieren auch keine geschriebenen Tatbestandsvoraussetzungen für eine solche Maßnahme. Klar ist aber, dass sie nicht willkürlich geschehen darf, d. h. es muss einen Sachgrund geben (z. B. Personalbedarf) und die Maßnahme darf für die bzw. den Betroffenen nicht unverhältnismäßig sein. Dies kann dazu führen, dass ggf. auch soziale Aspekte in eine Auswahlentscheidung einfließen müssen, um unzumutbare Härten abzuwenden.

2. Verfahren und Rechtsschutz

Da die Umsetzung keinen Verwaltungsakt i. S. d. § 35 I VwVfG darstellt, muss dem betroffenen Beamten nicht gemäß § 28 I VwVfG vorher Gelegenheit gegeben werden, sich zu den für die Entscheidung erheblichen Tatsachen zu äußern. In der Praxis wird dies trotzdem regelmäßig – ohne besondere Rechtsgrundlage – geschehen. Nach § 78 I Nr. 6 BPersVG handelt es sich bei einer Umsetzung für mehr als drei Monate, die mit einem Wechsel des Dienstortes verbunden ist, um einen mitbestimmungspflichtigen Tatbestand, d. h. der zuständige Personalrat muss der beabsichtigten Personalmaßnahme zustimmen. Tut er das nicht, kann die Behörde die Maßnahme zunächst nicht vollziehen, sondern muss sich ins sog. „Stufenverfahren" begeben (s. Kap. E. – Personalvertretung und Gleichstellung). Im Umkehrschluss wird deutlich, dass Umsetzungen am selben Dienstort vorbei am Personalrat verfügt werden können; dies gilt auch für Umsetzungen mit Dienstortwechsel, wenn sie die Dauer von drei Monaten nicht übersteigen.

Wenn der betroffene Beamte mit der Umsetzung nicht einverstanden sind, ist hiergegen – auch wenn es sich bei der Umsetzung nicht um einen Verwaltungsakt handelt – in Form des Widerspruchs vorzugehen. Dass Beamte vor Klageerhebung immer ein Widerspruchsverfahren durchlaufen müssen, ist in § 126 II BBG geregelt. Hintergrund ist, dass sich der Beamte einerseits und der Dienstherr andererseits immer eine zweite Chance zur Klärung eines Konflikts einräumen müssen, bevor die Streitigkeit vor Gericht – und damit öffentlich – ausgetragen wird. Der Widerspruch selbst ist allerdings in den §§ 68 ff. VwGO normiert, auf den § 126 II BBG gewissermaßen verweist.

Dem Widerspruch und der im Nachgang möglichen Unterlassungsklage kommt **keine** aufschiebende Wirkung i. S. d. § 80 I VwGO zu, da diese Norm allein den Rechtsschutz gegen Verwaltungsakte regelt, d. h. die Ausgangsmaßnahme muss bis zu einer rechtskräftigen Abschlussentscheidung grundsätzlich befolgt werden. Eilrechtsschutz bleibt allerdings im Wege der sog. „einstweiligen Anordnung" nach § 123 VwGO möglich.

3. Rechtsprechung

Um einen Praxisbezug herzustellen, werden im Folgenden einige Gerichtsentscheidungen zur Umsetzungsthematik verkürzt dargestellt:

Umsetzung mit Ortsveränderung – BVerfG, Beschl. vom 30.1.2008 – 2 BVr 754/07 –, juris

Die Beschwerdeführerin war Regierungsoberinspektorin bei der Bezügestelle Chemnitz des Landesamts für Finanzen Sachsen-Anhalt. Mit Schreiben vom 17. Februar 2004 wurde sie mit Wirkung zum 1. März 2004 in die Bezügestelle Dresden der gleichen Behörde umgesetzt. Die Beschwerdeführerin hat die Umsetzung mit einer Klage vor dem Verwaltungsgericht Chemnitz angegriffen und vorgetragen, sie lebe mit ihrem Ehemann und ihrer volljährigen Tochter, die in Chemnitz studiere, in einem Eigenheim. Die Familie sei in Chemnitz kulturell und sportlich eingebunden, so dass ihr eine Umsetzung nicht zugemutet werden könne. Dies ergebe sich auch aus gesundheitlichen Beeinträchtigungen sowie aus der Tatsache, dass es infolge der im Jahr 2003 für sechs Monate erfolgten Abordnung zu Eheproblemen gekommen sei, die gerade erst wieder durch gemeinsame Unternehmungen bewältigt worden seien.

Mit Urteil vom 18. Januar 2005 wies das Verwaltungsgericht Chemnitz die Klage ab. Eine Ermächtigungsgrundlage für die Umsetzung sei nicht erforderlich. Die Ermessenserwägungen des Dienstherrn seien nur darauf zu prüfen, ob sie durch Ermessensmissbrauch maßgebend geprägt seien; das sei nicht der Fall. Es habe in Dresden Personalbedarf und in Chemnitz ein Personalüberschuss bestanden. Die privaten Interessen der Beschwerdeführerin an einer Vermeidung der Umsetzung seien berücksichtigt worden, hätten aber im Vergleich zu den privaten Interessen anderer betroffener Bediensteter die dienstlichen Interessen des Landesamts für Finanzen nicht überwogen.

Nachdem die Beschwerdeführerin den Instanzenzug ausgeschöpft hatte, erhob diese Verfassungsbeschwerde und rügte die Verletzung der Art. 33 Abs. 5, Art. 12 Abs. 1, Art. 6, Art. 2 *Abs. 1,* Art. 19 *Abs. 4 und* Art. 20 Abs. 3 GG. *Im Ergebnis wurde die Verfassungsbeschwerde nicht zur Entscheidung angenommen. Das Bundesverfassungsgericht hat sich aber trotzdem zum Prüfungsmaßstab im Hinblick auf eine ermessensfehlerfreie Umsetzungsentscheidung geäußert.*

[...] *Nach ständiger Rechtsprechung der Verwaltungsgerichte hat der Beamte keinen Anspruch auf unveränderte und ungeschmälerte Ausübung des ihm übertragenen konkret-funktionellen Amts (Dienstpostens). Er muss vielmehr eine Änderung seines dienstlichen Aufgabenbereichs durch Umsetzung oder andere organisatorische Maßnahmen nach Maßgabe seines Amts im statusrechtlichen Sinne hinnehmen. Danach kann der Dienstherr aus jedem sachlichen Grund den Aufgabenbereich des Beamten verändern, solange diesem ein amtsangemessener Aufgabenbereich verbleibt. Besonderheiten des bisherigen Aufgabenbereichs des dem Beamten übertragenen Amts, wie beispielsweise der Vorgesetztenfunktion, Beförderungsmöglichkeiten oder einem etwaigen gesellschaftlichen Ansehen, kommt keine das Ermessen des Dienstherrn bei der*

Änderung des Aufgabenbereichs einschränkende Wirkung zu. Die Ermessenserwägungen des Dienstherrn werden im verwaltungsgerichtlichen Verfahren im Allgemeinen nur daraufhin überprüft, ob sie durch Ermessensmissbrauch maßgebend geprägt sind. [...]

Allerdings geht die Rechtsprechung davon aus, dass das Ermessen des Dienstherrn bei einer Umsetzung in besonders gelagerten Einzelfällen – in unterschiedlichem Maße – eingeschränkt sein kann. Solche Einschränkungen können sich beispielsweise aus der Fürsorgepflicht des Dienstherrn ergeben, etwa dann, wenn besondere Umstände des Einzelfalls, insbesondere gewichtige Grundrechte des Beamten, einer besonderen Berücksichtigung bedürfen und daher auch private Belange des Beamten in den Ermessenserwägungen bei der Umsetzungsentscheidung zu berücksichtigen sind. Hierzu können auch besondere Schutzbedürfnisse des Beamten aus dem von Art. 6 GG geschützten Bereich von Ehe und Familie oder auch die mit einem Wechsel des Dienstorts verbundenen Belastungen zählen. Die durch Art. 33 Abs. 5 GG geschützten hergebrachten Grundsätze des Berufsbeamtentums stehen nicht entgegen. Ein „Recht am Amt" im funktionellen Sinne, das heißt ein Recht auf unveränderte und ungeschmälerte Ausübung der einmal übertragenen dienstlichen Aufgaben, gehört nicht zu den Grundsätzen im Sinne des Art. 33 Abs. 5 GG. Der Beamte muss deshalb eine Änderung seines dienstlichen Aufgabenbereichs nach Maßgabe seines Amtes im statusrechtlichen Sinne hinnehmen.

Hieran ändert sich grundsätzlich nichts, wenn die Änderung des dienstlichen Aufgabenbereichs mit einer Veränderung des Dienstorts verbunden ist. Allerdings verpflichtet die zu den hergebrachten Grundsätzen des Berufbeamtentums zählende Fürsorgepflicht des Dienstherrn diesen, auch im Falle von Umsetzungsentscheidungen die wohlverstandenen Interessen des Beamten in gebührender Weise zu berücksichtigen. Dem trägt die verwaltungsgerichtliche Praxis jedoch ausreichend Rechnung, indem sie – wie gezeigt – ausdrücklich die Möglichkeit von Einschränkungen des grundsätzlich weiten Ermessens des Dienstherrn unter dem Gesichtspunkt der Fürsorgepflicht gerade auch in den Fällen der Umsetzung unter Wechsel des Dienstorts anerkennt. [...] Schließlich wird die Berufsfreiheit der betroffenen Beamten nicht verletzt. Der Schutzbereich der Berufsfreiheit ist allerdings eröffnet; denn Art. 12 Abs. 1 GG schützt auch die berufliche Tätigkeit im öffentlichen Dienst. Dienstliche Anordnungen über die Umsetzung beziehungsweise die Übertragung eines anderen Dienstpostens stellen Einzelfallregelungen dar, die sich auf die Berufstätigkeit der Beamten beziehen, und daher in den Schutzbereich der Berufsfreiheit eingreifen. Es ist jedoch gerechtfertigt, dass die Rechtsprechung die Zulässigkeit solcher Eingriffe grundsätzlich anerkennt.

Eine ausreichende gesetzliche Grundlage hierfür besteht. Die verpflichtende Wirkung einer entsprechenden Anordnung des Dienstherrn lässt sich auf die gesetzlich normierte Gehorsamspflicht des Beamten zurückführen. [...] Nach Art. 12 Abs. 1 Satz 2 GG kann die Berufsausübung durch Gesetz, aber auch aufgrund eines Gesetzes geregelt werden. Rechtsstaatsprinzip und Demokratiegebot verpflichten den Gesetzgeber hier wie im Zusammenhang anderer Gesetzesvorbehalte, die für die Grundrechtsverwirklichung maßgeblichen Regelungen im Wesentlichen selbst zu treffen und diese nicht dem Handeln und der Entscheidungsmacht der Exekutive zu überlassen. Wie weit der Gesetzgeber die für den fraglichen Lebensbereich erforderlichen Leitlinien selbst bestimmen muss, richtet sich maßgeblich nach dessen Grundrechtsbezug. Eine Pflicht dazu besteht, wenn miteinander konkurrierende grundrechtliche Freiheitsrechte aufeinandertreffen und deren jeweilige Grenzen fließend und nur schwer auszumachen sind. Dies gilt vor allem dann, wenn die betroffenen Grundrechte nach dem Wortlaut der Verfassung vorbehaltlos gewährleistet sind und eine Regelung, welche diesen Lebensbereich ordnen will, damit notwendigerweise ihre verfassungsimmanenten Schranken bestimmen und konkretisieren muss. Hier ist der Gesetzgeber verpflichtet, die Schranken der widerstreitenden Freiheitsgarantien jedenfalls so weit selbst zu bestimmen, wie sie für die Ausübung dieser Freiheitsrechte wesentlich sind. Die Frage, unter welchen Voraussetzungen einem Beamten ein anderer Dienstposten zugewiesen werden darf (Umsetzung), ist auch dann nicht als wesentlich im Sinne der dargestellten Rechtsprechung zur Reichweite des Parlamentsvorbehalts anzusehen, wenn die Umsetzung mit einem Wechsel des Dienstorts verbunden ist. Zwar gilt der Parlamentsvorbehalt auch im Beamtenverhältnis; so hat das Bundesverfassungsgericht bereits entschieden, dass eine Regelung, nach der es zu den Dienstpflichten einer Lehrerin gehört, im Unterricht auf das Tragen eines Kopftuchs oder anderer Erkennungsmerkmale der religiösen Überzeugung zu verzichten, im Sinne der Rechtsprechung zum Parlamentsvorbehalt wesentlich ist und daher durch den Gesetzgeber selbst getroffen werden muss. In dem zuletzt genannten Fall besteht jedoch die für das Eingreifen des Parlamentsvorbehalts typische Situation des Aufeinandertreffens miteinander konkurrierender Grundrechte, namentlich der Grundrechte der betroffenen Lehrer, der Schüler und Eltern sowie des staatlichen Erziehungsauftrags. Hiervon kann im Falle der Umsetzung gerade nicht die Rede sein.

Die Grundrechte der Beschwerdeführerin kollidieren hier nicht mit den Grundrechten anderer Betroffener, sondern nur mit den Interessen des Staates als Dienstherrn. Die Umsetzung lässt zudem wesentliche rechtliche Positionen des betroffenen Beamten unberührt, nämlich das Amt im statusrechtlichen wie im abstrakt-funktionellen Sinn. Auch im Übrigen bestehen unter dem Blickwinkel der Berufsfreiheit keine Bedenken gegen die in der Rechtsprechung entwickelten Anforderungen an die Zulässigkeit der Umsetzung von Beamten. Da Anordnungen, mit denen der Aufgabenbereich eines Beamten verändert wird, lediglich die Berufsausübung regeln und keine Zulassungsbeschränkungen objektiver oder subjektiver Art aufstellen, bedarf es zur Rechtfertigung lediglich vernünftiger Erwägungen des Gemeinwohls sowie der Verhältnismäßigkeit im Einzelfall. Die Einhaltung dieser Kriterien kann die differenzierte verwaltungsgerichtliche Rechtsprechung zur Umsetzung ersichtlich sicherstellen. [...]

Eine Verletzung von Art. 6 Abs. 1 GG durch die angefochtenen Entscheidungen kommt schon deswegen nicht in Betracht, weil eine – mögliche – Beeinträchtigung der familiären Beziehungen der Beschwerdeführerin unbeabsichtigte Nebenfolge der Umsetzung beziehungsweise der Veränderung des Dienstorts wäre und die Möglichkeit einer mit entsprechenden Unannehmlichkeiten verbundenen Umsetzung unter Veränderung des Dienstorts für alle Beamten in gleicher Weise besteht [...].

Grundlegende Aussagen zum Ermessen und der Nachprüfbarkeit von Umsetzungsmaßnahmen – HessVGH, Beschl. vom 20.2.2018 – 1 B 1603/17 –, juris

> [...] *Ein Beamter hat keinen Anspruch auf unveränderte und ungeschmälerte Ausübung des ihm übertragenen konkret-funktionellen Amtes.* [...] *Er muss vielmehr eine Änderung seines dienstlichen Aufgabenkreises durch Umsetzung oder andere organisatorische Maßnahmen nach Maßgabe seines Amtes im statusrechtlichen Sinne hinnehmen. Danach kann der Dienstherr aus jedem sachlichen Grund den Aufgabenbereich eines Beamten verändern, solange diesem ein amtsangemessener Aufgabenbereich verbleibt.* [...]
>
> *Beruht die Änderung des Aufgabenkreises durch Umsetzung auf einer Organisationsverfügung, prüfen die Verwaltungsgerichte nur, ob der Dienstherr sein Organisationsermessen willkürlich ausgeübt hat. Willkürlich wäre die Organisationsverfügung dann, wenn sie eines sachlichen Grundes für diese Maßnahme entbehrte bzw. nur deswegen ergriffen worden wäre, um den Antragsteller von seiner bisherigen Position zu verdrängen.*
>
> *Eine derartige Sachlage hat der Antragsteller nicht glaubhaft gemacht. Das Infragestellen der Sinnhaftigkeit der Umorganisationsmaßnahme unter Hinweis auf Presseberichterstattung genügt hierfür nicht. Es steht weder dem Antragsteller, noch den Verwaltungsgerichten zu, über die Sinnhaftigkeit der Organisationsmaßnahme zu befinden. Vielmehr obliegt deren Bewertung dem Antragsgegner, der insoweit über einen weiten, gerichtlich nur eingeschränkt überprüfbaren Beurteilungsspielraum verfügt.*

Rechtsgrundsätze der Umsetzung aus Sicht des Bundesverwaltungsgerichts – BVerwG, Beschl. vom 21.6.2012 – 2 B 23/12 –, juris

> *Es ist allgemein anerkannt, dass die Berechtigung des Dienstherrn zur Vornahme von Umsetzungen aus der Organisationsgewalt folgt. Bei der Umsetzung handelt es sich um eine dienstliche Anordnung, der die betroffenen Beamten aufgrund ihrer Weisungsgebundenheit Folge zu leisten haben.*
>
> *Umsetzungen müssen von einem dienstlichen Grund getragen sein. Davon ausgehend hat der Dienstherr nach pflichtgemäßem Ermessen zu entscheiden. Die tatsächlichen Auswirkungen der Umsetzung auf den beruflichen Werdegang des Betroffenen oder dessen private Lebensführung sind aus Fürsorgegründen bei den Ermessenserwägungen zu berücksichtigen. Der Dienstherr muss sowohl das dienstliche Interesse an der Umsetzung als auch die entgegenstehenden Belange des Betroffenen mit der ihnen objektiv zukommenden Bedeutung in die Abwägung einstellen und gewichten. Umsetzungen sind nach § 114 Satz 1 VwGO von den Verwaltungsgerichten daraufhin zu überprüfen, ob der Dienstherr die das Ermessen einschränkenden Rechtsgrundsätze beachtet hat.*

Grundsätzlich gilt, dass die dienstlichen Belange, die der Umsetzung zugrunde liegen, umso gewichtiger sein müssen, je schwerer die Folgen einer Umsetzung für den Beamten sind. Zu den nachteiligen Folgen für die private Lebensgestaltung kann insbesondere gehören, dass die Umsetzung mit einem Wechsel des Dienstortes verbunden ist und der neue Dienstort wesentlich weiter von der Wohnung des Beamten entfernt liegt oder wesentlich schwerer erreichbar ist als der alte Dienstort. [...] Die Umsetzung ist ermessensfehlerhaft, wenn sie auf sachwidrigen Gründen oder einer unzureichenden Abwägung betroffener Belange beruht.

Ermessensfehlerhafte Umsetzung eines BND-Mitarbeiters – BVerwG, Urt. vom 26.5.2011 – 2 A 8/09 –, juris

Der Kläger begehrt die Feststellung der Rechtswidrigkeit seiner Ablösung als Leiter der Residentur des Bundesnachrichtendienstes (BND) in R. Er war als Soldat seit 1997 im BND tätig und seit Juli 2006 Resident in R. Im September 2007 zog seine ehemalige Lebensgefährtin, eine [...] Staatsangehörige, in seine Wohnung ein. Bereits Anfang September 2007 hatte der Kläger eine Überprüfung seiner Lebensgefährtin beim [...] Verfassungsschutz durchführen lassen. Nachdem dieser unter dem 5. Oktober 2007 die sicherheitsrechtliche Unbedenklichkeit der Lebensgefährtin des Klägers bescheinigt hatte, zeigte der Kläger dem BND die Beziehung unter Vorlage der Auskunft des [...] Partnerdienstes an. Zeitgleich zeigte er auch die Beziehung des dem Kläger unterstellten Bürosachbearbeiters mit einer [...] Staatsangehörigen an, für die ebenfalls bereits eine Auskunft des [...] Dienstes eingeholt worden war. Die Anzeige des Klägers wurde vom BND erst im Januar 2008 in Bearbeitung genommen. Am 26. März 2008 wurde dem Kläger mündlich mitgeteilt, dass er wegen der Verletzung der Verwaltungsvorschriften über das Verhalten bei Eingehen privater Beziehungen und der Erschütterung des Vertrauens in ihn als Residenten in das Inland zurückversetzt werden solle. In einer Leitungsvorlage vom 21. April 2008 wurde die Notwendigkeit der vorzeitigen Abberufung des Klägers damit begründet, dass dieser eine private Lebensbeziehung mit einer [...] Staatsangehörigen nicht rechtzeitig angezeigt und den [...] Partnerdienst vor seinem eigenen Dienstherrn informiert habe. Außerdem habe er durch die Billigung des vergleichbaren Verhaltens seines Bürosachbearbeiters seine Aufsichts- und Fürsorgepflicht verletzt. Hierdurch habe er eine nachrichtendienstliche Angriffsfläche geschaffen und negative Auswirkungen für die Zusammenarbeit mit anderen Geheimdiensten in seinem Zuständigkeitsbereich riskiert. Die vorzeitige Abberufung verfolge nicht zuletzt auch einen disziplinierenden Nebenzweck. Am 2. Mai 2008 stimmte der Präsident des BND dem Vorschlag zu.

In den Entscheidungsgründen des BVerwG heißt es hierzu: Der BND ist in verwaltungsorganisatorischer Hinsicht eine einheitliche Dienststelle. Daher stellen Maßnahmen, bei denen ein Beamter oder Soldat seine Tätigkeit für den BND an einem anderen Ort und auf einem anderen Dienstposten auszuführen hat, keine Versetzung, sondern eine Umsetzung dar. Eine Umsetzung ist eine innerdienstliche Weisung, die im Ermessen des Dienstherrn liegt. Sie kann grundsätzlich auf jeden sachlichen Grund gestützt werden. Die Ausübung des Ermessens wird begrenzt durch das Recht auf amtsangemessene Beschäftigung oder eine Zusicherung. Daneben sind die Belange des Betroffenen nach dem Grundsatz der Verhältnismäßigkeit zu berücksichtigen. [...] Die Umsetzung ist ermessensfehlerhaft, wenn sie auf sachwidrigen Gründen oder einer unzureichenden Abwägung betroffener Belange beruht. [...] Die Beklagte hat das ihr hiernach eingeräumte Ermessen nicht pflichtgemäß ausgeübt. Die Umsetzungsentscheidung beruht vielmehr auf einer unzureichenden Abwägung betroffener Belange. Als innerbehördliche Organisationsmaßnahme dient die Umsetzung der Sicherung, Erleichterung oder Verbesserung der Aufgabenerledigung der Behörde. Ein sachlicher Grund liegt auch dann vor, wenn die Aufgabenerledigung auf dem bisherigen Dienstposten durch den Amtswalter nicht in ausreichendem Maße gewährleistet und der Dienstbetrieb dadurch beeinträchtigt ist. Mangelnde Bewährung auf einem Dienstposten bildet grundsätzlich einen sachlichen Grund für die Umsetzung. Der Dienstherr handelt in aller Regel nicht sachwidrig, wenn er eine Beeinträchtigung des für die reibungslose Zusammenarbeit erforderlichen Vertrauens in die Integrität und die ordnungsgemäße Erfüllung dienstlicher Pflichten durch einen weitgehend selbstständig im Ausland agierenden Residenturleiter zum Anlass für eine Umsetzung nimmt. Eine Vertrauensbeeinträchtigung kann auch aus der Verletzung sicherheitsrechtlicher Vorschriften oder Weisungen gefolgert werden. Die pflichtgemäße Ausübung von Ermessen erfordert aber eine gleichmäßig geübte Verwaltungspraxis der Reaktion auf Verletzungen dienstlicher Pflichten exponierter Mitarbeiter, die sowohl der Bedeutung der verletzten Pflicht als auch den konkreten Umständen des jeweiligen Einzelfalles ausgewogen Rechnung trägt.

Hieran fehlt es. Die Erwägungen, die für die Ermessensausübung der Beklagten leitend waren, finden sich zum einen in der Leitungsvorlage vom 21. April 2008. Zum anderen werden sie im Vortrag der Beklagten im Verfahren wiedergegeben. Es kann dahinstehen, ob der angeführte Grund einer Beeinträchtigung des notwendigen Vertrauens des Dienstherrn in einen Mitarbeiter auf dem exponierten Dienstposten eines Residenturleiters nur vorgeschoben war, um die Verfolgung eines sachfremden Zweckes – die Ausübung der Disziplinarbefugnis, die bei Soldaten nicht in die Zuständigkeit des BND fällt – zu verschleiern. Denn auch wenn man davon ausgeht, die Beklagte habe allein die Sicherung der ordnungsgemäßen Erledigung der Aufgaben des konkreten Dienstpostens angestrebt, fehlt es an einer pflichtgemäßen Ausübung des Ermessens. [...] Zunächst hat der BND nicht begründet, dass ein Verstoß gegen die Anfragepflicht bei einer Tätigkeit in einem Partnerstaat der EU und der NATO in Bezug auf Angehörige dieses Staates generell als so schwerwiegend zu bewerten ist, dass der Betroffene nicht auf dem Dienstposten verbleiben kann. Darüber hinaus hat der BND das Gewicht des Fehlverhaltens des Klägers nicht in den Blick genommen. Hierbei war zu berücksichtigen, dass der Kläger die Pflicht zur Personenanfrage bezüglich seiner damaligen Lebensgefährtin zwar nicht rechtzeitig und nicht in der richtigen Reihenfolge der Beteiligung seines eigenen Dienstherrn und eines ausländischen Partnerdienstes erfüllt, sich über sie aber nicht vollständig hinweggesetzt hat. Vielmehr hat die Beklagte gerade durch die nachträgliche Erfüllung der entsprechenden Pflicht auch von dem Verstoß in der Art und Weise der Anfrage erfahren. Dasselbe gilt für die Aufsicht über den dem Kläger unterstellten Bürosachbearbeiter und das parallele Vorgehen in Bezug auf dessen Lebensgefährtin. Vor diesem Hintergrund hätte eine pflichtgemäße Ermessensausübung sich auch damit auseinandersetzen müssen, warum trotz der geringeren Schwere der Pflichtverletzung von der einschneidenden Maßnahme einer vorzeitigen Abberufung vom Dienstposten eines Residenten Gebrauch gemacht werden musste. Auch hätte der BND einbeziehen müssen, dass der Sicherheitsbeauftragte den Kläger trotz des Verstoßes nicht als Sicherheitsrisiko im Sinne von § 5 Abs. 1 SÜG eingestuft hat. Dem entspricht, dass der BND erst mehrere Monate nach Bekanntwerden des Verstoßes reagiert hat. Schließlich hätte er in die Ermessenserwägungen einstellen müssen, dass es sich um einen einmaligen „Ausrutscher" eines als pflichtbewusst bekannten Soldaten gehandelt hat. [...]

Innerdienstliche Spannungen als sachlicher Grund für die Umsetzung – BVerfG, Nichtannahmebeschl. vom 25.8.2016 – 2 BvR 877/16 –, juris

Im vorliegenden Fall sollte eine Richterin am Bundesfinanzhof wegen offensichtlicher Zerrüttung des Verhältnisses zu den anderen Mitgliedern des Senats den Senat verlassen und zum 1. Januar 2016 einem anderen Senat zugewiesen werden. [...]

Bei dem Vorliegen ernsthafter innerdienstlicher Spannungen gilt für Beamte nach der verwaltungsgerichtlichen Rechtsprechung, dass eine Störung der reibungslosen Zusammenarbeit innerhalb des öffentlichen Dienstes durch innere Spannungen und durch Trübung des Vertrauensverhältnisses regelmäßig als Beeinträchtigung des täglichen Dienstbetriebs zu werten ist, für deren Abstellung der Dienstherr zu sorgen hat. Wenn dafür nach Lage des Falles die Versetzung eines der Streitbeteiligten geboten erscheint, so ist danach ein dienstliches Bedürfnis für die Versetzung grundsätzlich bereits aufgrund der objektiven Beteiligung an dem Spannungsverhältnis zu bejahen, also von der Verschuldensfrage unabhängig. Nach der Rechtsprechung lässt sich allerdings im Einzelfall nicht ausschließen, dass das Verschulden eines der Streitbeteiligten für die Rechtmäßigkeit des behördlichen Ermessens bedeutsam sein kann. Sind etwa Unstimmigkeiten, die das Vertrauensverhältnis in einer den Dienstbetrieb beeinträchtigenden Weise zerstört oder gestört haben, von einer Person allein verschuldet worden, so wäre es in aller Regel ermessensfehlerhaft, das „Opfer" dieses schuldhaften Verhaltens zu versetzen.

Diese Grundsätze sind auf Richter im Wesentlichen übertragbar. Soweit zwischen Richtern eines Spruchkörpers Spannungen auftreten, die die Wahrnehmung der Rechtsprechungstätigkeit dieses Spruchkörpers beeinträchtigen, steht es im pflichtgemäßen Ermessen des Präsidiums als dem für die Geschäftsverteilung zuständigen Selbstverwaltungsorgan, dafür Sorge zu tragen, dass die Arbeitsfähigkeit des Spruchkörpers wiederhergestellt wird, gegebenenfalls auch durch eine Änderung der Verteilung der Richter auf die verschiedenen Spruchkörper. Bei der Beurteilung, ob eine solche Spannungslage vorliegt, ist zu berücksichtigen, dass es gerade dem richterlichen Meinungsaustausch in besonders hohem Maße innewohnt, dass stark divergierende Ansichten mit großer Überzeugung vertreten werden. Daher kann von Richtern – gerade an einem obersten Gerichtshof des Bundes – in besonderem Maße erwartet werden, dass sie solche berufsimmanenten Spannungen aushalten und einer weiteren Zusammenarbeit zugänglich bleiben. Das Präsidium hat daher auch mit Rücksicht auf Art. 101 Abs. 1 Satz 2 GG und Art. 97 GG grundsätzlich Zurückhaltung bei der spannungsbedingten „Umsetzung" von Richtern zu üben. Überschreiten allerdings die Spannungen die Schwelle dieses intensiven Diskurses, hat das Präsidium die Arbeitsfähigkeit des Spruchkörpers durch geeignete Maßnahme sicherzustellen. [...]

Einstweiliger Rechtsschutz gegen Umsetzungsverfügung wegen nicht amtsadäquater Beschäftigung erfolgreich – VG Kassel, Beschl. vom 9.7.2021 – 1 L 642/21.KS –, juris

Der Antragsteller wendet sich gegen eine seitens des Antragsgegners angeordnete Entbindung von seinen Führungsaufgaben. Der Antragsteller ist als Hauptkommissar im Dienst des Antragsgegners (Besoldungsgruppe A12) tätig. Er übt den Dienstposten eines Dienstgruppenleiters bei dem Polizeirevier ... aus. Dort ist er Vorgesetzter von 15 Beamten der Dienstgruppe C, deren Leitung, Koordination und Überwachung des Dienstbetriebes seine originäre Aufgabe ist. Am 7./8. November 2020 war der Antragsteller zum Nachtdienst eingeteilt. Zwei der Dienstgruppe C angehörende Streifenbeamte (PK [...] und PK [...]) wurden gegen etwa 1:00 Uhr zu einem Einsatz in der Asylbewerberunterkunft in der [...] in [...] beordert. Der Asylbewerber [...] hatte einen Feuerlöscher entleert und im betrunkenen Zustand randaliert. Im Zuge des Polizeieinsatzes wurde den am Einsatz beteiligten und dem Antragsteller unterstellten Beamten sowie dem ebenfalls beteiligten Rettungssanitäter ein Fehlverhalten vorgeworfen und dieses auch strafrechtlich durch den Rechtsanwalt eines Asylbewerbers beanzeigt. Die Behörde als Antragsgegner teilte dem Antragsteller mit, dass gegen ihn disziplinare Ermittlungen eingeleitet werden. Der Antragsteller als unmittelbarer Vorgesetzter der vor Ort anwesenden Polizeibeamten habe die Dienst- und Fachaufsicht gehabt und entschieden, dass seitens der Polizei zunächst kein gesondertes Verfahren wegen Körperverletzung gegen den Rettungssanitäter eingeleitet werde, der Schlag aber in dem Bericht erwähnt werde. Gegen den Antragsteller werde wegen Strafvereitelung im Amt ermittelt. Zudem entband der Antragsgegner mit gleichem Schreiben den Antragssteller mit sofortiger Wirkung von seinen Führungsaufgaben. Wörtlich heißt es: „Darüber hinaus wird Ihr Mandant mit sofortiger Wirkung von seinen Führungsaufgaben entbunden. Die weitere Verwendung erfolgt auf Anweisung der Abteilung Einsatz des Polizeipräsidiums Nordhessen." Der Antragsteller legte hiergegen fristgerecht Widerspruch ein. Gleichzeitig suchte er um einstweiligen Rechtsschutz nach und beantragte die Aussetzung von seinen polizeilichen Führungsaufgaben.

Nach Ansicht des Gerichts hatte der Antrag Erfolg. [...] *Die streitgegenständliche Maßnahme der Entbindung des Antragstellers von seinen polizeilichen Führungsaufgaben, durch die er als Dienstgruppenleiter der Dienstgruppe C beim Polizeirevier [...] abgelöst und unter Zuteilung eines anderen Aufgabengebiets als Sachbearbeiter in der Abteilung E 34 (Stabsstelle für Sonderlagen) beschäftigt werden soll, stellt sich nach Auffassung der Kammer als Teil einer Umsetzung und damit als Ermessensentscheidung des Antragsgegners dar. Die Umsetzung ist gesetzlich nicht geregelt. Sie ist zu der Vielzahl der im Ermessen des Dienstherrn stehenden, nicht normativ erfassten Maßnahmen zu zählen, die zur Erhaltung und Gewährleistung der Funktionsfähigkeit der öffentlichen Verwaltung unerlässlich sind. Seit dieser Grundsatzentscheidung des Bundesverwaltungsgerichts zur fehlenden Verwaltungsakt-Qualität der Maßnahme ist der Rechtscharakter der – gesetzlich nicht geregelten – Umsetzung geklärt. Hiernach ist eine Umsetzung die das Statusamt und das funktionelle Amt im abstrakten Sinne unberührt lassende Zuweisung eines anderen Dienstpostens (Amt im konkret-funktionellen Sinne) innerhalb einer Behörde. Sie ist eine innerorganisationsrechtliche Maßnahme, die die Individualsphäre des Beamten grundsätzlich nicht berührt.*

Gegen die Entziehung dienstlicher Aufgaben bzw. des innegehabten Dienstpostens ist der Beamte in erheblich geringerem Maße rechtlich geschützt als gegen die Entziehung des Amtes im statusrechtlichen Sinne und auch des funktionellen Amtes im abstrakten Sinne. Er hat zwar Anspruch auf Übertragung eines seinem Amt im statusrechtlichen Sinn entsprechenden funktionellen Amtes, eines „amtsgemäßen Aufgabenbereichs". Die hergebrachten Grundsätze des Berufsbeamtentums gemäß Art. 33 Abs. 5 GG umfassen jedoch nicht ein Recht des Beamten auf unveränderte und ungeschmälerte Ausübung des ihm übertragenen Dienstpostens. Der Beamte muss vielmehr eine Änderung seines dienstlichen Aufgabenbereichs durch Umsetzung oder andere organisatorische Maßnahmen nach Maßgabe seines Amtes im statusrechtlichen Sinn hinnehmen. Entspricht der neue Aufgabenbereich dem statusrechtlichen Amt des Beamten, ist es nicht erforderlich, dass er dem bisherigen Aufgabenbereich gleichartig ist, etwa wie dieser mit Vorgesetztenfunktionen, der gleichen Mitarbeiterzahl oder Beförderungsmöglichkeiten verbunden ist, oder dass der Beamte ihn ohne Einarbeitung sogleich wahrnehmen kann.

Die Umsetzung kann auf jeden sachlichen organisations- oder personalwirtschaftlichen Grund gestützt werden und erfolgt allein im öffentlichen Interesse an einer möglichst optimalen Aufgabenerfüllung und Stellenbesetzung. Danach kann der Dienstherr aus jedem sachlichen Grund den Aufgabenbereich des Beamten ändern, solange diesem ein amtsangemessener Aufgabenbereich verbleibt. Besonderheiten des bisherigen Amtes, wie z. B. eine Vorgesetztenfunktion, Leitungsbefugnis, Beförderungsmöglichkeiten oder ein etwaiges gesellschaftliches Ansehen, haben dabei keine das Ermessen des Dienstherrn bei der Änderung des Aufgabenbereichs einschränkende Wirkung. Die Ermessenserwägungen des Dienstherrn können daher verwaltungsgerichtlich im Allgemeinen nur daraufhin überprüft werden, ob sie durch Ermessensmissbrauch maßgebend geprägt sind. Danach bleibt die Prüfung grundsätzlich darauf beschränkt, ob die Gründe des Dienstherrn seiner tatsächlichen Einschätzung entsprachen und nicht nur vorgeschoben, um eine in Wahrheit allein und maßgebend auf anderen Beweggründen beruhende Entscheidung zu rechtfertigen, oder ob sie aus anderen Gründen willkürlich sind. Ausgehend davon entzieht sich die Beurteilung der Rechtmäßigkeit der Ermes-

sensausübung der Festlegung genereller Regeln; dies lässt sich nur nach den besonderen Umständen des Einzelfalles beantworten. [...]

Letztlich kann hier aber offen bleiben, ob für die Umsetzung des Antragstellers ein sachlicher Grund vorgelegen hat. Der Antragsgegner hat bei der Hin-Umsetzung die subjektiven (Status-)Rechte des Antragstellers zu beachten. Der Antragsteller hat hinreichend glaubhaft gemacht, dass der vom Antragsgegner avisierte künftige Dienstposten als Sachbearbeiter beim Sachgebiet E 34 (Sonderlagen) mit dem entsprechend zugewiesenen Aufgabenbereich nicht amtsangemessen ist. Soweit Beamte, die – wie hier der Antragsteller – Inhaber eines Amtes im statusrechtlichen Sinne sind, nach dem aus Art. 33 Abs. 5 GG folgenden Anspruch auf amtsangemessene Beschäftigung verlangen können, dass ihnen Funktionsämter übertragen werden, deren Wertigkeit ihrem Amt im statusrechtlichen Sinne entspricht, folgt hieraus, dass ein Beamter jedenfalls nicht gegen seinen Willen dauerhaft amtsunangemessen verwendet werden darf. Insofern besteht zugleich ein Abwehrrecht des Beamten dahingehend, nicht auf einen amtsunangemessenen Dienstposten dauerhaft umgesetzt oder versetzt zu werden. Seinen Belangen ist dadurch Rechnung zu tragen, dass der Dienstherr den Beamten künftig anderweitig, aber amtsangemessen verwendet. [...] *Die Gleichwertigkeit der Beschäftigung auf Grund des Verbots unterwertiger Beschäftigung ist mithin als ungeschriebenes, insoweit den dienstlichen Gründen bei der Versetzung vergleichbares Tatbestandsmerkmal zu verstehen. Ohne seine Zustimmung darf der Beamte somit auf Dauer nicht unterwertig beschäftigt werden. Es verstößt gegen Art. 33 Abs. 5 GG und § 18 BbesG, Beamten die bisherigen Funktionsämter zu entziehen, ohne ihnen eine andere, ihrem Status entsprechende Ämterstellung auf unbestimmte Zeit zu übertragen. Ein neuer Aufgabenbereich muss in seiner Wertigkeit den abstrakten Tätigkeitsmerkmalen des statusrechtlichen Amtes des Beamten entsprechen. Es darf ihm keine Tätigkeit zugewiesen werden, die – gemessen an seinem statusrechtlichen Amt und seiner Laufbahn – „unterwertig" ist.* [...] *Der Amtsinhalt des statusrechtlichen Amtes wird grundsätzlich vom Gesetzgeber, und zwar durch das Besoldungsrecht sowie ergänzend durch die haushaltsrechtliche Einrichtung von Planstellen, bestimmt. In diesem Rahmen liegt es grundsätzlich in der organisatorischen Gestaltungsfreiheit des Dienstherrn, den einzelnen Dienstposten wertend Ämtern zuzuordnen. Gemessen daran entspricht der für den Antragsteller von dem Antragsgegner zukünftig vorgesehene Aufgabenbereich als Sachbearbeiter beim Sachgebiet E 34 (Sonderlagen), konkretisiert durch das Schreiben des Antragsgegners vom 6. Juli 2021, nach seiner Wertigkeit nicht dem statusrechtlichen Amt der Besoldungsgruppe A 12, das der Antragsteller innehat. Nach der von dem Antragsgegner selbst vorgenommenen Dienstpostenbewertung ist der avisierte künftige Dienstposten ausdrücklich mit einer Stellenwertigkeit A 11 eingestuft worden. Eine solche Aufgabenzuweisung ist jedoch für den Antragsteller – zumindest bei einer nicht bloß kurzzeitigen Beschäftigung – unterwertig und damit nicht amtsangemessen. Eine alternative Verwendungsmöglichkeit hat der Antragsgegner nicht benannt.* [...]

IV. Zuweisung

Die Zuweisung ist in § 29 BBG bzw. § 20 BeamtStG geregelt. Sie ermöglicht, dem Beamten eine dem bisherigen Amt entsprechende Tätigkeit bei Einrichtungen ohne Dienstherrnfähigkeit i. S. v. § 2 I BBG zuzuweisen.

> **§ 29 BBG**
> (1) Beamtinnen und Beamten kann mit ihrer Zustimmung vorübergehend ganz oder teilweise eine ihrem Amt entsprechende Tätigkeit
> 1. bei einer öffentlichen Einrichtung ohne Dienstherrnfähigkeit im dienstlichen oder öffentlichen Interesse oder
> 2. bei einer anderen Einrichtung, wenn ein öffentliches Interesse es erfordert,
>
> zugewiesen werden. Die Entscheidung trifft die oberste Dienstbehörde oder eine von ihr bestimmte Stelle.
> (2) Beamtinnen und Beamten einer Dienststelle, die ganz oder teilweise in eine öffentlich-rechtlich organisierte Einrichtung ohne Dienstherrnfähigkeit oder eine privatrechtlich organisierte Einrichtung der öffentlichen Hand umgewandelt wird, kann auch ohne ihre Zustimmung eine ihrem Amt entsprechende Tätigkeit bei dieser Einrichtung zugewiesen werden, wenn öffentliche Interessen es erfordern.
> (3) Die Rechtsstellung der Beamtinnen und Beamten bleibt unberührt.

1. Begriff und Allgemeines

Die Zuweisung ähnelt sehr der Abordnung, geht es doch in beiden Fällen um eine temporäre Verwendung bei einer anderen Einrichtung. Der wesentliche Unterschied besteht darin, dass diese Einrichtung im Fall der Abordnung eine deutsche Behörde bzw. Dienststelle sein muss, im Fall einer Zuweisung handelt es sich bei dieser Einrichtung entweder um gar keine Behörde oder jedenfalls um keine deutsche, sondern bspw. um eine zwischenstaatliche oder supranationale Einrichtung. Ein weiterer Unterschied besteht darin, dass eine Zuweisung nach § 29 I BBG nur mit Zustimmung des Beamten erfolgen darf. Gemein ist beiden Maßnahmen, dass die Rechtsstellung der Beamten unberührt bleibt, d. h. auch im Fall einer Zuweisung gelten die beamtenrechtlichen Rechte und Pflichten weiterhin.

Gemäß § 29 I 1 Nr. 1 BBG können Beamte einer öffentlichen Einrichtung im dienstlichen oder öffentlichen Interesse zugewiesen werden. Unter dienstlichen Interessen sind organisatorische und allgemein personalplanerische Gründe der Stammdienststelle zu verstehen wie bspw. die Erprobung für ein anderes Amt oder die Vorbereitung einer Beförderung. Öffentliche Interessen gehen über die dienstlichen Interessen der Dienstbehörde hinaus. Zu nennen wäre bspw. das öffentliche Interesse an einer stärkeren Präsenz deutscher Beamter in supra- oder internationalen oder zwischenstaatlichen Einrichtungen.[19]

> **Bsp.**: *PHK P hat dienstlich bereits Auslandserfahrung gesammelt. Als die Europäische Agentur für die Grenz- und Küstenwache – kurz: Frontex – die EU-Mitgliedsstaaten auffordert, für eine Mission im östlichen Mittelmeer Personal zu stellen, meldet sich P bei seinem Vorgesetzten und bekundet seine Bereitschaft für einen mehrmonatigen Auslandseinsatz. Da es sich bei Frontex zwar um eine öffentliche Einrichtung, nicht aber um eine deutsche Behörde handelt, kann P nicht dorthin abgeordnet werden. Vielmehr wird P gemäß § 29 I 1 Nr. 1 BBG zugewiesen. Der Einsatz deutscher PVB liegt im öffentlichen Interesse, da Deutschland seinen internationalen Verpflichtungen nachkommen möchte und muss. Darüber hinaus ist auch ein dienstliches Interesse vorstellbar, denn die Erfahrungen, die P im Rahmen des Einsatzes machen wird, kann er – ggf. im Rahmen der Ausbildung – an jüngere Kollegen weitergeben.*

Nach § 29 I 1 Nr. 2 BBG können Beamte bei anderen – gemeint ist nichtöffentlichen, sondern privatrechtlichen – Einrichtungen beschäftigt werden, wenn ein öffentliches Interesse es erfordert. Die Regelung ist geschaffen worden, um Beamten die Möglichkeit zu geben, im dienstlichen Interesse privatwirtschaftliche Abläufe kennenzulernen.

> **Bsp.**: *PORin Z ist seit mehreren Jahren in der Direktion Frankfurt a.M. Flughafen tätig. Um die betrieblichen Abläufe der Betreibergesellschaft Fraport AG noch besser nachvollziehen zu können, wird Z für die Dauer von sechs Monaten der Fraport AG zugewiesen. Das öffentliche Interesse besteht darin, dass die Bundespolizei auf Grundlage der Erfahrungen, die Z machen wird, ihre Strategien und Konzepte am Frankfurter Flughafen weiter optimiert und auf diese Weise ihre Aufgaben künftig noch effizienter erfüllen kann. Dafür reicht es nicht, dass Z ab und zu bei der Fraport AG hospitiert, vielmehr wird es als notwendig erachtet, dass Z in den Betrieb „richtig eintauchen" kann.*

Die Regelung des § 29 II BBG stellt einen Sonderfall dar: Hiernach können Beamte auch ohne ihre Zustimmung zugewiesen werden, wenn öffentliche Interessen es erfordern. Dieser Absatz wurde geschaffen, um im Fall größerer Privatisierungsvorhaben das verbeamtete Personal behalten zu können. Zu denken ist etwa an die Bereiche Bahn, Post und Telekom zu Beginn der 1990er Jahre. Aus Staatsunternehmen, bei denen viele Beamte tätig waren, wurden nun Aktiengesellschaften, mithin privatrechtlich organisierte Ein-

19 *Grigoleit* in Battis, BBG, § 29 Rn. 4.

richtungen. Da man einerseits die vorhandenen Beamten nicht einfach in anderen Dienststellen einsetzen konnte und andererseits das Personal auch weiterhin brauchte, war es notwendig, Beamte längerfristig oder sogar dauerhaft nach § 29 II BBG zuzuweisen. Im Bereich der Bundespolizei kommt dieser Regelung hingegen keine nennenswerte Bedeutung zu.

2. Verfahren und Rechtsschutz

Bei der Zuweisung handelt es sich um einen Verwaltungsakt i. S. d. § 35 I VwVfG. Insofern ist dem betroffenen Beamten gemäß § 28 I VwVfG vorher Gelegenheit zu geben, sich zu den für die Entscheidung erheblichen Tatsachen zu äußern. Dies gilt insbesondere, wenn die Zuweisung nicht auf einen Antrag des Beamten zurückzuführen ist. Nach § 78 I Nr. 7 BpersVG handelt es sich bei einer Zuweisung von mehr als drei Monaten um einen mitbestimmungspflichtigen Tatbestand, d. h. der zuständige Personalrat muss der beabsichtigten Personalmaßnahme zustimmen. Tut er das nicht, kann die Behörde die Maßnahme zunächst nicht vollziehen, sondern muss sich ins sog. „Stufenverfahren" begeben (s. Kap. E. – Personalvertretung und Gleichstellung). Im Umkehrschluss wird deutlich, dass Zuweisungen von bis zu drei Monaten – mit Ausnahme von § 29 II BBG – zwar der Zustimmung des Beamten bedürfen, aber ohne Zustimmung des Personalrats verfügt werden können.

Soweit der betroffene Beamte mit der Zuweisung nicht einverstanden ist, handelt es sich für ihn um einen belastenden Verwaltungsakt, gegen den zunächst in Form des Widerspruchs vorzugehen ist. Dass Beamte vor Klageerhebung immer ein Widerspruchsverfahren durchlaufen müssen, ist in § 126 II BBG geregelt. Hintergrund ist, dass sich der Beamte einerseits und der Dienstherr andererseits immer eine zweite Chance zur Klärung eines Konflikts einräumen müssen, bevor die Streitigkeit vor Gericht – und damit öffentlich – ausgetragen wird. Der Widerspruch selbst ist allerdings in den §§ 68 ff. VwGO normiert, auf den § 126 II BBG gewissermaßen verweist. Der Widerspruch und die im Nachgang mögliche Anfechtungsklage nach § 80 I VwGO haben aufschiebende Wirkung, d. h. die Grundverfügung muss bis zu einer rechtskräftigen Abschlussentscheidung nicht befolgt werden.

3. Rechtsprechung

Um einen Praxisbezug herzustellen, wird im Folgenden eine Gerichtsentscheidung zur Zuweisungsthematik verkürzt dargestellt:

Kein Anspruch des Beamten auf Zuweisung – SächsOVG, Beschl. vom 31.7.2019 – 2 B 193/19 –, juris

Der Antragsteller steht als Polizeibeamter im Dienst der Antragsgegnerin. Seine Stammdienststelle ist die Bundespolizeiinspektion L. Er gehört dem Personalpool „Grenzpolizeiliche Unterstützungsbeamtinnen/-beamten Ausland (GUA)" an. Seit dem 2. Oktober 2017 wird er im Wesentlichen im Rahmen einer bilateralen Einsatzmaßnahme der Grenzschutzagentur Frontex am Flughafen A eingesetzt. Unter dem 15. November 2018 schrieb die Antragsgegnerin die Teilnahme als grenzpolizeiliche Unterstützungsbeamte für Einsatzmaßnahmen in Griechenland und anderen Staaten für die Zeit ab Januar 2019 neu aus. Die Einsätze wurden auf drei oder vier Monate jeweils begrenzt. Als „konstitutive" Anforderung sollten die Bewerber zum Personalpool „Grenzpolizeiliche Unterstützungsbeamtinnen/-beamten Ausland (GUA)" gehören und eine mehrjährige dienstliche Verwendung an einer deutschen Flughafendienststelle vorweisen. Als „fakultative" Anforderung wurde Einsatzerfahrung als Grenzpolizeilicher Unterstützungsbeamter (GUA) angegeben. Als Anmerkung wurde aufgenommen, dass Bewerbungen für Gesamtzeiträume oder zusammenhängende Teilzeiträume der einzelnen Maßnahmen bevorzugt würden.

Der Antragsteller bewarb sich für die vier ausgeschriebenen Teilzeiträume (Flughafen A). Für die ersten beiden Teilzeiträume wurde er trotz eines Unabkömmlichkeitsvotums seiner Dienststelle berücksichtigt. Für die anschließenden Zeiträume wurden andere Beamte ausgesucht. Dabei waren die Zeiträume April bis Juni 2019 sowie Juli bis Oktober 2019 am 14. Dezember 2018 erneut ausgeschrieben worden; für den Zeitraum Juli bis Oktober 2019 hatte sich ausschließlich der Antragsteller beworben. Mit Schreiben vom 8. Januar 2019 teilte die Bundespolizeidirektion P mit, dass der Antragsteller aufgrund der Personalsituation nicht abkömmlich sei. Seinen Widerspruch wies die Antragsgegnerin mit Bescheid vom 28. Februar 2019 zurück. Aufgrund der Personalsituation im Inland seien Verwendungen im Ausland in der Regel nur für kurze Zeiträume vorgesehen. Die Ausschreibung lasse erkennen, dass die Verwendung nicht als Langzeitverwendung gedacht sei. Sie sei eher allgemein formuliert, damit ein großer Interessentenkreis angesprochen werde. Auch wenn in ihr angeben werde, dass Bewerbungen für Gesamtzeiträume oder zusammenhängende Teilzeiträume bevorzugt werden sollten, müsse hier der Einzelfall betrachtet werden. Eine mehrjährige Verwendung sei nicht das Ziel. Aufgrund der insgesamt absolvierten Entsendezeit von 1 ¾ Jahren und der Unabkömmlichkeitserklärung der Bundespolizeidirektion P sei auf eine weitere Entsendung verzichtet worden. Soweit die Stammdienststelle eine weitere Entsendung für akzeptabel gehalten habe, sei auf das Unabkömmlichkeitsvotum der übergeordneten Dienststelle als ausschlaggebend abgestellt worden.

Das Gericht führte ausweislich der Entscheidungsgründe u. a. aus:

Die vom Antragsteller begehrte Maßnahme stellt eine Zuweisung nach § 29 Abs. 1 BBG dar. Nach dieser Vorschrift kann einem Beamten mit seiner Zustimmung vorübergehend ganz oder teilweise eine seinem Amt entsprechende Tätigkeit bei einer öffentlichen Einrichtung ohne Dienstherrnfähigkeit im dienstlichen oder öffentlichen Interesse (§ 29 Abs. 1 Nr. 1 BBG) oder einer anderen Einrichtung, wenn ein öffentliches Interesse besteht (§ 29 Abs. 1 Nr. 2 BBG), zugewiesen werden. Die Zuweisung ist eine abordnungsähnliche Personalmaßnahme mit belastendem Charakter i. S. v. § 35 VwVfG und verpflichtet den Beamten zu einer Tätigkeit bei einer nicht dienstherrnfähigen Einrichtung. Schon aus diesem Charakter und auch aus dem systematischen Zusammenhang mit der in § 27 BBG geregelten Abordnung und der in § 28 BBG normierten Versetzung ergibt sich, dass es hier – genauso wie bei der nicht ausdrücklich im Gesetz genannten Umsetzung – um eine personalorganisatorische Maßnahme geht, die dem Dienstherrn die Erfüllung seiner Aufgaben ermöglichen soll. Daraus erschließt sich, dass auch bei der Zuweisung dem Beamten kein konkreter Anspruch auf diese zustehen kann, sondern ausschließlich ein Anspruch auf ermessensfehlerfreie Entscheidung.

Die Zuweisung eines Beamten berührt – wie die Umsetzung oder Abordnung – weder dessen statusrechtliches noch dessen abstrakt-funktionelles Amt, sondern seine konkret wahrzunehmende Tätigkeit. Die Zuweisung betrifft mithin lediglich den dienstlichen Aufgabenbereich des Antragstellers – mit der Besonderheit, dass eine Tätigkeit außerhalb der Organisation eines Dienstherrn wahrgenommen wird. Wegen der vergleichbaren Sachlage sind auf die rechtliche Prüfung einer Zuweisung oder auch eines geltend gemachten Anspruchs auf eine Zuweisung die Maßstäbe heranzuziehen, die für die Abordnung und die Umsetzung entwickelt worden sind. Die Entscheidung zur Übertragung eines anderen konkret-funktionellen Amts (Dienstpostens) oder auch einer anderen Tätigkeit liegt im weiten Ermessen des Dienstherrn.

Die Ermessenserwägungen des Dienstherrn können daher im Allgemeinen gerichtlich nur darauf überprüft werden, ob sie maßgebend durch einen Ermessensmissbrauch geprägt sind. Unter Anwendung dieses Prüfungsmaßstabes bestehen auch keine Anzeichen für einen Ermessensmissbrauch, wenn die übergeordnete Behörde hinsichtlich der Unabkömmlichkeit eines Beamten eine andere Einschätzung trifft als eine ihr nachgeordnete Behörde. Vor dem Hintergrund des weiten Ermessensspielraums scheidet ebenso die Annahme einer Verwaltungspraxis mit Bindungswirkung aus. Insbesondere musste die Antragsgegnerin nicht in ihre Entscheidung die Vorgaben des Art. 33 Abs. 2 GG einbeziehen. Es geht hier nicht um eine Leistungsauswahl, nicht um eine Beförderung und auch nicht um einen Beförderungsdienstposten. Es geht hier vielmehr schlicht um eine zeitlich begrenzte, sogar äußerst kurzfristige (etwa drei Monate) Übertragung einer Tätigkeit. Allein die Tatsache, dass eine Ausschreibung erfolgte, führt zu keiner anderen Bewertung. Denn in dieser Ausschreibung werden keine Leistungskriterien benannt, an denen eine etwaige Auswahlentscheidung ausgerichtet werden könnte. Vielmehr ist eine Ausschreibung schon aus dem Grund sachgerecht, weil es bei der in § 29 Abs. 1 BBG vorgesehen Maßnahme der Zustimmung des Beamten bedarf. Insofern dient die Ausschreibung letztlich der „Interessenbekundung" der in Frage kommenden Beamten und vermeidet umfangreiche Recherchen im Vorfeld.

E. Personalvertretung und Gleichstellung

Das Personalvertretungs- und das Gleichstellungsrecht sind zwei gänzlich unterschiedliche Rechtsmaterien. In der behördlichen Praxis ist jedoch oftmals von „Gremienbeteiligung“ die Rede, womit man die Beteiligung des Personalrats auf der einen Seite und die der Gleichstellungsbeauftragten auf der anderen Seite meint und damit den Anschein erweckt, als handele es sich um einen Vorgang. Im Folgenden werden die Grundzüge des Personalvertretungs- und des Gleichstellungsrechts sowie die praktische Relevanz beider Gremien in behördlichen Entscheidungsprozessen aufgezeigt.

I. Personalvertretungsrecht

Obwohl das Thema im Modulhandbuch aufgeführt ist, werden Kenntnisse im Personalvertretungsrecht im Rahmen des Studiums häufig nur am Rande vermittelt. Dabei ist die Materie für die Führungskräfte in der Bundespolizei – auch im gehobenen Dienst – durchaus von praktischer Relevanz. Soweit nämlich eine Dienststelle ein Vorhaben umsetzen möchte, muss sie vorher prüfen, ob sie dafür bspw. die Zustimmung der Personalvertretung einholen muss. Daneben stellt sich für jeden einzelnen PVB von Zeit zu Zeit die Frage, ob es in einer bestimmten Angelegenheit sinnvoll bzw. erfolgsversprechend sein kann, sich damit an den Personalrat zu wenden

Während man in der freien Wirtschaft von Betriebsräten spricht, deren rechtliche Rahmenbedingungen im Betriebsverfassungsgesetz (BetrVG) geregelt sind, wird im Bereich des öffentlichen Dienstes der Begriff „Personalrat“ verwendet, dessen rechtliche Regelungen sich auf Bundesebene im Personalvertretungsgesetz (BPersVG) wiederfinden. In beiden Fällen geht es um dasselbe, nämlich eine Interessenvertretung der Belegschaft gegenüber der Betriebs- bzw. Dienststellenleitung. Mit Blick auf das Grundgesetz findet die Idee der Interessenvertretung seine Grundlage in Art. 9 GG, der sog. „Koalitions- oder Vereinigungsfreiheit“. Für die Wahrung dieser Freiheit der Beschäftigten hat sich die Personalvertretung nach § 9 V BPersVG einzusetzen. Die ausschließliche Gesetzgebungskompetenz des Bundes für das BPersVG, das im Juni 2021 eine Novellierung erfahren hat, ist Art. 73 I Nr. 8 GG zu entnehmen, wonach der Bund die Rechtsverhältnisse der im Dienst des Bundes stehenden Personen regeln darf. Die

Länder verfügen über eigene Personalvertretungsgesetze, wobei §§ 126–128 BPersVG als Rahmenvorschriften Anwendung finden.

Personalräte dürfen nicht mit Gewerkschaften verwechselt werden, wenngleich oftmals die handelnden Akteure in Personalunion auftreten – bspw. als Personalratsvorsitzender und gleichzeitig als Landesvorsitzender einer Polizeigewerkschaft. Im Bereich der Polizei treten regelmäßig die Deutsche Polizeigewerkschaft (DPolG), die Gewerkschaft der Polizei (GdP) und der Bund Deutscher Kriminalbeamter (BdK) in Erscheinung. Ihre Stellung im behördlichen Kontext ist in § 9 BPersVG geregelt. So sollen die Gewerkschaften mit der Dienststelle und der Personalvertretung zum Wohl der Beschäftigten und zur Erfüllung der der Dienststelle obliegenden Aufgaben vertrauensvoll zusammenarbeiten. Zu diesem Zweck ist einzelnen Beauftragten der Gewerkschaft Zugang zur Dienststelle zu gewähren, § 9 II BPersVG. Darüber hinaus hat die Dienststelle nach § 9 III BPersVG auf Verlangen in ihrem Intranetauftritt auf den Internetauftritt der Gewerkschaft zu verlinken; diese Regelung existiert seit Juni 2021 und zeigt, dass auch der Gesetzgeber mit der Zeit geht und sich der Realität – wie hier bezogen auf die Bedeutung digitaler Medien – nicht verschließt. Neu ist auch die Regelung in § 9 IV BPersVG, wonach Beschäftigte, die Aufgaben nach dem BPersVG wahrnehmen – also typischerweise Personalratsmitglieder –, in ihrer Betätigung für ihre Gewerkschaft auch in der Dienststelle nicht beschränkt werden dürfen. Bis zu dieser Neuregelung stand oftmals in Frage, inwiefern Personalratsmitglieder im behördlichen Kontext auch gewerkschaftliche Interessen wahrnehmen dürfen, dies insbesondere vor dem Hintergrund der Arbeitszeit. Die Neuregelung ist zum einen sicherlich das Ergebnis erfolgreicher Lobbyarbeit, zum anderen aber auch ein Eingeständnis des Gesetzgebers, dass eine strikte Trennung von Personalrats- und Gewerkschaftsarbeit realitätsfern ist.

Mit Blick auf die Bundespolizei hat der Gesetzgeber mit § 111 BPersVG eine Spezialnorm erlassen, die ein hierarchisches Verhältnis der Personalräte in der Bundespolizei erkennen lässt: Die untere Ebene Stellen die sog. „Bundespolizeipersonalräte“ dar, die auf Direktionsebene bzw. bei der Bundespolizeiakademie angesiedelt sind. In den einzelnen, organisatorisch unterhalb der Direktionen angesiedelten Inspektionen bzw. Aus- und Fortbildungszentren existieren darüber hinaus sog. „Örtliche Personalräte“; auf Direktionsebene spricht man deshalb auch von Gesamtpersonalräten, die mithin die Interessen der gesamten Direktion vertreten. Auf der Ebene des

Bundespolizeipräsidiums wird der Bundespolizeibezirkspersonalrat gebildet und im Bundesinnenministerium als oberster Dienstbehörde existiert der Bundespolizeihauptpersonalrat. Relevanz entfaltet diese Einteilung in Ebenen in zweierlei Hinsicht: Zum einen geht es um die Frage der Zuständigkeit.

> ***Bsp.**: Soweit es um die Vorbereitung einer Verwaltungsanordnung der BPOLI Nürnberg für innerdienstliche Angelegenheiten geht, wird der örtliche Personalrat auf Inspektionsebene im Rahmen der Mitwirkung beteiligt werden, vgl. § 84 I Nr. 1 BPersVG. Geht es hingegen um eine Dienstvereinbarung, welche die Inkraftsetzung neuer Beurteilungsrichtlinien für die gesamte Bundespolizei zum Gegenstand hat, so wird der Bundespolizeihauptpersonalrat beteiligt werden.*

Zum anderen können Entscheidungen der höheren Ebene mitunter Entscheidungen der unteren Ebene aushebeln, bspw. kann im sog. „Stufenverfahren“ eine fehlende Zustimmung ersetzt werden (s. u.).

Personalräte in der Bundespolizei, § 111BPersVG

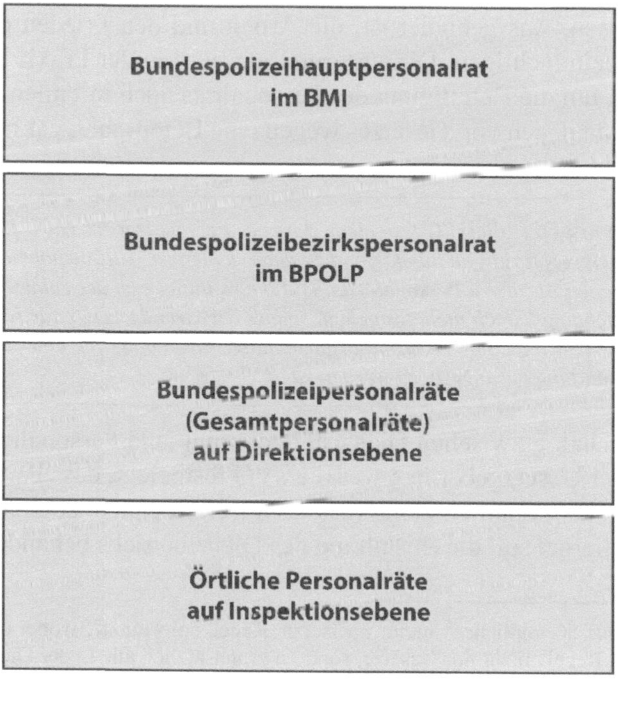

1. Aufgaben des Personalrats

Die allgemeinen Aufgaben des Personalrats sind zunächst in § 62 BPersVG zusammengefasst, der sich wie eine Compliance[20]-Regelung liest: So geht es um die Beantragung von Maßnahmen, die der Dienststelle und ihren Angehörigen dienen, um die Überwachung der Einhaltung von Gesetzen und aller sonstigen Regelungen sowie darum, Anregungen und Beschwerden aus der Belegschaft entgegenzunehmen und gegenüber der Dienststellenleitung zu kommunizieren. Darüber hinaus soll sich der Personalrat auch in den Themenfeldern Inklusion und Teilhabe, Gleichstellung, Vereinbarkeit von Familie, Pflege und Beruf, Integration ausländischer Beschäftigter, Arbeits- und Gesundheitsschutz sowie der Ausbildung Jugendlicher einbringen.

Dabei steht der **Grundsatz der vertrauensvollen Zusammenarbeit** nach § 2 I BPersVG im Vordergrund. Hiernach haben Dienststelle und Personalvertretung unter Beachtung der Gesetze und Tarifverträge vertrauensvoll zum Wohl der Beschäftigten und zur Erfüllung der der Dienststelle obliegenden Aufgaben zusammenzuarbeiten. Infolgedessen haben sie alles zu unterlassen, was geeignet ist, die Arbeit und den Frieden der Dienststelle zu beeinträchtigen. Dieser Grundsatz wird in der Praxis häufig herangezogen, um die Beteiligung des Personalrats auch in Fällen begründen zu können, in denen von Gesetzes wegen eine Beteiligung gar nicht vorgeschrieben ist.

> ***Bsp.**: So ist in § 66 I BPersVG festgelegt, dass der Personalrat zur Durchführung seiner Aufgaben rechtzeitig und umfassend zu unterrichten ist. Mit Ausnahme der Regelung im zweiten Absatz zu Personalakten und Beurteilungen ist der zulässige Umfang der Unterrichtung jedoch nicht festgelegt, sodass der Grundsatz der vertrauensvollen Zusammenarbeit im Zweifelsfall als argumentative Grundlage für eine umfängliche Datenübermittlung herangezogen werden kann.*

Damit der Dialog zwischen Dienststellenleitung und Personalrat nicht abreißt, hat der Gesetzgeber in § 65 BPersVG festgelegt, dass beide Parteien sich jedenfalls monatlich zum Austausch treffen sollen, sog. **„Monatsgespräch“**. Hierbei soll die Gestaltung des Dienstbetriebs behandelt werden,

20 Der Begriff „Compliance“ meint übersetzt „Regelkonformität“, wobei unter den Begriff der „Regel“ nicht nur Gesetze, sondern grundsätzlich alle in der Dienststelle geltenden Regeln fallen.

insbesondere alle Vorgänge, die die Beschäftigten wesentlich berühren. Die Vorschrift endet mit einer Absichtserklärung, wonach über strittige Fragen mit dem ernsten Willen zur Einigung zu verhandeln ist und Vorschläge für die Beilegung von Meinungsverschiedenheiten zu machen sind. Selbstverständlich bleibt es den Parteien unbenommen, häufiger bzw. in kürzeren Abständen miteinander in Kontakt zu treten.

a) Mitbestimmung

Mit Blick auf die verschiedenen Arten der Beteiligung wird der Gesetzgeber in den §§ 70 ff. BPersVG konkreter, in denen die sog. „**Mitbestimmung**" geregelt ist. Die wichtigste Erkenntnis liefert bereits § 70 I BPersVG: *„Soweit eine Maßnahme der Mitbestimmung des Personalrats unterliegt, kann sie nur mit seiner Zustimmung getroffen werden."* Das bedeutet, dass die Dienststelle eine solche Maßnahme im Fall einer durch den Personalrat nicht erteilten Zustimmung zunächst nicht vollziehen darf. Der Personalrat hat mithin eine Art Veto-Recht, wobei seine nicht erteilte Zustimmung im weiteren Fortgang ersetzt werden kann, und zwar im sog. „Stufenverfahren" nach § 71 BPersVG oder im Verfahren vor der Einigungsstelle nach § 74 BPersVG (s. u.).

Zunächst aber muss geprüft werden, ob eine Angelegenheit überhaupt mitbestimmungspflichtig ist. Hierfür hat der Gesetzgeber in den §§ 78–80 BPersVG thematische Kataloge angelegt. In § 78 BPersVG sind zunächst Personalangelegenheiten aufgelistet, die der Mitbestimmung unterliegen, wie etwa die Beförderung, die Versetzung, die Abordnung für mehr als drei Monate, die Umsetzung mit Dienstortwechsel oder die Versagung der Genehmigung einer Nebentätigkeit. In § 79 BPersVG sind soziale Angelegenheiten aufgelistet, die der Zustimmung bedürfen, wie etwa die Gewährung von Vorschüssen oder Darlehen, die Zuweisung und Kündigung von Dienstwohnungen oder die Aufstellung von Sozialplänen. § 80 BPersVG wiederum führt organisatorische Maßnahmen auf, denen der Personalrat zustimmen muss. Zu nennen sind hier z. B. die Einführung von Arbeitszeitmodellen, die Gestaltung der Arbeitsplätze oder die Einführung grundlegend neuer Arbeitsmethoden. Verweigert der Personalrat seine Zustimmung und kommt es infolgedessen zu keiner Einigung, kann die Dienststelle oder der Personalrat die Angelegenheit der nächsthöheren Dienststelle („Stufe") vorlegen, sog. „Stufenverfahren".

> ***Bsp.**: Der Präsident der BPOLAK möchte einen POK seines Stammpersonals befördern und teilt dem Gesamtpersonalrat in Lübeck diese Absicht mit. Der Personalrat verweigert die Zustimmung, weil er der Auffassung ist, dass sich der Präsident bei der Beförderungsentscheidung von sachfremden Erwägungen hat leiten lassen. Der Präsident gibt den Sachverhalt nach § 71 BPersVG an das BPOLP nach Potsdam ab. Dort verhandelt die Dienststellenleitung die Angelegenheit mit dem Vorsitzenden des Bundespolizeibezirkspersonalrats. Die Personalvertretung im Präsidium erteilt schließlich ihre Zustimmung und ersetzt damit die fehlende Zustimmung des Gesamtpersonalrats in Lübeck, woraufhin die Beförderung des POK in Lübeck vollzogen wird.*

Kann auch in der übergeordneten Dienststelle keine Einigung erzielt werden, wird das Procedere letztmalig auf Ebene der obersten Dienstbehörde, dem Bundesinnenministerium (BMI), durchlaufen. Wird auch hier keine Einigung erreicht, kann nach § 72 BPersVG die sog. „Einigungsstelle" angerufen werden. Diese besteht aus sieben Personen, nämlich drei Beisitzer aus den Reihen des BMI, drei aus den Reihen des Bundespolizeihauptpersonalrats sowie einem unparteiischen Vorsitzenden – oftmals ein Abgeordneter des Deutschen Bundestags –, auf den sich beide Seiten einigen, vgl. § 73 BPersVG. Das dortige Verfahren endet mit einer Abstimmung, der entsprechende Beschluss wird mit Stimmenmehrheit gefasst, vgl. § 74 BPersVG.

> ***Bsp.**: Wie oben. Nachdem aber auf Ebene des Präsidiums auch keine Einigung erzielt werden kann, wird die Angelegenheit ins BMI gesteuert, wo ein weiterer Einigungsversuch unternommen wird. Nachdem auch dieser erfolglos verlaufen ist, wird die Einigungsstelle angerufen. Die abschließende Abstimmung endet mit 4:3 zugunsten des Beförderungsvorhabens. Nunmehr kann der Präsident der BPOLAK die Beförderung des POK in Lübeck vornehmen.*

b) Mitwirkung

Eine weitere Form der personalrätlichen Beteiligung ist die sog. „Mitwirkung", die in den §§ 81 ff. BPersVG geregelt ist. Hierbei handelt es sich um eine weniger intensive Form der Beteiligung, zumal der Personalrat der angedachten Maßnahme nicht zustimmen muss. Vielmehr sind entsprechende Angelegenheiten mit dem Personalrat rechtzeitig und eingehend mit dem Ziel der Verständigung zu erörtern. Mithin muss die Dienststelle den Personalrat zwar frühzeitig in Kenntnis setzen, um zu dem Vorgang Stellung nehmen zu können. Werden Einwendungen vorgetragen, so muss die Dienststelle diesen jedoch nicht entsprechen; vielmehr hat sie dem Personalrat lediglich ihre Entscheidung unter Angabe der Gründe schriftlich oder elektronisch mitzuteilen.

Angelegenheiten, die der Mitwirkung bedürfen, sind in § 84 BPersVG aufgeführt. Zu nennen sind etwa die Erhebung der Disziplinarklage, die Entlassung von Beamten auf Probe oder auf Widerruf sowie die vorzeitige Versetzung in den Ruhestand. Daneben hat der Personalrat mitzuwirken, wenn es um die Auflösung oder Zusammenlegung von Dienststellen geht. In § 85 BPersVG ist darüber hinaus normiert, dass der Personalrat im Fall von ordentlichen Kündigungen, die gegenüber Tarifbeschäftigten ausgesprochen werden sollen, mitwirkt. Auch im Fall von außerordentlichen Kündigungen und fristlosen Entlassungen ist der Personalrat nach § 86 BPersVG anzuhören.

c) Dienstvereinbarungen

Eine weitere Form personalrätlicher Beteiligung ist der Abschluss sog. „Dienstvereinbarungen" zwischen Dienststellenleitung und Personalrat. Es handelt sich um ein vertragsähnliches Werk, in dem grundsätzliche Regelungen festgeschrieben werden. Anders im Fall von Mitbestimmung oder Mitwirkung sollen mit einer Dienstvereinbarung also gerade keine Einzelfälle behandelt werden. Was inhaltlich Gegenstand von Dienstvereinbarungen sein kann, hat der Gesetzgeber unter Verweis auf einzelne Ziffern in den Katalogen der §§ 78–80 BPersVG geregelt. Hierbei fällt auf, dass insbesondere organisatorische Angelegenheiten nach § 80 BPersVG durch Dienstvereinbarungen abstrakt-generell geregelt werden können. Schließlich normiert der Gesetzgeber in § 63 III BPersVG, dass Dienstvereinbarungen, die für einen größeren Bereich gelten, solchen für einen kleineren Bereich vorgehen.

> **Bsp.**: *Im Bundesinnenministerium wurden die neuen Beurteilungsrichtlinien für die Bundespolizei durch den Abschluss einer Dienstvereinbarung zwischen der Bundesinnenministerin und dem Bundespolizeihauptpersonalrat in Kraft gesetzt. Zuvor hatte der Gesamtpersonalrat der Direktion München mit dem dortigen Präsidenten eine Dienstvereinbarung abgeschlossen, die das Beurteilungswesen mit Blick auf die Beamten der Direktion München zum Gegenstand hat. Nach § 63 III BPersVG genießt die Dienstvereinbarung, die auf Ebene des Bundesinnenministeriums abgeschlossen worden ist, Anwendungsvorrang.*

2. Rechtsstellung des Personalrats und seiner Mitglieder

Soweit ein Beamter oder ein Tarifbeschäftigter in den Personalrat gewählt worden ist, ändert sich seine Rechtsstellung dahingehend, dass er neben seiner eigentlichen Tätigkeit und den damit verbundenen Rechten und Pflichten nunmehr weitere Rechte und Pflichten nach dem BPersVG hat. Obwohl die Rechtsstellung in einem eigenen Abschnitt – §§ 50–56 BPersVG – geregelt ist, findet sich der wichtigste Grundsatz bereits in den allgemeinen Vorschriften: § 10 BPersVG statuiert, dass Personen, die Aufgaben oder Befugnisse nach dem BPersVG wahrnehmen, dabei nicht behindert und deswegen nicht benachteiligt oder begünstigt werden dürfen; auch nicht mit Blick auf die berufliche Entwicklung. Diese Regelung, die für gewöhnlich schlicht als „Benachteiligungsverbot“ bezeichnet wird, stellt einen wesentlichen personalvertretungsrechtlichen Grundsatz dar, der in vielen rechtlichen Konstellationen argumentativ herangezogen werden kann (s. u.).

Des Weiteren ist in den allgemeinen Vorschriften die Schweigepflicht normiert, die sich für Bundesbeamte grundsätzlich aus § 67 BBG ergibt. § 11 BPersVG normiert sie speziell mit Blick auf die Tätigkeit als Personalratsmitglied und regelt die Ausnahmen, bspw. wenn es um die Informationsweitergabe an die übrigen Personalratsmitglieder geht. Soweit ein Personalratsmitglied gegen die Schweigepflicht aus § 11 BPersVG verstößt, ist dieser Pflichtenverstoß nach dem BPersVG zu sanktionieren, bspw. durch den Ausschluss eines Mitglieds aus dem Personalrat nach § 30 BPersVG. Eine disziplinar- bzw. arbeitsrechtliche Würdigung desselben Sachverhalts ist hingegen in der Regel ausgeschlossen.

Aus § 50 BPersVG ergibt sich, dass die Mitglieder des Personalrats ihr Amt unentgeltlich als Ehrenamt führen. Dies bedeutet, dass es sich – im Fall von Beamten – gerade nicht um eine Nebentätigkeit i. S. d. §§ 97 ff. BBG handelt, was § 97 IV BBG zu entnehmen ist. Anders hingegen verhält es sich mit Tätigkeiten zur Wahrung von Berufsinteressen in Gewerkschaften, die nach § 100 I Nr. 4, II BBG jedenfalls anzeigepflichtig sind.

a) Versäumnis von Arbeitszeit

§ 51 BPersVG enthält gleich mehrere Aussagen: In Satz 1 wird zunächst geregelt, dass die zur ordnungsgemäßen Durchführung der Aufgaben des Personalrats erforderliche Versäumnis von Arbeitszeit keine Minderung der Dienstbezüge für Beamte oder des Arbeitsentgelts für Arbeitnehmer zur Folge hat. Dies ist als Konkretisierung des oben angesprochenen Benachteiligungsverbots zu verstehen, zumal diese Regelung bedeutet, dass ein in den Personalrat gewählter Arbeitnehmer keine Lohneinbußen zu befürchten hat, obwohl er seiner vertraglich geschuldeten Arbeitsleistung aufgrund seiner Personalratstätigkeit während der Arbeitszeit nicht in vollem Maße nachkommen kann. Im beamtenrechtlichen Dienst- und Treueverhältnis besteht ein solches Verhältnis von Leistung und Gegenleistung nicht; vielmehr besagt das dort geltende Alimentationsprinzip, dass der Dienstherr eine amtsangemessene Lebensführung seiner Beamten sicherzustellen hat, und zwar grundsätzlich unabhängig davon, in welcher Art und Weise der Beamte seine Treue zum Dienstherrn zum Ausdruck bringt, bspw. als gewähltes Personalratsmitglied oder im länger andauernden Krankenstand.

> ***Bsp.**: Arbeitnehmer A arbeitet in der Verwaltung der Bundespolizeiakademie. Für gewöhnlich ist er zwischen ca. 7.30–16.30 Uhr an seinem Arbeitsplatz. An einem Mittwoch nimmt er zwischen 10.00–12.00 Uhr an einer Personalratssitzung teil und empfängt am Nachmittag zwischen 15.00–16.00 Uhr den Kollegen P, der sich mit einem Problem vertrauensvoll an A in seiner Funktion als Personalratsmitglied wenden möchte. Auch wenn A im Ergebnis drei Stunden seiner Arbeitszeit für personalrätliche Angelegenheiten aufwendet, dürfen ihm nach § 51 Satz 1 BPersVG keine finanziellen Nachteile erwachsen.*

§ 51 Satz 2 BPersVG normiert, dass Personalratsmitgliedern, die durch die Erfüllung ihrer Aufgaben über ihre regelmäßige Arbeitszeit hinaus beansprucht werden, Dienstbefreiung in entsprechendem Umfang zu gewähren ist. Diese Regelung ist im Grunde genommen selbsterklärend. Kompliziertere Konstellationen treten allerdings bei Beamten im Schichtdienst auf.

> ***Bsp.**: Beamter B leistet Schichtdienst und ist im Dienstplan seiner Dienstgruppe von Dienstag auf Mittwoch im Nachtdienst eingeteilt. Als Personalratsmitglied möchte er allerdings an der am Mittwochvormittag stattfindenden Personalratssitzung möglichst ausgeschlafen teilnehmen. Unproblematisch ist, dass B für die Teilnahme an der Personalratssitzung nach § 51 Satz 2 BPersVG Arbeitszeit angerechnet bekommt, für die er Freizeitausgleich beanspruchen kann. Fraglich ist vielmehr, ob B auch die Hin- und Rückfahrt zur Dienststelle als Arbeitszeit angerechnet bekommen kann, da er nach seinem Dienstplan an besagtem Mittwochvormittag keinen Dienst versehen würde. Darüber hinaus ist fraglich, ob es B überhaupt zuzumuten ist, seine Nachtschicht in Gänze abzuleisten oder ob ihm in Ansehung der Personalratssitzung nicht vielmehr eine aus-*

reichende Ruhezeit (in der Regel elf Stunden) zu gewähren ist, was bedeuten würde, dass er die Nachtschicht trotz voller zeitlicher Anrechnung bereits um 23.00 Uhr beendet. Entsprechende Konstellationen sind im Einzelfall unter Auslegung des § 51 Satz 2 BPersVG zu entscheiden.

b) Freistellung

Je nach der Anzahl an Beschäftigten einer Dienststelle werden einzelne Mitglieder des Personalrats für die Personalratstätigkeit freigestellt, § 52 BPersVG. Eine Freistellung bedeutet, dass die Person ihrer eigentlichen Tätigkeit im Hauptamt nicht mehr nachgehen muss, sondern sich ganz auf die Arbeit im Personalrat konzentrieren kann. Die Auswahl der freizustellenden Mitglieder richtet sich nach § 53 BPersVG; typischerweise betrifft dies den Vorsitzenden und seinen Vertreter, in sehr großen Dienststellen mit bis zu 10.000 Beschäftigten werden sogar elf Personen freigestellt, § 52 II BPersVG.

***Bsp.**: Ein Beispiel der etwas anderen Art lieferte im Jahr 2017 der DPolG-Vorsitzende Rainer Wendt, der nicht für eine personalrätliche Tätigkeit, sondern für seine gewerkschaftliche Tätigkeit teilweise freigestellt worden war, obwohl eine solche Konstellation gesetzlich nicht vorgesehen ist.*[21]

Darüber hinaus stellt der Gesetzgeber klar, dass eine Freistellung nicht zur Beeinträchtigung des beruflichen Werdegangs führen darf, womit erneut das Benachteiligungsverbot aus § 10 BPersVG aufgegriffen und konkretisiert wird. In der Praxis führt dies im Rahmen von Beurteilungen zu sog. „fiktiven Nachzeichnungen", d. h. es wird mit einer Fiktion gearbeitet, welche Leistung der freigestellte Beamte erbracht hätte, wenn er nicht freigestellt worden wäre. Dafür wird eine Vergleichsgruppe gebildet und in der Regel auf den Durchschnitt innerhalb der Vergleichsgruppe abgestellt.

Nach § 52 III BPersVG können auch Teilfreistellungen erfolgen. In Absatz 4 bestimmt der Gesetzgeber, dass freigestellten Personalratsmitgliedern neben ihrer Besoldung bzw. ihrem Arbeitsentgelt eine monatliche Aufwandsentschädigung zu zahlen ist. Hierdurch sollen Kosten abgefedert werden, die bspw. durch die Nutzung des privaten Pkw oder durch die Bewirtung

21 Siehe Kommentar von *Thomas Fischer* auf *www.zeit.de*, abrufbar unter www.zeit.de/gesellschaft/2017-03/sicherheit-raser-moerder-kommissare-fischer-im-recht/seite-2?utm_referrer=https%3A%2F%2Fwww.bing.com%2F.

von Gesprächspartner entstehen. Auch für die Teilnahme an Schulungs- oder Bildungsveranstaltungen sind Personalratsmitglieder unter Fortzahlung der Bezüge bzw. des Arbeitsentgelts freizustellen, § 54 BPersVG.

c) Schutz vor Kündigung, Versetzung, Abordnung und Zuweisung

Sollte eine Dienststellenleitung in persönlicher Hinsicht Probleme mit einem Personalratsmitglied haben, könnte sie auf die Idee kommen, dieses Mitglied im Wege der Kündigung, Abordnung, Versetzung oder Zuweisung elegant loszuwerden. Um ein solches Vorgehen zu verhindern, hat der Gesetzgeber in § 55 BPersVG normiert, dass der Personalrat einer solchen Maßnahme immer zustimmen muss. Der Schutz der Auszubildenden hat in § 56 BPersVG speziellen Niederschlag gefunden.

3. Wahl, Zusammensetzung und Geschäftsführung des Personalrats

Die Regelungen über die Wahl und die Zusammensetzung des Personalrats finden sich in den §§ 13 ff. BPersVG. Zunächst geht aus § 13 BPersVG hervor, dass auch in personell sehr kleinen Dienststellen Personalräte gewählt werden. Wahlberechtigt ist grundsätzlich jeder Beschäftigte, der das 16. Lebensjahr vollendet hat. Im Fall einer Abordnung von mehr als drei Monaten ist man bei der neuen Dienststelle wahlberechtigt und verliert das Wahlrecht in der bisherigen Dienststelle. Wählbar ist grundsätzlich jeder Beschäftigte, der das 18. Lebensjahr vollendet hat und seit mindestens sechs Monaten Beschäftigter im öffentlichen Dienst des Bundes ist, § 14 BPersVG.

Die Anzahl der Mitglieder des Personalrats ist abhängig von der Dienststellengröße, genauer gesagt von der Zahl der Beschäftigten. Bei kleinen Dienststellen mit bis zu 20 Beschäftigten besteht der Personalrat aus nur einer Person. Bei Dienststellen mit über 600 Beschäftigten hat der Personalrat elf Mitglieder; die Höchstzahl der Mitglieder beträgt 31, § 16 BPersVG. Gemäß § 5 BPersVG bilden Beamte und Arbeitnehmer jeweils eine sog. „Gruppe“. Nach § 17 BPersVG muss jede Gruppe entsprechend ihrer Stärke im Personalrat vertreten sein. § 18 BPersVG mahnt darüber hinaus dazu an, dass Frauen und Männer entsprechend dem Zahlenverhältnis in der jeweiligen Dienststelle vertreten sein sollen und trägt damit dem besonderen Gleichheitssatz aus Art. 3 II GG Rechnung.

Für die Wahl selbst gelten die Wahlgrundsätze nach § 19 BPersVG, welche im Grundsatz denen aus Art. 38 I GG ähneln. So ist geregelt, dass der Personalrat in geheimer und unmittelbarer Wahl gewählt wird. Darüber hinaus wird nach den Grundsätzen der Verhältniswahl gewählt. Das Verfahren der Wahl, von den Wahlvorschlägen bis hin zur Anfechtung der Wahl, ist in den §§ 20–26 BPersVG geregelt.

Ist der Personalrat gewählt, beträgt seine Amtszeit im Grundsatz vier Jahre, § 27 BPersVG. Wird ein Personalratsmitglied nach § 30 BPersVG durch Beschluss des Verwaltungsgerichts ausgeschlossen oder erlischt seine Mitgliedschaft nach § 31 BPersVG aus anderen Gründen wie z. B. wegen Ausscheidens aus der Dienstelle, rücken Ersatzmitglieder nach § 33 BPersVG nach, sodass der Personalrat arbeitsfähig bleibt.

Die laufenden Geschäfte des Personalrats werden durch seinen Vorstand geführt, § 34 BPersVG. Darüber hinaus wird ein Vorstandsmitglied gewählt, das den Vorsitz übernimmt. Der oder die Vorsitzende vertritt den Personalrat im Rahmen der von diesem gefassten Beschlüsse, § 35 BPersVG. Die Sitzungen des Personalrats finden in der Regel während der Arbeitszeit statt und sind nicht öffentlich, § 38 BPersVG. Beschlüsse werden mit einfacher Stimmenmehrheit der anwesenden Mitglieder gefasst, wobei der Personalrat nur beschlussfähig ist, wenn mindestens die Hälfte seiner Mitglieder anwesend ist, § 39 BPersVG.

4. Rechtsprechung

Um einen Praxisbezug herzustellen, werden im Folgenden einige Gerichtsentscheidungen, die sich mit der Anwendung des Personalvertretungsrechts in der Bundespolizei befassen, dargestellt:

Mitbestimmung bei der Anrechnung von Ruhepausen auf die Arbeitszeit – OVG Bln-Bbg, Beschl. vom 9.7.2020 – OVG 62 PV 5.19 –, juris

Sachverhalt: In dieser Sache des OVG Berlin-Brandenburg geht es einerseits um die Frage, ob eine Regelung über die Vergütung von Pausenzeiten mitbestimmungs- oder mitwirkungspflichtig ist. Andererseits werden formale Fragen der Beteiligung und Beschlussfassung nach dem BPersVG geklärt.

Die Arbeitszeitverordnung für die Beamtinnen und Beamte des Bundes (AZV) enthält folgende Regelung: „Ruhepausen werden nicht auf die Arbeitszeit angerechnet, es sei denn, dass [...] 2. die zuständige Behörde die Anrechnung bei operativen Tätigkeiten in Einsatzbereichen, in denen die ständige Einsatzfähigkeit gewährleistet werden muss, zum Ausgleich der damit verbundenen Belastungen zulässt."

Das Bundesministerium des Innern, für Bau und Heimat (BMI) informierte sowohl seinen Hauptpersonalrat als auch seinen Bundespolizeihauptpersonalrat im April 2018 über einen Erlass zur AZV, der jedoch zunächst mangels abgeschlossenem BPersVG-Beteiligungsverfahren vom BMI ausgesetzt wurde. Am 31.5.2018 legte das BMI dem Polizeihauptpersonalrat einen ergänzten Erlass vor und bat um Stellungnahme bis zum 14.6.2018. Vom Bundespolizeihauptpersonalrat begehrte Änderungen übernahm das BMI nicht und erklärte das Beteiligungsverfahren gemäß § 78 I Nr. 1, § 72 I und III PpersVG Mitte Juni 2018 als abgeschlossen. Der Bundespolizeibezirkspersonalrat und der Präsident des Bundespolizeipräsidiums erstreckten die Regelungen mittels Dienstvereinbarung auf die Tarifbeschäftigten.

Die Gruppe der Beamten beim Bundespolizeihauptpersonalrat begehrte in einem Beschlussverfahren vor dem Verwaltungsgericht erfolglos die Feststellung, dass das Mitbestimmungsverfahren fehlerhaft durchgeführt worden sei. Es folgte die Beschwerde zum OVG, denn der Bundespolizeihauptpersonalrat/Antragsteller meinte, ihm stehe ein Mitbestimmungsrecht gemäß § 75 III Nr. 1 BPersVG zu und rügt auch einen Verstoß gegen § 2 I und § 74 BPersVG.

Entscheidungsgründe: Das OVG Berlin-Brandenburg wies die Beschwerde zurück. Zwar stehen die Rechte aus dem BPersVG dem Hauptpersonalrat und dem hier antragstellenden Bundespolizeihauptpersonalrat gesondert zu. Und die Zuständigkeiten beider Hauptpersonalräte bestehen für ihre Wirkkreise überschneidungsfrei nebeneinander. Jedoch hat der Beteiligte (das BMI) die Mitbestimmung/Mitwirkung des Antragstellers ordnungsgemäß beachtet und durchgeführt.

Das Mitbestimmungsrecht aus § 82 IV iVm § 75 III Nr. 1 BPersVG stehe dem Antragsteller nicht zu, weil das Gesetz keine Regelung enthalte, die die Vergütung von Ruhepausen miterfasse. Vielmehr gehe es bei der Mitbestimmung um „Beginn und Ende der täglichen Arbeitszeit und der Pausen sowie um die Verteilung der Arbeitszeit auf die einzelnen Wochentage". Es bedürfe einer Maßnahme, die eine generelle und unmittelbar verbindliche Verteilung der abzuleistenden Arbeitszeit auf die Arbeitstage der Woche oder deren Einteilung an den einzelnen Wochentagen regele. Dazu zähle auch die Festlegung von Beginn und Ende der Pausen. Die Erlasse des BMI vom Mai 2017 und Juni 2018 regelten hingegen, unter welchen Voraussetzungen Pausen auf die Arbeitszeit angerechnet und mithin vergütet werden. Damit sei keine Auswirkung auf die tägliche, sondern auf die wöchentliche Arbeitszeit verbunden.

Für den Bereich der Bundespolizei wurde das Mitwirkungsrecht des Antragstellers aus § 82 IV in Verbindung mit § 78 I Nr. 1 BPersVG außerdem beachtet. Denn das BMI war nicht an die erste Entwurfsfassung des Erlasses vom April 2017 gebunden, auch wenn der Antragsteller insoweit in der ihm gegebenen Frist keine Einwände vorgebracht habe. § 74 BPersVG diene nur der Kompetenzabgrenzung zwischen Dienststellenleitung und Personalvertretung im Hinblick auf den Vollzug von Maßnahmen.

Ein Vertrauen in die Anwendung des ursprünglichen Erlasses sei letztlich nicht geschützt, denn der Beteiligte habe keine Verhaltensweisen gezeigt, die beim Antragsteller ein schutzwürdiges Vertrauen erzeugt haben konnten darauf, dass es bei der Fassung des Erlasses vom 28.4.2017 bleiben müsste.

Mitbestimmung bei der Anschaffung von ballistischen Schutzhelmen durch die Bundespolizei – BVerwG (5. Senat), Beschl. vom 11.12.2020 – 5 PB 25.19 –, juris

[...] *Die Beschwerde wirft als Rechtsfrage von grundsätzlicher Bedeutung zunächst auf: „Ist die Anschaffung von Ausrüstungsgegenständen für Polizeieinsätze – insb. von Gegenständen der Schutzausrüstung – eine Maßnahme zur Verhütung von Dienst- und Arbeitsunfällen und sonstigen Gesundheitsschädigungen i. S. d. § 75 Abs. 3 Nr. 11 BPersVG?" Diese Frage ist, soweit sie einer grundsätzlichen Klärung zugänglich ist, nicht klärungsbedürftig (aa); im Übrigen ist ihre Klärungsfähigkeit im vorliegenden Verfahren nicht dargelegt (bb).*

aa) Das Mitbestimmungsrecht des Personalrats nach § 75 Abs. 3 Nr. 11 BPersVG bezieht sich auf Maßnahmen zur Verhütung von Dienst- und Arbeitsunfällen und sonstigen Gesundheitsschädigungen. In der Rechtsprechung des Bundesverwaltungsgerichts ist geklärt, dass die vorgesehene Maßnahme hiervon ausgehend darauf abzielen muss, das Risiko von Gesundheitsschädigungen oder Unfällen innerhalb der Dienststelle zu mindern oder einen effektiven Arbeits- und Gesundheitsschutz zu gewährleisten. Der Mitbestimmungstatbestand erfasst Arbeitsschutzmaßnahmen, die nach gesetzlicher Vorschrift oder aus freiem Entschluss des Dienststellenleiters ergriffen werden sollen, um die Beschäftigten allgemein zu schützen oder vor konkreten Gefahren zu bewahren, welche die Tätigkeit auf bestimmten Arbeitsplätzen mit sich bringt. Maßnahmen, die in erster Linie andere Zwecke verfolgen und sich nur mittelbar auf den Arbeits- und Gesundheitsschutz der Beschäftigten auswirken, unterliegen nicht dem Mitbestimmungsrecht des Personalrats.

Von diesen Grundsätzen ist das Oberverwaltungsgericht ausgegangen und hat angenommen, dass die hier in Rede stehenden ballistischen Schutzhelme, deren Beschaffung Gegenstand des Mitbestimmungsbegehrens ist, das Risiko eines Dienstunfalls mindern sollen. Auch die Beschwerde stellt ausdrücklich nicht infrage, dass Gegenständen polizeilicher Einsatzausrüstung auch eine Schutzfunktion für den sie nutzenden Beamten zukommen kann. Die Ausrüstung, so die Beschwerde, bestimme aber auch über die Möglichkeiten, sich einer Gefahr entgegenzustellen und diene der Ermöglichung der Aufgabenerfüllung oder der Erweiterung der damit zusammenhängenden Möglichkeiten. Diese Aspekte hingen zusammen und müssten im Rahmen einer taktischen Gesamtabwägung zum Ausgleich gebracht werden.

Sollte diesen Ausführungen der Beschwerde die Auffassung zugrunde liegen, dem Mitbestimmungsrecht des Personalrats nach § 75 Abs. 3 Nr. 11 BPersVG unterlägen nur solche Maßnahmen, die ihrer objektiven Zielrichtung nach allein auf die Minderung des Risikos von Gesundheitsschädigungen oder Unfällen gerichtet sind, träfe dies nicht zu. Maßgeblich für das Vorliegen des Mitbestimmungstatbestandes ist in Anwendung der oben genannten Grundsätze ohne Weiteres lediglich, dass diese Zweckbestimmung nicht hinter andere Zielsetzungen zurücktritt. Solches ist aber nicht allein schon deshalb der Fall, weil mit der Maßnahme auch andere Zwecke verfolgt werden, insbesondere auch solche, die auf die Sicherung der Aufgabenerfüllung der Dienststelle abzielen.

bb) Ob eine vorgesehene Maßnahme in diesem Sinne ihrer objektiven Zielrichtung nach auf den Arbeits- und Gesundheitsschutz der Beschäftigten abzielt, ist im Übrigen eine Frage des Einzelfalles und insofern einer rechtsgrundsätzlichen fallübergreifenden Klärung in einem Rechtsbeschwerdeverfahren nicht zugänglich. Dies gilt auch für die Beschaffung von Ausrüstungsgegenständen für Polizeieinsätze. Soweit die Beschwerde demgegenüber solche Beschaffungen generell vom Anwendungsbereich des § 75 Abs. 3 Nr. 11 BPersVG ausnehmen will, weil sie derartige Gegenstände schlechthin als allein oder jedenfalls primär der polizeilichen Aufgabenwahrnehmung dienend ansieht, legt sie die Grundlagen für eine Bereichsausnahme in diesem Sinne nicht hinreichend dar.

Normative Anhaltspunkte dafür, dass das Tragen polizeilicher Schutzausrüstung nicht Zwecken des Arbeits- und Gesundheitsschutzes im Sinne von § 75 Abs. 3 Nr. 11 BPersVG dient, lassen sich entgegen der Auffassung der Beschwerde Vorschriften des Arbeitsschutzrechts nicht entnehmen. Die Beschwerde verweist insofern zunächst auf § 1 Abs. 3 Nr 3 der Verordnung über Sicherheit und Gesundheitsschutz bei der Benutzung persönlicher Schutzausrüstungen bei der Arbeit (PSA-Benutzungsverordnung – PSA-BV) vom 4. Dezember 1996 (BGBl. I S. 1841). Für die Frage der Schutzfunktion polizeilicher Einsatzausrüstung folgt aus dieser Bestimmung allerdings schon deshalb nichts, weil sie allein den Anwendungsbereich der Verordnung betrifft und dabei Schutzausrüstungen der Polizeien des Bundes und der Länder lediglich von deren Regelungsregime ausnimmt. Abgesehen davon liegt dem auch ersichtlich nicht die Auffassung zugrunde, solche Ausrüstungsgegenstände dienten nicht dem Arbeits- und Gesundheitsschutz, wie dies § 1 Abs. 2 PSA-BV für persönliche Schutzausrüstungen voraussetzt. Denn der Verordnungsgeber verwendet nicht nur in § 1 Abs. 3 Nr. 3 PSA-BV wie in § 1 Abs. 2 PSA-BV den Begriff der „persönlichen Schutzausrüstungen", er regelt den Anwendungsausschluss auch bloß im Wege der Fiktion („Als persönliche Schutzausrüstungen im Sinne des Absatzes 2 gelten nicht […]"), stellt also die Bestimmung der in Rede stehenden Ausrüstungsgegenstände für Zwecke des Arbeits- und Gesundheitsschutzes der Sache nach nicht in Abrede. Noch weniger lässt sich für die Frage der Zweckbestimmung polizeilicher Einsatzausrüstung etwas daraus entnehmen, dass nach § 4 Abs. 1 der Verordnung über die modifizierte Anwendung von Vorschriften des Arbeitsschutzgesetzes für bestimmte Tätigkeiten im öffentlichen Dienst des Bundes im Geschäftsbereich des Bundesministeriums des Innern, für Bau und Heimat vom 8. Februar 2000 (BGBl. I S. 114), die zuletzt durch die Verordnung vom 19. Juni 2020 (BGBl. I S. 1328) geändert worden ist, u. a. bei Einsatztätigkeiten der Bundespolizei von Vorschriften des Arbeitsschutzgesetzes abgewichen werden kann.

Auch im Übrigen ist nicht schlüssig dargelegt, dass die von der Beschwerde allgemein zum Gegenstand der Grundsatzfrage gemachten „Ausrüstungsgegenstände für Polizeieinsätze" generell ausschließlich oder jedenfalls primär der Ermöglichung polizeilicher Aufgabenwahrnehmung dienen sollen. Einer solchen Sichtweise mangelt es vor allem deshalb an Schlüssigkeit, weil die Bandbreite solcher Ausrüstungsgegenstände von der Bewaffnung der Einsatzkräfte bis hin etwa zu Gummihandschuhen reichen kann, wie sie zur Vermeidung einer Ansteckung mit übertragbaren Krankheiten bei

Erste-Hilfe-Einsätzen Verwendung finden. Die Beschwerde führt vor diesem Hintergrund nicht aus, dass und warum die auch von ihr für erforderlich gehaltene Abwägung zwischen der Schutzfunktion einzelner Ausrüstungsgegenstände und ihrer Bedeutung für die Aufgabenerfüllung der Bundespolizei stets und zwingend zugunsten Letzterer ausfallen müsste.

Die Beschwerde wirft weiter als Rechtsfrage von grundsätzlicher Bedeutung auf: „Schließt § 85 Abs. 1 Nr. 6 lit. a) BPersVG die Beteiligung der Bundespolizeipersonalvertretung für die Beschaffung von Einsatzmitteln aus?" Diese Frage ist nicht klärungsbedürftig, weil sie hinreichend geklärt ist (aa), und im Übrigen nicht klärungsfähig, weil die Beschwerde insoweit von einem unzutreffenden Verfahrensgegenstand und einem nicht festgestellten Sachverhalt ausgeht (bb).

aa) Nach § 85 Abs. 1 Nr. 6 Buchst. a BPersVG findet eine Beteiligung der Bundespolizeipersonalvertretungen nicht statt bei Anordnungen für Polizeivollzugsbeamte, durch die Einsatz oder Einsatzübungen geregelt werden. In der Rechtsprechung des Bundesverwaltungsgerichts ist geklärt, dass als „Einsatz" im Sinne dieser Vorschrift allein eine konkrete, eilbedürftige Maßnahme anzusehen ist, die durch nicht vorhersehbare oder planbare Ereignisse bedingt wird. Der Umstand, dass für eine polizeiliche Maßnahme auch taktische Überlegungen maßgebend sind, steht der Durchführung eines Mitbestimmungsverfahrens allein nicht entgegen. Die Bestimmung dient insofern als Sicherung für die zeitgerechte Herstellung der Bedingungen einer ordnungsgemäßen polizeilichen Aufgabenerfüllung, indem sie verhindert, dass durch eine Einschaltung von Personalvertretungen Einsätze verzögert werden. Mit dieser Fokussierung auf eilbedürftige Fälle findet der Einsatzbegriff des § 85 Abs. 1 Nr. 6 Buchst. a BPersVG ohne Weiteres nicht nur auf die Beteiligung der Bundespolizeipersonalvertretungen nach § 75 Abs. 3 Nr. 1 BPersVG, sondern auch auf eine solche nach anderen Mitbestimmungstatbeständen Anwendung. Einen weitergehenden Klärungsbedarf zeigt die Beschwerde nicht in nachvollziehbarer Weise auf.

bb) Die Beschwerde stellt im Übrigen darauf ab, dass der Tatbestand des § 85 Abs. 1 Nr. 6 Buchst. a BPersVG schon deshalb erfüllt sei, weil die Helme, deren Beschaffung in Rede steht, in konkreten (und eilbedürftigen) Polizeieinsätzen getragen werden sollten. Gegenstand des durch den Antragsteller im Beschlussverfahren verfolgten Feststellungsbegehrens ist allerdings allein seine Mitwirkung an der Entscheidung des Beteiligten zur Beschaffung von ballistischen Schutzhelmen und nicht – wie von der Beschwerde zugrunde gelegt – auch einer etwaigen taktischen Einsatzentscheidung über ihre Verwendung in konkreten Einsatzlagen. Das Oberverwaltungsgericht hat des Weiteren in tatsächlicher Hinsicht festgestellt, dass das Beschaffungsverfahren im vorliegenden Fall langwierig und daher durch eine Mitbestimmung eine Verzögerung der Beschaffung nicht zu besorgen war. Das schließt eine Eilbedürftigkeit des Beschaffungsverfahrens im vorstehenden Sinne aus. Dem ist die Beschwerde nicht mit Verfahrensrügen entgegengetreten.

Die Beschwerde wirft schließlich als Grundsatzfrage auf: „Muss der vom Bundesverfassungsgericht aus dem Demokratieprinzip entwickelte[n] Verantwortungsgrenze bei einsatzbezogenen Maßnahmen der Bundespolizei statt durch Einschränkung der Mit-

bestimmung mit Hilfe einer Analogie zu § 69 Abs. 4 Satz 3 und 4 BPersVG durch Ausschluss der Mitbestimmung nach § 85 Abs. 1 Nr. 6 lit. a) BPersVG zur Geltung verholfen werden?" Sie zeigt allerdings die Klärungsbedürftigkeit dieser Frage nicht auf.

Die Beschwerde ist der Ansicht, § 85 Abs. 1 Nr. 6 Buchst. a BPersVG schließe jedenfalls in Verbindung mit der verfassungsrechtlichen Verantwortungsgrenze die Mitbestimmungspflicht nach § 75 Abs. 3 Nr. 11 BPersVG aus. Die Beschaffung von ballistischen Einsatzhelmen betreffe mit Rücksicht auf die zu beachtenden taktischen Aspekte schwerpunktmäßig die Aufgabenwahrnehmung durch die Bundespolizei selbst dann, wenn man solchen Helmen eine auf den Arbeits- und Gesundheitsschutz bezogene Zielrichtung beimesse. Dem könne hier aber nicht durch eine analoge Anwendung des § 69 Abs. 4 Satz 3 BPersVG auf den Fall einer uneingeschränkten Mitbestimmung Rechnung getragen werden. Denn hierfür fehle es an der erforderlichen Regelungslücke. Eine solche dürfe nicht erst dadurch geschaffen werden, dass der Wortlaut des § 85 Abs. 1 Nr. 6 Buchst. a BPersVG im Wege der teleologischen Reduktion auf Eilfälle verengt werde, um dann denjenigen des § 69 Abs. 4 Satz 3 BPersVG im Wege der Analogie zu erweitern. Außerdem sei die Funktionsfähigkeit der Bundespolizei auch dann betroffen, wenn es nicht um den Faktor Zeit gehe, sondern darum, die Effektivität der Einsätze zu wahren.

Diese Argumentation beruht indes auf einer unzutreffenden Prämisse. Sie geht davon aus, dass die Fokussierung des Einsatzbegriffs in § 85 Abs. 1 Nr. 6 Buchst. a BPersVG auf eilbedürftige Fälle auf einer richterlichen Rechtsfortbildung im Wege der teleologischen Reduktion beruht. Das trifft nicht zu. Das Bundesverwaltungsgericht hat in seinem von der Beschwerde in Bezug genommenen Beschluss vom 20. Dezember 1988 nicht – wie die Beschwerde meint – § 85 Abs. 1 Nr. 6 Buchst. a BPersVG trotz eines eindeutigen Wortlauts auf einzelne davon erfasste Sachverhalte unangewendet gelassen. Es hat vielmehr den Inhalt des weder im Gesetz näher bestimmten noch aus sich heraus eindeutigen Begriffs des „Einsatzes" aus dem systematischen Zusammenhang der Vorschrift, dem Sinn und Zweck der Regelung und aus ihrer Entstehungsgeschichte ermittelt. Die Beschränkung des Anwendungsbereichs des § 85 Abs. 1 Nr. 6 Buchst. a BPersVG auf Eilfälle ist also Ergebnis einer Auslegung der Norm und nicht einer Korrektur ihres Wortlauts im Wege richterlicher Rechtsfortbildung.

Im Übrigen ist inzwischen geklärt, dass Verfassungsrecht es jedenfalls in den von der Beschwerde in Bezug genommenen Fallkonstellationen nicht verlangt, Mitbestimmungstatbestände restriktiv zu interpretieren. Soweit die Regierungsverantwortung berührt ist, ist dem nicht durch Ausschluss, sondern durch Einschränkung der Mitbestimmung nach den Regeln zur Verantwortungsgrenze Rechnung zu tragen. Nichts anderes gilt umgekehrt für die Interpretation normativer Ausschlussregelungen für die Mitbestimmung. Diese müssen nicht allein deshalb extensiv ausgelegt werden, weil eine Maßnahme die Erfüllung der Amtsaufgabe nicht nur unerheblich berührt. Verfassungsrecht gebietet es im Übrigen auch nicht, in Anwendung von § 85 Abs. 1 Nr. 6 Buchst. a BPersVG von einer Mitbestimmungspflichtigkeit ganz abzusehen, weil damit zu rechnen ist, dass eingeleitete Mitbestimmungsverfahren unter Umständen aus Gründen zeitgerechter polizeilicher Aufgabenerfüllung abgebrochen werden müssen.

Die Rechtsbeschwerde ist nicht wegen Divergenz zuzulassen. Auch insoweit trägt die Beschwerde den Darlegungsanforderungen nicht ausreichend Rechnung. Nach § 83 Abs. 2 BPersVG i. V. m. § 92 Abs. 1 Satz 2 i. V. m. § 72 Abs. 2 Nr. 2 ArbGG ist die Rechtsbeschwerde zuzulassen, wenn der angefochtene Beschluss von einer Entscheidung der in § 72 Abs. 2 Nr. 2 ArbGG genannten Gerichte abweicht und die Entscheidung auf dieser Abweichung beruht. In der Begründung der Nichtzulassungsbeschwerde ist die Entscheidung, von der der angefochtene Beschluss abweicht, zu bezeichnen. Eine die Rechtsbeschwerde eröffnende Divergenz ist nur dann hinreichend bezeichnet, wenn die Beschwerde einen abstrakten, inhaltlich bestimmten, die angefochtene Entscheidung tragenden Rechtssatz benennt, mit dem die Vorinstanz einem in der Rechtsprechung eines der in § 72 Abs. 2 Nr. 2 ArbGG aufgeführten Gerichte aufgestellten ebensolchen, die Entscheidung tragenden Rechtssatz in Anwendung derselben Rechtsvorschrift widersprochen hat. Eine solche Divergenz kann auch dann anzunehmen sein, wenn beide Entscheidungen auf der Grundlage von verschiedenen, aber inhaltsgleichen Rechtsnormen ergangen sind. Das Aufzeigen einer fehlerhaften oder unterbliebenen Anwendung der Rechtssätze, die das betreffende Gericht in seiner Rechtsprechung aufgestellt hat, genügt den Zulässigkeitsanforderungen nicht. Gemessen daran ist die Beschwerde nicht ausreichend begründet.

Die Beschwerde entnimmt der angefochtenen Entscheidung folgenden Rechtssatz: „Der Beschluss über die Anschaffung und den Erwerb von Ausrüstungsgegenständen stellt eine Maßnahme i. S. d. § 69 Abs. 1, 2 i. V. m. § 75 Abs. 3 [...] *Nr. 11 BPersVG dar, auch wenn es sich lediglich um eine der Vorbereitung einer Maßnahme dienende Handlung der Dienststelle handelt, welche auch nicht die bereits beabsichtigte Maßnahme vorwegnimmt bzw. unmittelbar festlegt." Dem stellt sie als Rechtssatz des Bundesverwaltungsgerichts, von dem das Oberverwaltungsgericht abgewichen sei, folgende Rechtsausführungen aus der Rechtsprechung des Bundesverwaltungsgerichts gegenüber:*

„Unter einer Maßnahme im personalvertretungsrechtlichen Sinne ist jede auf eine Veränderung des bestehenden Zustandes abzielende Handlung oder Entscheidung der Dienststellenleitung zu verstehen, die den Rechtsstand der Beschäftigten berührt und durch deren Durchführung das Beschäftigungsverhältnis oder die Arbeitsbedingungen eine Änderung erfahren. Von dem Leiter der Dienststelle beabsichtigt im Sinne von § 69 Abs. 2 Satz 1 BPersVG wird eine Maßnahme, wenn dessen Willensbildungsprozess mit Blick auf den Gegenstand des Mitbestimmungsrechts abgeschlossen. Lediglich der Vorbereitung einer Maßnahme dienende Handlungen der Dienststelle sind, wenn sie nicht bereits die beabsichtigte Maßnahme vorwegnehmen oder unmittelbar festlegen, keine Maßnahmen. Ebenso wenig erfüllt ein bloßes Unterlassen des Dienststellenleiters die Kriterien einer Maßnahme, weil und soweit dadurch die dienst- oder arbeitsrechtliche Stellung von Beschäftigten nicht berührt wird, es vielmehr bei dem bestehenden Zustand verbleibt."

Dieses Begriffsverständnis werde auch dem § 75 Abs. 3 Nr. 11 BPersVG zugrunde gelegt. Damit ist eine Rechtssatzdivergenz im oben dargelegten Sinne nicht in der gebotenen Weise dargetan. Den ihm zugeschriebenen abstrakten Rechtssatz hat das Ober-

verwaltungsgericht, wie die Beschwerde selbst zutreffend ausführt, nicht formuliert. Es hat ihn auch nicht in erkennbarer Weise sinngemäß seiner Entscheidung zugrunde gelegt. Vielmehr hat es, wie die Beschwerde ebenfalls zutreffend bemerkt, mit den von ihr beanstandeten Formulierungen lediglich erkennen lassen, dass es die Anforderungen an den Maßnahmebegriff sowohl mit Blick auf die Zulässigkeit wie auch die Begründetheit des Antrags als erfüllt ansieht. Bei den von der Beschwerde in Bezug genommenen Passagen des angefochtenen Beschlusses handelt es sich demnach nicht um die Aufstellung eines abstrakten Rechtssatzes, sondern um die Subsumtion des Oberverwaltungsgerichts, ohne dass es allerdings die hierfür maßgeblichen Maßstäbe offenlegt. Hieraus ergibt sich jedoch nicht zwingend, dass – wie die Beschwerde meint – das Oberverwaltungsgericht für die Bestimmung des Maßnahmebegriffs inzident einen der Rechtsprechung des Bundesverwaltungsgerichts völlig entgegengesetzten abstrakten rechtlichen Standpunkt angewandt hat. Soweit im Übrigen das Oberverwaltungsgericht in seiner Subsumtion das Vorliegen einer Maßnahme unter Abweichung von den Maßstäben der Rechtsprechung des Bundesverwaltungsgerichts bejaht haben sollte, könnte dies die Zulassung der Rechtsbeschwerde wegen einer Rechtssatzdivergenz nicht rechtfertigen. Das Aufzeigen einer fehlerhaften oder unterbliebenen Anwendung der maßgeblichen Rechtssätze genügt den Zulässigkeitsanforderungen nicht.

Anspruch eines Personalratsmitglieds auf leistungsbezogene Besoldung – BVerwG, Urt. vom 23.1.2020 – 2 C 22/18 –, juris

Sachverhalt: Der Kl. steht seit 1990 im Dienst der Bekl. und ist bei der Bundespolizei beschäftigt. Er wurde im Amt eines Polizeihauptmeisters (Besoldungsgruppe A 9 BBesO) im Jahr 1996 wegen seiner Tätigkeit im Gesamtpersonalrat von seiner dienstlichen Tätigkeit freigestellt. Nachdem er mit Unterbrechungen ganz oder teilweise freigestellt war, ist er seit Dezember 2009 förmlich zu 75 % und seit 2016 förmlich zu 100 % von seinen dienstlichen Verpflichtungen freigestellt. Während dieser Zeit ist der Kl. zum begrenzten Praxisaufstieg in die Laufbahn des gehobenen Polizeivollzugsdienstes zugelassen und dort bis in das Amt eines Polizeihauptkommissars (Besoldungsgruppe A 11 BBesO) befördert worden. Im November 2013 beantragte der Kl. die Gewährung eines der leistungsbezogenen Besoldungsinstrumente nach der Bundesleistungsbesoldungsverordnung. Den Widerspruch gegen den ablehnenden Bescheid wies die Bekl. zurück.

Das VG Saarlouis (v. 22.11.2016 – 2 K 812/15) hat der Klage stattgegeben und die Bekl. verpflichtet, über die Vergabe leistungsbezogener Besoldung nach der Bundesleistungsbesoldungsverordnung an den Kl. unter Beachtung der Rechtsauffassung des Gerichts neu zu entscheiden. Das OVG hat die Berufung der Bekl. zurückgewiesen. Die Revision der Bekl. hatte Erfolg.

Entscheidungsgründe: [...] *Die Annahme des BerGer., dass der Kl. als ganz vom Dienst freigestelltes Personalratsmitglied auf der Grundlage des Lohnausfallprinzips des § 46 II 1 BPersVG und des Beeinträchtigungsverbots des § 46 III 6 BPersVG ohne weitere Voraussetzungen beanspruchen kann, bei der Entscheidung der Bekl. über die*

Vergabe leistungsbezogener Besoldungsinstrumente in den Kreis der möglichen Empfänger aufgenommen zu werden, verletzt Bundesrecht (§ 137 I Nr. 1 VwGO). Das Urteil des BerGer. erweist sich auch nicht aus anderen Gründen als richtig (§ 144 IV VwGO). Ein ganz vom Dienst freigestelltes Personalratsmitglied hat auch auf der Grundlage des allgemeinen Benachteiligungsverbots des § 8 BPersVG in aller Regel keinen Anspruch auf Einbeziehung in die Ermessensentscheidung des Dienstherrn über die Gewährung leistungsbezogener Besoldungsinstrumente. Anderes kommt ausnahmsweise nur dann in Betracht, wenn der Beamte in der Zeit vor seiner Freistellung wiederholt herausragende besondere Leistungen erbracht hat und diese mit einer Form der Leistungsbesoldung honoriert wurden. Für Letzteres bestehen nach den tatsächlichen Feststellungen des BerGer. im vorliegenden Fall keine Anhaltspunkte.

Rechtsgrundlage für die Gewährung leistungsbezogener Besoldungsinstrumente ist für den Zeitraum vom November 2013 bis zum 31.12.2015 § 27 VII und § 42 a BBesG idF der Bekanntmachung vom 19.6.2009 (BGBl. 2009 I 1434, BBesG aF), redaktionell geändert durch Art. 1 Nr. 14 des Professorenbesoldungsneuregelungsgesetzes vom 11.6.2013 (BGBl. 2013 I 1514), jeweils in Verbindung mit der Verordnung des Bundes über leistungsbezogene Besoldungsinstrumente (Bundesleistungsbesoldungsverordnung – BLBV) vom 23.7.2009 (BGBl. 2009 I 2170), und seither – inhaltlich unverändert § 27 VI und § 42a BBesG idF des Art. 1 Nr. 4 d), Nr. 12 des Siebten Besoldungsänderungsgesetzes (7. BesÄndG) vom 3.12.2015 (BGBl. 2015 I, 2163), jeweils in Verbindung mit der Bundesleistungsbesoldungsverordnung idF des Art. 4 des 7. BesÄndG.

Gemäß § 27 VII 1 BBesG aF und § 27 VI 1 BBesG iVm § 3 BLBV kann bei dauerhaft herausragenden Leistungen Beamten und Soldaten der Bundesbesoldungsordnung A für den Zeitraum bis zum Erreichen der nächsten Stufe das Grundgehalt der nächsthöheren Stufe als Leistungsstufe gezahlt werden. Dabei darf nach § 27 VII 2 BBesG aF und § 27 VI 2 BBesG die Zahl der in einem Kalenderjahr bei einem Dienstherrn vergebenen Leistungsstufen grundsätzlich 15 % der Zahl der bei dem Dienstherrn vorhandenen Beamten und Soldaten der Bundesbesoldungsordnung A, die das Endgrundgehalt noch nicht erreicht haben, nicht übersteigen.

Weiter können zur Abgeltung von herausragenden besonderen Leistungen gem. § 42a I BBesG iVm § 4 BLBV Leistungsprämien als Einmalzahlungen bis zur Höhe des Anfangsgrundgehalts der Besoldungsgruppe des Besoldungsempfängers (vgl. § 42a II 6 Hs. 1 BBesG) oder gem. § 42 a I BBesG iVm § 5 BLBV befristete monatliche Leistungszulagen bis zur Höhe von 7 % des Anfangsgrundgehalts (vgl. § 42 a II 6 Hs. 2 BBesG) gewährt werden. Dabei darf nach § 42 a II 1 BBesG die Gesamtzahl der in einem Kalenderjahr bei einem Dienstherrn vergebenen nicht ruhegehaltfähigen (vgl. § 42 a II 4 BBesG) Leistungsprämien und Leistungszulagen grundsätzlich 15 % der Zahl der bei dem Dienstherrn vorhandenen Besoldungsempfänger nach § 42 a I 1 BBesG nicht übersteigen.

Ein gänzlich freigestelltes Personalratsmitglied erbringt keine dienstlichen Leistungen im Sinne dieser besoldungsrechtlichen Vorschriften. Die Personalratstätigkeit selbst kann nicht mit einem der leistungsbezogenen Besoldungsinstrumente honoriert werden. Das Gesetz verbietet die Gewährung eines Entgelts oder jede sonstige Zuwendung eines geldwerten Vorteils für die personalvertretungsrechtliche Tätigkeit. Nach § 46 I BPersVG führen die Mitglieder des Personalrats ihr Amt unentgeltlich als Ehrenamt. Das Ehrenamtsprinzip dient dazu, die innere Unabhängigkeit und Unparteilichkeit des Personalratsmitglieds bei der Ausübung seines Amts zu wahren. Die Tätigkeit eines Personalratsmitglieds entzieht sich zudem jeder Bewertung durch den Dienstherrn. Nach dem das Personalvertretungsrecht beherrschenden Partnerschaftsgrundsatz ist der Dienstherr gehindert, vom Dienst freigestellte Personalratsmitglieder für die Zeit der Freistellung dienstlich zu beurteilen. Für den Bereich, für den eine Personalvertretung gewählt ist, stehen sich der Dienststellenleiter und die Personalvertretung, zur partnerschaftlichen Zusammenarbeit verbunden, gegenüber; der Personalrat ist als eigenständiges Interessenvertretungsorgan nicht der Dienststellenleitung zugeordnet.

Der Kl. kann auf der Grundlage des Lohnausfallprinzips des § 46 II 1 BPersVG nicht beanspruchen, in die gem. § 27 VII 1 BBesG aF und § 27 VI 1 BbesG iVm § 3 BLBV und gem. § 42a I BBesG iVm §§ 4 und 5 BLBV zu treffende Ermessensentscheidung der Bekl. einbezogen zu werden.

Gemäß § 46 II 1 BPersVG hat Versäumnis von Arbeitszeit, die zur ordnungsgemäßen Durchführung der Personalratsaufgaben erforderlich ist, keine Minderung der Dienstbezüge oder des Arbeitsentgeltes zur Folge. Es gilt das „Lohnausfallprinzip". Die Ansprüche des freigestellten Personalratsmitglieds auf Dienstbezüge bleiben unverändert bestehen. Er erhält diejenigen Dienstbezüge, die der Dienstherr zu zahlen hätte, hätte der Beamte in seinem bisherigen Aufgabenbereich weiter Dienst geleistet.

Der Begriff der Dienstbezüge iSd § 46 II 1 BPersVG erfasst nur die durch Verwaltungsentscheidung zuerkannten und damit zahlbar gemachten leistungsbezogenen Besoldungsinstrumente, nicht dagegen den Anspruch auf ermessensfehlerfreie Entscheidung des Dienstherrn über ihre Vergabe.

§ 1 II BBesG bestimmt den Begriff der Dienstbezüge nicht abschließend und auch nicht umfassend für sämtliche beamtenrechtlichen Vorschriften. Der Begriff „Dienstbezüge" wird innerhalb des öffentlichen Dienstrechts je nach Sinngehalt und Zusammenhang der jeweils einschlägigen Vorschrift mit unterschiedlicher Bedeutung verwendet. Der in § 46 II 1 BPersVG verwendete Begriff der Dienstbezüge ist danach im weiten Sinn zu verstehen. Er erfasst nicht nur die finanziellen Leistungen des Dienstherrn, die im Hinblick auf den Beamtenstatus als solche gewährt werden und die die den Bezügen eines aktiven Beamten „entsprechende Alimentation" darstellen, sondern auch solche finanziellen Leistungen, die von konkreten Dienstleistungen abhängig sind. Das in § 46 II 1 BPersVG normierte Lohnausfallprinzip soll sicherstellen, dass dem Beamten das Einkommen garantiert bleibt, das ihm vor seiner Freistellung gewährt wurde und auf das er seine Lebensverhältnisse ausgerichtet hat. Der Beamte soll während der Ausübung des Personalratsamts keine finanziellen Einbußen erleiden. Deshalb rechtfertigt die Tatsache, dass eine bestimmte Tätigkeit von dem freigestellten Personalratsmitglied tatsächlich nicht mehr ausgeübt wird, nicht den Wegfall der mit der Tätigkeit verbundenen finanziellen Leistungen. Änderungen der Sach- und Rechtslage sind dabei in ihren Auswirkungen auf die Besoldung und damit auch auf eine fortbestehende Zulagenberechtigung zu berücksichtigen.

Finanzielle Leistungen in diesem Sinne sind die durch Gesetz oder aufgrund eines Gesetzes durch Verwaltungsentscheidung bewilligten und damit zahlbaren Besoldungsleistungen. Der „bloße" Anspruch auf ermessensfehlerfreie Entscheidung des Dienstherrn über die Gewährung leistungsbezogener Besoldungsinstrumente gehört nicht dazu. § 46 II 1 BPersVG verbietet, dass sich die Dienstbezüge infolge der Übernahme des Personalratsamts vermindern. Eine „Minderung" der Dienstbezüge liegt aber nur vor, wenn sie sich betragsmäßig reduzieren. Nach dem Lohnausfallprinzip sollen die Bezüge des freigestellten Personalrats betragsmäßig nicht hinter denjenigen zurückbleiben, die ohne die Freistellung vom Dienst zu zahlen wären. Danach unterfällt dem Begriff der Dienstbezüge iSd § 46 II 1 BPersVG die durch Bewilligungsentscheidung zuerkannte Leistungsbezahlung in Form der Leistungsstufe (§ 27 VII 1 BBesG aF bzw. § 27 VI 1 BbesG iVm § 3 BLBV) und der Leistungszulage (§ 42 a BbesG iVm § 5 BLBV). Ist die Leistungsstufe dem Personalratsmitglied vor Beginn seiner Freistellung gewährt worden, so ist die Bezahlung aus der höheren Stufe nach Beginn der Freistellung bis zu demjenigen Zeitpunkt fortzugewähren, in welchem das Personalratsmitglied diese Stufe regulär erreicht. Ist dem Personalratsmitglied vor Beginn der Freistellung eine Leistungszulage für einen zusammenhängenden Zeitraum zuerkannt worden (vgl. § 42 a II 5 BBesG iVm § 5 II 3 BLBV), der erst nach dem Beginn der Freistellung endet, so ist sie weiter zu zahlen.

Weitergehende Ansprüche des vollständig freigestellten Personalratsmitglieds im Hinblick auf die hier in Rede stehenden Elemente der Leistungsbesoldung ergeben sich aus dem Lohnausfallprinzip des § 46 II 1 BPersVG nicht.

Der Kl. hat auch auf der Grundlage des personalvertretungsrechtlichen Beeinträchtigungsverbots des § 46 III 6 BPersVG keinen Anspruch, in die Ermessensentscheidung der Bekl. über die Gewährung leistungsbezogener Besoldungsinstrumente einbezogen zu werden. Gemäß § 46 III 6 BPersVG darf die Freistellung eines Personalratsmitglieds vom Dienst nicht zur Beeinträchtigung des beruflichen Werdegangs führen. Das Verbot erfasst den geltend gemachten Anspruch nicht.

Der in § 46 III 6 BPersVG nicht definierte Begriff des „beruflichen Werdegangs" ist nach seiner Wortbedeutung und dem Sinn und Zweck der Vorschrift im dienstrechtlichen Sinne zu verstehen. Er meint das berufliche Fortkommen des Beamten in der Laufbahn und die damit im Zusammenhang stehenden Personalentscheidungen. Dem Wortverständnis nach ist darunter die berufliche Karriere, der Berufsweg, die Biographie oder der Ablauf des beruflichen Werdens zu fassen. All diese Begriffe bezeichnen gemeinhin einen beruflichen Aufstieg verbunden mit der Veränderung der beruflichen Stellung („den Weg nach oben"). Übertragen auf den Status des Beamten findet der berufliche Aufstieg in der Laufbahn statt. Diesem Begriffsverständnis entspricht der Sinn und Zweck der Vorschrift des § 46 III 6 BPersVG, der in der Rechtsprechung des Senats geklärt ist. Die Schutznorm soll gewährleisten, dass die Personalratsmitglieder ihr Ehrenamt unbeeinflusst von der Furcht vor beruflichen Benachteiligungen wahrnehmen. Es soll vermieden werden, dass qualifizierte Bedienstete von einer Mitarbeit in den personalvertretungsrechtlichen Organen Abstand nehmen, weil sie Sorge haben, aus Anlass der ehrenamtlichen Tätigkeit ihre beruflichen Perspektiven zurück-

stellen zu müssen. Es stellt eine verbotene Benachteiligung dar, wenn das berufliche Fortkommen eines Personalratsmitglieds davon abhängig gemacht wird, dass er seine Freistellung aufgibt. Das Beeinträchtigungsverbot des § 46 III 6 BPersVG schützt damit das einzelne Personalratsmitglied in seiner dienstrechtlichen Stellung. Die dienstrechtliche Stellung des Beamten ist durch das in der Bundesbesoldungsordnung festgesetzte Amt im statusrechtlichen Sinne nach Amtsbezeichnung, Besoldungsgruppe und Laufbahn gekennzeichnet. Die Veränderung des Beamten in seiner dienstrechtlichen Stellung folgt dem Laufbahnprinzip, das die lebenszeitige Übertragung aller einer Laufbahn zugeordneten Ämter vorsieht. Dem entspricht das berechtigte Anliegen des Beamten, in seiner Laufbahn entsprechend seiner Eignung, Befähigung und fachlichen Leistung voranzukommen.

Der berufliche Werdegang in dem so verstandenen dienstrechtlichen Sinn umfasst in erster Linie Beförderungen, aber auch Entscheidungen des Dienstherrn, die Einfluss auf das weitere berufliche Fortkommen in der Laufbahn haben. Dazu zählen etwa Personalentscheidungen, wie die Übertragung von Beförderungsdienstposten, die eine höherwertige Tätigkeit beinhalten und eine spätere Beförderung ermöglichen, aber auch solche, die die Verwendungsbreite des Beamten erhöhen oder der weiteren fachlichen Qualifikation dienen. Zu diesen Entscheidungen gehört dagegen nicht die Bewilligung einer der verschiedenen Formen der Leistungsbesoldung und damit auch nicht das Recht auf ermessensfehlerfreie Entscheidung über ihre Vergabe, um das es hier allein geht. Die dienstrechtliche Stellung des Beamten wird durch die Leistungsbesoldung nicht berührt. Sie betrifft weder das statusrechtliche Amt noch sonst das Fortkommen des Beamten in der Laufbahn in irgendeiner Weise.

Der Kl. hat ebenso wenig auf der Grundlage des allgemeinen Benachteiligungsverbots des § 8 BPersVG einen Anspruch auf ermessensfehlerfreie Entscheidung über die Gewährung leistungsbezogener Besoldungsinstrumente.

Gemäß § 8 BPersVG dürfen Personen, die Aufgaben oder Befugnisse nach dem Bundespersonalvertretungsgesetz wahrnehmen, darin nicht behindert und wegen ihrer Tätigkeit nicht benachteiligt oder begünstigt werden; dies gilt auch für ihre berufliche Entwicklung. Das allgemeine Benachteiligungs- und Begünstigungsverbot untersagt jede nicht gerechtfertigte Ungleichbehandlung der geschützten Personen gegenüber anderen vergleichbaren Beschäftigten. Benachteiligung ist jede Zurücksetzung oder Schlechterstellung, Begünstigung ist jede Besserstellung oder Vorteilsgewährung. Die Benachteiligung oder Begünstigung ist verboten, wenn sie im ursächlichen Zusammenhang mit der Wahrnehmung personalvertretungsrechtlicher Aufgaben und Befugnisse steht und nicht aus sachlichen Gründen erfolgt. Personalratsmitglieder dürfen nicht besser oder schlechter behandelt werden als vergleichbare Beschäftigte ohne Personalratsamt.

Auf welche Weise der Dienstherr es sicherstellt, diese gesetzliche Verpflichtung zu erfüllen, ist grundsätzlich ihm überlassen. Der Dienstherr hat einen Einschätzungsspielraum hinsichtlich der Wahl der Methode und des Verfahrens. Die gewählte Verfahrensweise muss geeignet sein, eine unzulässige Benachteiligung, aber auch eine unzulässige Begünstigung zu vermeiden. Dies setzt eine belastbare Tatsachengrundlage voraus, die eine aussagefähige Prognose erlaubt, wie das Personalratsmitglied ohne Freistellung seinen Dienst ausgeübt hätte. Aus diesem Erfordernis ergeben sich zugleich die Grenzen der Prognosemöglichkeit. Lässt sich eine belastbare Prognose nicht treffen, liegt in dem gleichwohl gewährten Anspruch oder in der zugunsten des Personalratsmitglieds gleichwohl getroffenen Maßnahme eine unzulässige Bevorzugung.

Ausgehend davon hat ein ganz vom Dienst freigestelltes Personalratsmitglied in aller Regel keinen Anspruch darauf, in die Ermessensentscheidung über die Gewährung leistungsbezogener Besoldungsinstrumente einbezogen zu werden. Der Anspruch setzt voraus, dass der betroffene Beamte – wäre er nicht freigestellt – eine individuelle herausragende Leistung erbracht hätte. Es ist nahezu ausgeschlossen, dass bei einem vollständig vom Dienst freigestellten Personalratsmitglied eine solche prognostische Annahme aufgrund einer belastbaren Tatsachengrundlage möglich ist. Die in der Rechtsprechung anerkannten fiktionalen beamtenrechtlichen Instrumente der fiktiven Fortschreibung dienstlicher Beurteilungen und der Referenzgruppenbildung können die für eine solche Annahme erforderliche belastbare Tatsachengrundlage nicht ersetzen. Gleiches gilt für sonstige fiktive Vergleichsgruppenbetrachtungen.

Das – nunmehr in § 33 III 1 Nr. 3 BLV 2009 geregelte – Rechtsinstitut der fiktiven Fortschreibung dienstlicher Beurteilungen fingiert eine tatsächlich im Beurteilungszeitraum nicht erbrachte Dienstleistung und unterstellt eine Fortentwicklung der Leistungen des freigestellten Beamten entsprechend dem durchschnittlichen beruflichen Werdegang einer Gruppe vergleichbarer Beamter; einer zu erwartenden Leistungssteigerung ist angemessen Rechnung zu tragen. Damit wird prognostiziert, wie der Beamte voraussichtlich zu beurteilen wäre, wäre er im Beurteilungszeitraum nicht freigestellt und hätte er seine Leistungen wie vergleichbare Kollegen fortentwickelt. Diese fiktive Betrachtung ist nicht geeignet, eine belastbare Prognose über die Gewährung leistungsbezogener Besoldungsinstrumente zu treffen. Die Bildung einer Vergleichsgruppe, die an die Beurteilungslage vergleichbarer Beamter anknüpft, ist kein taugliches Mittel, wenn es um die fiktive Feststellung einer individuellen herausragenden Leistung geht.

Bei der Gewährung der leistungsbezogenen Besoldung gem. § 27 VII 1 BBesG aF bzw. § 27 VI 1 BBesG iVm § 3 BLBV und gem. § 42 a I BBesG iVm §§ 4 und 5 BLBV steht dem Dienstherrn ein weiter Beurteilungs- und Ermessensspielraum (hinsichtlich des „ob" und bei Prämien und Zulagen auch hinsichtlich der zu gewährenden Höhe) zu. Dabei ist der Entscheidungsberechtigte (vgl. § 9 BLBV) bei der Bewertung einer Leistung als herausragender Leistung und bei der Auswahl der konkret zu honorierenden herausragenden Leistung – sei es persönlich oder im Team – gerade nicht an die dienstliche Beurteilung gebunden. Die Vergabeentscheidung soll nach der Intention des Gesetzgebers dezentral, möglichst ohne Unterstützung der Personalverwaltung und grundsätzlich unabhängig von einer dienstlichen Beurteilung getroffen werden. Es sollen dauerhaft herausragende Leistungen und aktuelle oder situative herausragende besondere Einzelleistungen zeitnah gewürdigt werden, die auf individuelle, nur auf den betreffenden Beamten persönlich zugeschnittene Gründe zurückzuführen sind (vgl. BT-Drs. 13/3994, 30 und 42). Dabei können die zu honorierenden Leistungen unterschied-

lichster Art sein. Angesichts der Variationsbreite möglicher belohnbarer außergewöhnlicher Leistungen sind typische belastbare Rückschlüsse auf bestimmte – beurteilungsrelevante – Eigenschaften, Verhaltensweisen, Befähigungen oder Fachkenntnisse nicht möglich. Es fehlt gerade an einer regelmäßig spiegelbildlichen Übereinstimmung mit den Merkmalen einer dienstlichen Beurteilung. Dementsprechend sollen Eigenschaften, Verhaltensweisen, Befähigungen oder Fachkenntnisse, die keinen Bezug zu einer erbrachten Leistung haben, nicht maßgeblich sein (vgl. Nr. 1.3 der Durchführungshinweise zur BLBV). Abgesehen davon ist die fiktive Fortschreibung der dienstlichen Beurteilung als Prognosegrundlage ungeeignet, weil sie auf die durchschnittliche Entwicklung der Gruppe vergleichbarer Beamter unter Berücksichtigung einer angemessenen Leistungssteigerung abstellt, die den Schluss auf eine auf individuellen Gründen beruhende (Einzel-)Leistung nicht zulässt.

Ebenso wenig lässt sich auf der Grundlage des Modells der Referenzgruppe eine belastbare Prognose über eine voraussichtlich herausragende besondere Leistung eines freigestellten Beamten treffen. Bei diesem Modell handelt es sich ebenfalls um eine gruppenbezogene Vergleichsbetrachtung, die an die dienstliche Beurteilung anknüpft. Ausgehend von der letzten, aufgrund tatsächlicher dienstlicher Tätigkeit erstellten dienstlichen Beurteilung wird eine Vergleichsgruppe für das freigestellte Personalratsmitglied gebildet und ihm darin ein Rangplatz zugeteilt; auf diese Weise wird die vom innegehaltenen Rangplatz abhängige, sich erst später realisierende Auswahl vorweggenommen.

Die Bildung einer Vergleichsgruppe, wie auch immer ausgestaltet, ist kein geeignetes Mittel, wenn es – wie hier – um die Würdigung einer individuellen herausragenden Leistung geht. Aus diesem Grund kommt auch das vom BerGer. erwogene Modell nicht in Betracht, das die im Zeitpunkt der Freistellung im Leistungsstand vergleichbaren Beamten – gegebenenfalls besoldungsgruppenübergreifend – als Vergleichsgruppe in den Blick nimmt und auf die Häufigkeit der seither gewährten Leistungsbesoldung als Prognosemaßstab zurückgreift. Im Übrigen würde eine solche Betrachtung, die allein auf die aus der Häufigkeit angenommene Wahrscheinlichkeit abstellt, eine unzulässige Begünstigung des freigestellten Personalratsmitglieds gegenüber im Dienst befindlichen Beamten nicht vermeiden, die im Leistungsstand vergleichbar sind, denen aber bislang keine Leistungsbesoldung zuerkannt worden ist; in einem solchen Fall wäre der freigestellte Beamte allein wegen seiner Personalratstätigkeit bevorteilt. Entsprechendes gilt für eine hypothetische Betrachtung, die auf die Leistungen einer vom Dienstherrn zu bestimmenden Referenzperson – vom Kl. als so genannter Eckmann bezeichnet – abstellt.

Im Hinblick auf den weiten Beurteilungsspielraum des Dienstherrn bei der Würdigung einer individuellen herausragenden Leistung als Voraussetzung für die Gewährung der Leistungsbesoldung fehlt es in aller Regel an einer belastbaren Tatsachengrundlage, aufgrund derer eine solche Leistung des Personalratsmitglieds fingiert werden könnte. Das personalvertretungsrechtliche Benachteiligungsverbot findet hier seine Grenze im Leistungsprinzip (Art. 33 II GG) als verfassungsrechtlicher Grundlage der Gewährung leistungsbezogener Besoldungsinstrumente. Dem Leistungsprinzip sind auch Per-

sonalratsmitglieder unterworfen. Kann prognostisch nicht nachvollziehbar festgestellt werden, dass das Personalratsmitglied die darauf basierenden einfachgesetzlich normierten Anforderungen der Leistungsbesoldung ohne Freistellung erfüllt hätte, so verschafft ihm das Benachteiligungsverbot keinen Anspruch darauf, davon befreit zu werden. Eine Betrachtungsweise, die das Personalratsmitglied von jedweder Anbindung an fiktive Erwägungen löst, ist durch das Personalvertretungsrecht nicht geboten. Sie würde in eine unzulässige Begünstigung des Personalratsmitglieds umschlagen, die über das allgemeine Benachteiligungsverbot des § 8 BPersVG hinausginge.

Anderes kommt ausnahmsweise nur dann in Betracht, wenn der Beamte in der Zeit vor seiner Freistellung wiederholt eine Form der Leistungsbesoldung (persönlich oder als Teammitglied) für herausragende besondere Leistungen erhalten hat. Belastbare Tatsachen für die hypothetische Feststellung einer individuellen herausragenden besonderen Leistung können nur aus den bisherigen dienstlichen Leistungen dieses Beamten selbst abgeleitet werden, und zwar allein dann, wenn der Beamte in der Zeit vor seiner Freistellung mehrmalig eine herausragende besondere Leistung erbracht hat und für diese jeweils eines der leistungsbezogenen Besoldungsinstrumente gewährt wurde. In diesem eng begrenzten – wohl äußerst seltenen – Ausnahmefall ist es – allenfalls – denkbar, zu der durch Tatsachen fundierten Annahme zu gelangen, dass der betreffende Beamte ohne Freistellung – erneut – persönlich oder im Team eine herausragende besondere dienstliche Leistung erbracht hätte.

Der Anspruch des Personalratsmitglieds auf Einbeziehung in die Ermessensentscheidung besteht in diesem Ausnahmefall allerdings nicht auf Dauer; er ist zeitlich begrenzt. Die Verlässlichkeit der Prognose einer erneuten herausragenden besonderen Leistung ist von der Dauer des Zeitraums abhängig, in dem der Beamte vor seiner Freistellung tatsächlich Dienst geleistet und dabei solche mit der Leistungsbesoldung anerkannte Leistungen erbracht hat. Ab welcher Zeitspanne die bisherigen, vor der Freistellung erbrachten dienstlichen Leistungen die hypothetische Annahme erneuter herausragender besonderer Leistungen nicht mehr tragen können, ist eine Frage des Einzelfalls. Die aus den bisherigen Leistungen abgeleitete Prognose ist aber umso weniger belastbar, je länger der Zeitraum, in dem kein Dienst geleistet wird, im Vergleich zum Zeitraum tatsächlicher Dienstleistung andauert.

Der in dieser Sonderkonstellation bestehende Anspruch des Personalratsmitglieds auf Einbeziehung in die Ermessensentscheidung über die Gewährung leistungsbezogener Besoldungsinstrumente stellt sicher, dass Leistungsträger von der Wahrnehmung des Amtes eines von der dienstlichen Tätigkeit ganz freigestellten Mitglieds des Personalrats nicht abgehalten werden, weil sie Sorge haben, aus Anlass der ehrenamtlichen Tätigkeit benachteiligt zu werden. Denn damit würde auch die Personalvertretung als Institution insgesamt geschwächt. Die Beschäftigten der Dienststelle haben ein Recht darauf, dass die dafür am meisten geeigneten Personen ihre Interessen als freigestellte Personalratsmitglieder vertreten.

Nach den tatsächlichen Feststellungen des BerGer. erfüllt der Kl. diese Voraussetzungen nicht. In den Zeiträumen, in denen der Kl. dienstliche Leistungen erbracht hat, gibt es keine tatsächlichen Hinweise auf herausragende besondere tatsächliche Leistungen des Kl., die den Schluss rechtfertigen könnten, dieser hätte auch in den Zeiträumen seiner gänzlichen Freistellung dienstliche Leistungen erbracht, die dem Dienstherrn Anlass gegeben hätten, ihn in den Kreis derjenigen Beamten einzubeziehen, die in den Genuss der leistungsbezogenen Besoldungsinstrumente kommen sollen. Es bestehen keine Anhaltspunkte dafür, dass der Kl. in dem Zeitraum vor der erstmaligen gänzlichen Freistellung im Jahr 1996 herausragende besondere dienstliche Leistungen erbracht hat oder dass er solche Leistungen in den Zeiträumen der tatsächlichen Dienstleistung von Mai 1999 bis August 2000 sowie von Januar bis Oktober 2004 gezeigt hat und diese von der Bekl. honoriert worden sind.

II. Gleichstellungsrecht

Das Gleichstellungsrecht ist auf Bundesebene im Bundesgleichstellungsgesetz (BGleiG) aus dem Jahr 2015 geregelt. Gleich zu Beginn hat der Gesetzgeber die Ziele des Gesetzes normiert:

- Die Gleichstellung von Frauen und Männern verwirklichen,
- Bestehende Benachteiligungen auf Grund des Geschlechts, insbesondere Benachteiligungen von Frauen, beseitigen und künftige Benachteiligungen verhindern sowie
- Die Familienfreundlichkeit sowie die Vereinbarkeit von Familie, Pflege und Berufstätigkeit für die Beschäftigten verbessern.

Damit stellt das BGleiG die einfachgesetzliche Ausgestaltung der Staatszielbestimmung aus Art. 3 II 2 GG dar, in der es nach dem Postulat, dass Männer und Frauen gleichberechtigt sind, heißt: „*Der Staat fördert die tatsächliche Durchsetzung der Gleichberechtigung von Frauen und Männern und wirkt auf die Beseitigung bestehender Nachteile hin.*" Während das BGleiG, das in seinen Anfängen noch „Frauenförderungsgesetz" hieß, vor allem den ersten Aspekt – die Förderung der Gleichberechtigung in den Fokus nimmt, hat der Gesetzgeber hinsichtlich der Beseitigung von Benachteiligungen das Allgemeine Gleichbehandlungsgesetz (AGG) in Kraft gesetzt, wonach eine grundlose Schlechterstellung – gerade auch aus Gründen des Geschlechts – untersagt ist. Soweit es in der behördlichen Praxis also um die Beurteilung eines Sachverhalts geht, der eine irgendwie geartete Schlechterstellung aufgrund des Geschlechts zum Inhalt hat, sind mithin das BGleiG **und** das AGG zu berücksichtigen und im Lichte der Verfassung – nämlich Art. 3 II GG – auszulegen.

1. Auswahlentscheidungen

Besonders erwähnenswert ist § 8 BGleiG, der statuiert, dass Frauen im Rahmen von Auswahlentscheidungen bevorzugt zu berücksichtigen sind, wenn sie im entsprechenden Bereich unterrepräsentiert sind und die gleiche Qualifikation wie ihre Mitbewerber aufweisen. Dies betrifft explizit auch den beruflichen Aufstieg, womit insbesondere Beförderungen gemeint sind. Diese Regelung ist jedoch nicht selbsterklärend. Zunächst kann man sich fragen, was genau unter „Qualifikation" zu verstehen sein soll. Dies beantwortet der Gesetzgeber in § 9 BGleiG, indem er zunächst in Absatz 1 die erforderliche Ausbildung für den zu besetzenden Arbeitsplatz, das Qualifikationsprofil sowie die beruflichen Erfahrungen als Bestandteile der Qualifikation nennt. Das Dienstalter, die Beschäftigungsdauer sowie der Zeitpunkt der letzten Beförderung dürfen hingegen nur dann berücksichtigt werden, wenn sie für den zu besetzenden Arbeitsplatz von Bedeutung sind. In Absatz 2 der Norm zählt der Gesetzgeber auf, welche Umstände nicht Teil einer vergleichenden Bewertung sein dürfen, nämlich u. a. die durch die Wahrnehmung von Familien- oder Pflegeaufgaben bedingte Unterbrechung der Berufstätigkeit, geringere Anzahl aktiver Dienstjahre oder Reduzierung der Arbeitszeit.

Darüber hinaus bleibt zunächst unklar, was unter einem „Bereich" zu verstehen sein soll, in dem Frauen unterrepräsentiert sein müssen, um in den Genuss der Regelung aus § 8 BGleiG zu kommen. Eine Annäherung gelingt über § 3 Ziffer 2 BGleiG, in dem als mögliche Bereiche Besoldungs- oder Laufbahngruppen, Laufbahnen und Fachrichtungen, Berufsausbildungen einschließlich des Vorbereitungsdienstes sowie Ebnen mit Führungspositionen genannt sind. Obwohl mithin die Möglichkeit besteht, die Bereiche relativ klein zu halten – wie bspw. alle Beamte in der Besoldungsgruppe A 12 – hat sich die Bundespolizei für eine Aufteilung in nur drei Bereiche entschieden: den Vollzugsdienst, den Verwaltungsdienst und den ärztlichen Dienst. In diesen Bereich müssen Frauen „unterrepräsentiert" sein. Dies ist nach § 3 Ziffer 9 BGleiG der Fall, wenn ihr Anteil in einem bestimmten Bereich unter 50 Prozent liegt. Insbesondere im Vollzugsdienst ist davon auszugehen, dass sich die Unterrepräsentanz von Frauen auch auf lange Sicht nicht ändern wird.

2. Die Gleichstellungsbeauftragte

Eine zentrale Rolle im Gleichstellungsrecht wird der Gleichstellungsbeauftragten zuteil, die nach § 19 I BGleiG in jeder Dienststelle mit mindestens 100 Beschäftigten gewählt und nach § 20 I BGleiG für vier Jahre bestellt wird. Sie gehört formal der Personalverwaltung an und ist unmittelbar der Dienststellenleitung zugeordnet, weshalb sie nach § 32 I 1 BGleiG das Recht und die Pflicht hat, unmittelbar bei der Dienststellenleitung vorzutragen. In der Ausübung ihrer Tätigkeit ist sie weisungsfrei, darf aber nur in ihrer Eigenschaft als Gleichstellungsbeauftragte mit Personalangelegenheiten befasst sein. Darüber hinaus darf sich nicht zugleich dem Personalrat oder der Schwerbehindertenvertretung angehören, §§ 20 I 2, 24 I, II BGleiG.

Die Aufgaben der Gleichstellungsbeauftragten sind in § 25 BGleiG normiert. Zunächst geht es allgemein um die Überwachung des Vollzugs des BGleiG und des AGG im Hinblick auf den Schutz der Beschäftigten vor Benachteiligungen wegen ihres Geschlechts, insbesondere bei Benachteiligungen von Frauen. Dies umfasst explizit auch den Schutz von Frauen mit einer Behinderung sowie den Schutz vor sexueller Belästigung am Arbeitsplatz. Im zweiten Absatz der Norm sind die Aufgaben der Gleichstellungsbeauftragten konkreter benannt, wobei auch diese Aufzählung nicht abschließend ist. Hervorzuheben ist die Mitwirkung bei allen personellen, organisatorischen und sozialen Maßnahmen, die die Gleichstellung von Frauen und Männern, die Beseitigung von Unterrepräsentanzen, die Vereinbarkeit von Familie, Pflege und Berufstätigkeit sowie den Schutz vor sexueller Belästigung am Arbeitsplatz betreffen.

Damit die Gleichstellungsbeauftragte diese Aufgaben wahrnehmen kann, hat die Dienststelle sie gemäß § 27 BGleiG in den dort genannten Fällen frühzeitig zu beteiligen. Geschieht dies nicht, so hat die Gleichstellungsbeauftragte nach § 33 BGleiG ein Einspruchsrecht gegenüber der Dienststellenleitung. Wird kein Einvernehmen hergestellt, so ist auch hier – ähnlich wie im Personalvertretungsrecht – eine Art Stufenverfahren bis hin zu einer Klärung durch das Verwaltungsgericht vorgesehen, §§ 33 IV, 34 BGleiG.

3. Rechtsprechung

Um einen Praxisbezug herzustellen, wird im Folgenden eine Gerichtsentscheidung dargestellt:

Unzulässige Altersdiskriminierung im Rahmen der Auswahl für Einsatzhundertschaft der Bundespolizei – VG Frankfurt a. M., Urt. vom 23.5.2007 – 9 E 937/06 –, juris

Sachverhalt: Der 1964 geborene Kl. ist auf Grund einer Versetzung beim Bundespolizeiamt Flughafen Frankfurt/Main tätig und strebt seine Versetzung zur 1. Einsatzhundertschaft Gifhorn an. Maßgebend sind dafür nach seinen Angaben persönliche Motive, da er auf Grund eines Pflegefalls in seinem Haushalt nur teilzeitbeschäftigt ist und sich durch den Wechsel nach Gifhorn eine Rückkehr zur Vollzeitbeschäftigung erleichtern will. Der Kl. ist gegenwärtig im Einzeldienst eingesetzt.

Das Bundesgrenzschutzpräsidium Nord schrieb unter dem 2.2.2005 zum Aufbau der 1. Einsatzhundertschaft im Standort Gifhorn unter der Ausschreibungsnummer 5/2005 Stellen für „PVB in der Gruppe" aus, bewertet nach den Besoldungsgruppen A 7/8. Das Anforderungsprofil lautet wie folgt:

„a) Laufbahnbefähigung für den mPVD, b) gem. Erlass BMI (BGS I 3 – 630 353-5/14 vom 03.01.2005) vorrangig PVB/-innen, die im Rahmen des ATP (u. a. ausdrücklich auch für die Einsatzhundertschaften Gifhorn) im Jahre 2002 eingestellt worden sind oder c) nachrangig andere PVB/-innen, die gesundheitlich uneingeschränkt in einer Einsatzhundertschaft verwendungsfähig sind. Im Konfliktfall werden mit Blick auf den Einsatzwert und aus personalwirtschaftlichen Gründen lebensjüngere Beamte vorrangig berücksichtigt"

Mit der Bewerbung waren vorzulegen ein Bewerberdatenblatt, die Kopie der Regelbeurteilung zum Stichtag 01.10.2004, des Beschäftigungsnachweises, Kopien der Lehrgangszeugnisse oder Ausbildungsnachweise, soweit erforderlich.

Die Bewerbung des Kl. für eine der ausgeschriebenen Stellen lehnte das Bundesgrenzschutzpräsidium Nord mit Bescheid vom 13.6.2005 ab, da die Dienstposten mit jüngeren Beamten oder Beamtinnen besetzt worden seien. Insgesamt besetzte es 77 Dienstposten im Hinblick auf die Ausschreibung. Davon wurden 35 Stellen mit Polizeimeistern und Polizeimeisterinnen zur Anstellung im Hinblick auf Buchstabe a des Anforderungsprofils besetzt. Die restlichen 37 Dienstposten wurden Alter besetzt, wobei Beamten und Beamtinnen, die vor dem 21.2.1977 geboren waren, nicht berücksichtigt wurden

Mit seinem am 13.7.2005 erhobenen Widerspruch machte der Kl. unter Hinweis auf § 9 I BGleiG geltend, bis jetzt sei ihm nicht plausibel dargelegt worden, warum seine Eignung, Leistung und Befähigung bedingt durch sein Lebensalter einen geringeren Einsatzwert als bei lebensjüngeren Bewerbern, Bewerberinnen darstelle.

Mit Widerspruchsbescheid vom 11.11.2005 wies das Bundespolizeipräsidium Nord den Widerspruch des Kl. zurück. Eine Verpflichtung, nach Maßgabe des Grundsatzes der Bestenauslese zu verfahren, habe nicht bestanden, da es sich um eine Versetzung gehandelt habe, und es sich für keinen der Bewerber oder Bewerberinnen um einen Beförderungsdienstposten gehandelt habe. Das Anforderungskriterium habe nur in der Laufbahnbefähigung und der uneingeschränkten körperlichen und gesundheitlichen

Leistungsfähigkeit gelegen. Darauf, wie lange und wie gut diverse Bewerber und Bewerberinnen einen entsprechenden Dienstposten in anderen Präsidien innegehabt hätten, sei es nicht angekommen. Es sei darum gegangen, in Gifhorn eine Einsatzhundertschaft mit besonders hohem Einsatzwert für schwerwiegende polizeiliche Lagen zu schaffen. Die Auswahl beruhe auf keinem Leistungsvergleich, sondern auf Kriterien der organisatorischen und personalwirtschaftlichen Zweckmäßigkeit. [...]

Entscheidungsgründe: Das Begehren ist ungeachtet der Fassung des Klageantrags als kombinierte Anfechtungs- und Verpflichtungsklage zulässig.

Die Klage hat auch Erfolg, weil die Ablehnung der Bewerbung des Kl. rechtswidrig ist, und ihm deshalb ein Anspruch auf Neubescheidung unter Beachtung der Rechtsauffassung des Gerichts zusteht (§ 113 I S. 1, Abs. 5 VwGO). Nach § 26 I S. 1 BBG kann ein Beamter versetzt werden, wenn er es beantragt. Die den Antrag bescheidende Entscheidung über das Versetzungsgesuch steht im pflichtgemäßen Ermessen des Dienstherrn, das im Hinblick auf § 114 VwGO gerichtlich nur eingeschränkt überprüfbar ist.

Das Versetzungsverfahren ist fehlerhaft durchgeführt worden. Zwar hat der Bezirkspersonalrat beim früheren Bundesgrenzschutzpräsidium Nord den Versetzungen zugestimmt. Für eine Beteiligung der Gleichstellungsbeauftragten an der Ausschreibung wie an der Auswahlentscheidung hinsichtlich der zu berücksichtigenden Bewerber und Bewerberinnen entsprechend § 19 I S. 2, 3 Nr. 1 BGleiG lässt sich den vorgelegten Behördenunterlagen jedoch kein Anhalt entnehmen. Da sie paginiert sind und somit jedenfalls nach Auffassung der vorlegenden Behörde vollständig sind, besteht auch kein Anlass, insoweit ergänzende Nachforschungen bei der Bekl. anzustellen.

Die Bekl. hat die Auswahl für 37 Dienstposten in der 1. Einsatzhundertschaft in Gifhorn ausschließlich nach Maßgabe des Lebensalters vorgenommen, indem die Jungeren ausgewählt und die älteren Bewerber, Bewerberinnen unberücksichtigt blieben.

Diese Ermessensausübung zur Ablehnung der Bewerbung des Kl. ist jedoch fehlerhaft, weil die Bekl. das Auswahlverfahren als Grundlage der Entscheidung über die vorgenommenen Versetzungen und die damit einhergehende Ablehnung des Kl. schon fehlerhaft eingeleitet hat.

Die Bekl. hat sich zur Ausschreibung der freien Dienstposten entschlossen. Folglich musste sie für die Gestaltung der Ausschreibung § 6 III BGleiG beachten, da es sich nicht um Arbeitsplätze (§ 4 Abs. 8 BGleiG) handelte, für die ein bestimmtes Geschlecht unverzichtbare Voraussetzung ist. Nur unter dieser Voraussetzung hätte nach § 5 I BGleiG a. F. eine Anwendung des § 6 III BGleiG unterbleiben können. So war die Bekl. verpflichtet, in der Ausschreibung die Anforderungen der zu besetzenden Arbeitsplätze wiederzugeben, da die Ausschreibung mit diesen Anforderungen übereinstimmen muss. Dies zwingt dazu, das Anforderungsprofil der jeweiligen Arbeitsplätze (Dienstposten) zu entwickeln und anschießend in die Ausschreibung aufzunehmen. Daran fehlt es hier, weil die in der Ausschreibung genannten Merkmale des Anforderungsprofils unvollständig sind. Offenbar ist es der Bekl., legt man vor allem ihren Prozessvortrag zugrunde, darum gegangen, in körperlicher Hinsicht möglichst ein-

satzfähige Beamte und Beamtinnen für die Einsatzhundertschaft zu gewinnen. Diese Anforderung findet sich im ausgeschriebenen Anforderungsprofil nur unter Buchstabe b mit der Bemerkung, es müsse eine uneingeschränkte Verwendungsfähigkeit in einer Einsatzhundertschaft gegeben sein. Für den Konkurrenzfall soll die Auswahl jedoch nicht nach dem Grad dieser Verwendungsfähigkeit, sondern nach dem Alter erfolgen. Als Grund dafür werden einmal der Einsatzwert, daneben aber auch personalwirtschaftliche Gründe genannt. Damit stellt sich das Anforderungsprofil als widersprüchlich dar, weil es offenbar neben den Anforderungen an die Einsatzfähigkeit auch auf Aspekte ankommen soll, die mit den Anforderungen des jeweiligen Arbeitsplatzes nichts zu tun haben, wobei die Frage des Einsatzwertes noch dem Bereich der Verwendungsfähigkeit zugeordnet werden kann.

Die angekündigte Bevorzugung lebensjüngerer Beamter lässt sich demgegenüber nur den personalwirtschaftlichen Erwägungen zuordnen. Das individuelle Lebensalter gibt als solches keinen unmittelbaren Aufschluss über den Grad der polizeidienstlichen Verwendungsfähigkeit in einer Einsatzhundertschaft mit herausgehobenen Aufgaben. Dazu bedarf es anderer Instrumente zur Bestimmung entsprechender Qualifikationsunterschiede. Das ergibt sich auch unmittelbar aus § 9 I S. 2 BGleiG. Danach bleibt unter anderem das Lebensalter für die nach Maßgabe der Anforderungen eines Arbeitsplatzes zu bestimmende Qualifikation (§ 9 I S. 1 BGleiG) unberücksichtigt, es sei denn, dem Lebensalter kommt im Einzelfall eine tatsächliche Bedeutung für die individuelle Qualifikation zu. Wenn es damit gesetzlich verboten ist, pauschal aus einem höheren oder jüngeren Lebensalter auf eine bessere oder schlechtere Qualifikation zu schließen, kann für die Aufstellung eines der Qualifikationsfeststellung vorgelagerten Anforderungsprofils nichts anderes gelten. Es fehlt an jeder nachvollziehbaren Darstellung, warum sich dies im vorliegenden Fall ausnahmsweise anders verhalten soll. Auch der Prozessvortrag der Bekl. beruht auf der pauschalierenden Annahme, ältere Menschen seien körperlich weniger gut für den Einsatzdienst als jüngere geeignet, ohne insoweit anhand objektiver Ermittlungen nachvollziehbare Erfahrungen oder Erkenntnisse vorzustellen.

Andererseits geht die Bekl. davon aus, dass Beamte, die wie der Kl. jünger als 45 Jahre sind, für eine Tätigkeit in einer Einsatzhundertschaft grundsätzlich in Betracht kommen, wie auch die Altersgrenze für Gruppenführer und ihre Stellvertreter der 2. Einsatzhundertschaft zeigt. Zudem attestiert der Widerspruchsbescheid dem Kl. ausdrücklich die nötige Verwendungsfähigkeit.

Entscheidend hätte es daher für die Gestaltung der Ausschreibung – und wie noch darzulegen ist auch in der nachfolgenden Auswahlentscheidung – nur auf die individuelle Einsatzfähigkeit und den Grad ihrer Ausprägung ankommen dürfen, um das Anforderungsprofil in diesem Punkt gesetzeskonform zu gestalten.

Die Gestaltung des Anforderungsprofils mit der angekündigten Bevorzugung lebensjüngerer Beamter enthält zudem eine unzulässige Diskriminierung lebensälterer Bewerber und Bewerberinnen wegen ihres Alters und kann auch deshalb keine Grundlage einer fehlerfreien Auswahlentscheidung sein. Das AGG kann dafür allerdings nicht herangezogen werden, da es erst 18.8.2006 und damit nach Erlass des Widerspruchs-

bescheides in Kraft getreten ist. Für die Neubescheidung wird es jedoch zu beachten sein.

Das Verbot der Altersdiskriminierung ergab sich für den Zeitpunkt des Erlasses des Widerspruchsbescheides unmittelbar aus der RL 2000/78/EG. Für sie hat die Bundesrepublik Deutschland zwar im Jahr 2003 eine Verlängerung der Umsetzungsfrist hinsichtlich des Merkmals Alter bis zum 2.12.2006 in Anspruch genommen (Art .18 II RL 2000/78/EG). Daraus hat der EuGH in seinem Urteil v. 21.11.2005 in Rn. 66 nicht den Schluss gezogen, die RL und das in ihr enthaltene Verbot der Altersdiskriminierung sei auf Deutschland und seine Einwohner in den Jahren 2004 oder 2005 noch nicht anwendbar gewesen. Dies hat er damit begründet, dass es auch bei noch nicht abgelaufener Umsetzungsfrist unzulässig ist, während ihres Laufs Vorschriften zu erlassen, die geeignet sind, die Erreichung des der in der RL vorgeschriebenen Ziels in Frage zu stellen (Rn. 68). Ferner müssten während einer verlängerten Umsetzungsfrist zumindest Schritte in Richtung auf eine Einhaltung des Ziels der RL erkennbar werden, was gegenläufige Maßnahmen ausschließe (Rn. 71). Des Weiteren ist nach Meinung des EuGH zu beachten, dass der Grundsatz der Gleichbehandlung und Nichtdiskriminierung auch hinsichtlich des Merkmals Alter im Primärrecht der Gemeinschaft seine Wurzeln hat und nicht nur auf Grund der RL Beachtung verlangt (Rn. 74 f.). Es handelt sich um einen allgemeinen Grundsatz des Gemeinschaftsrechts. Fälle eine nationale Regelung oder Maßnahme in seinen Geltungsbereich, muss er ohne Rücksicht auf Umsetzungsfristen in einer RL beachtet und durchgesetzt werden (Rn. 75 f.).

An diese Ausführungen ist das Gericht nach Art. 234 I lit. b EG gebunden, da allein der EuGH das Gemeinschaftsrecht verbindlich auslegt und damit auch den für die Mitgliedstaaten maßgebenden Inhalt der einzelnen Bestimmungen und Grundsätze des Gemeinschaftsrechts feststellt. Für den vorliegenden Fall ist deshalb von der Beachtlichkeit des in der RL 2000/78/EG konkretisierten Verbots jeder Altersdiskriminierung auch für den Zeitraum vor dem 2. 12. 2006 auszugehen. Insoweit folgt die Kammer auch den überzeugenden Ausführungen des BAG in seinem Urteil vom 26.4.2006 zur Nichtanwendbarkeit einer gegen diesen Grundsatz verstoßenden gesetzlichen Regelung in Gestalt des § 14 III TzBfG a. F. Der Vorrang des Gemeinschaftsrechts verpflichtet die Kammer dazu, das Verbot der Altersdiskriminierung durchzusetzen, zumal es sich hier um eine öffentliche Körperschaft und nicht um eine Person des Privatrechts handelt.

Der Vorrang jüngerer Beamter in Auswahlentscheidung laut Ausschreibung – und später auch in deren Vollzug – enthält eine unmittelbare Diskriminierung älterer Bewerber und Bewerberinnen wegen ihres – höheren – Alters (Art. 2 II lit. a RL 2000/78/EG). Das Merkmal Alter meint jedes Alter und erfasst nicht nur jüngere oder ältere Menschen, sondern alle Alterslagen, wie sich nicht zuletzt aus Art. 6 I Unterabs. 1 lit. a RL 2000/78/EG ergibt. Dort werden neben Jugendlichen auch ältere Menschen nebeneinander erwähnt, was deutlich macht, dass jedes Alter einen Grund für die Benachteiligung darstellen kann, wenn mit Bezug darauf benachteiligt wird.

Der Kl. befindet sich im Verhältnis zu den anderen durch die Ausschreibung angesprochenen Bewerbern und Bewerberinnen in einer vergleichbaren Situation, sodass er die Einhaltung des Diskriminierungsverbots für sich in Anspruch nehmen kann.

Die Bevorzugung jüngerer Bewerber und Bewerberinnen kann nicht über Art. 4 I RL 2000/78/EG gerechtfertigt werden. Danach können unmittelbare Diskriminierungen zulässig sein, wenn das betreffende Merkmal auf Grund der Art einer bestimmten beruflichen Tätigkeit oder der Bedingungen ihrer Ausübung eine wesentliche und entscheidende berufliche Anforderung darstellt (1), sofern es sich um einen rechtmäßigen Zweck (2) und eine angemessene Anforderung (3) handelt.

Hier bestimmen die besonderen Verwendungsanforderungen des Polizeivollzugsdienstes in einer Einsatzhundertschaft die Art der entsprechenden beruflichen Tätigkeit und auch die Bedingungen ihrer Ausübung. Dies rechtfertigt es, besondere körperliche oder psychische Qualifikationsanforderungen an die Bewerber und Bewerberinnen zu stellen, was hier jedoch in der Ausschreibung nur teilweise und damit unvollständig erfolgt ist, indem lediglich auf die uneingeschränkte Verwendungsfähigkeit abgestellt wurde. Das Lebensalter stellt demgegenüber keinen auch nur annähernd zuverlässigen Ausdruck der individuellen körperlichen oder psychischen Leistungsfähigkeit für einen derartigen Einsatzdienst dar. Einerseits kann es jüngere Polizeivollzugsbeamte und -beamtinnen geben, die trotz einer dem Grunde nach noch bestehender Polizeidienstfähigkeit den besonderen Anforderungen für eine derartig besondere Einsatzhundertschaft nicht gewachsen sind, wie es umgekehrt ältere Polizeivollzugsbeamte und -beamtinnen geben kann, die solche Anforderungen sehr wohl noch erfüllen.

Die von der Bekl. angewandte Altersgrenze von 45 Jahren für Gruppenführer und ihre Stellvertreter für die 2. Einsatzhundertschaft in Gifhorn bestätigt diese Einschätzung, sodass selbst nach eigener Auffassung der Bekl. für Beamte bis zu diesem Alter grundsätzlich von einer Einsatzdienstfähigkeit in einer Einsatzhundertschaft auszugehen ist. Allerdings steht auch diese Altersgrenze unter dem Vorbehalt individueller Prüfung und möglicher Abweichungen wegen individueller Besonderheiten. Damit weist diese Praxis selbst den richtigen Weg. Es kommt auch bei Einsatzdiensttätigkeiten nicht auf ein bestimmtes Alter als solches, sondern auf die individuelle körperliche und psychische Leistungsfähigkeit an. Das Alter stellt ein insoweit ungeeignetes und viel zu stark verallgemeinerndes Merkmal dar.

Das Auswahlmerkmal laut Ausschreibung kann nicht über Art. 6 I RL 200/78/EG gerechtfertigt werden. Die Einsatzfähigkeit des Personals der Einsatzhundertschaft stellt zwar ein legitimes Ziel des Art. 6 I Unterabs. 1 RL 2000/78/EG dar. Das Merkmal jüngeres Lebensalter weist dazu jedoch keinen hinreichenden inneren Bezug auf, der seine Verwendung als geeignetes und angemessenes Mittel zur Zielerreichung erscheinen lässt. Der EuGH hat in seinem Urteil vom 21.11.2005 (a. a. O.) zu Recht darauf abgestellt, dass die früher im TzBfG zur Anwendung gebrachte Altersregelung zu pauschal war und zu wenig den Besonderheiten der zu bewältigenden Probleme auch im Hinblick auf die individuellen Verhältnisse älterer Menschen Rechnung getragen hatte (Rn. 64 ff.). Ebenso verhält es sich hier, da – wie bereits dargelegt – das höhere Lebensalter allein nichts über die tatsächliche Verwendungsfähigkeit und ihre Ausprä-

gung in einem Einsatzdienst aussagt. Nur darauf kann es jedoch im Rahmen einer durch Art. 6 I RL 200/78/EG zugelassenen Rechtfertigung ankommen.

Die von der Bekl. insoweit ergänzend angeführten personalwirtschaftlichen Erwägungen stellen weder eine – legitime – berufliche Anforderung i. S. d. Art. 4 I RL 2000/78/EG dar, noch enthalten sie ein legitimes Ziel i. S. d. Art. 6 I Unterabs. 1 RL 2000/78/EG. Personalwirtschaftliche Erwägungen lassen sich mit Bezug auf jedes Alter anstellen, um zu behaupten, es müsse ein jüngeres, mittleres oder höheres Alter sein, um zu einem richtigen Personalaufbau zu kommen. Die Zulassung derartiger Erwägungen liefe auf einen Freibrief zur Altersdiskriminierung hinaus, weil es an objektiven Kriterien fehlt, anhand derer auch annähernd die Richtigkeit eines personalwirtschaftlichen Konzepts feststellbar wäre. Damit würde der Grundsatz der Nichtdiskriminierung wegen des Alters letztlich aufgegeben und zur beliebigen Disposition von Dienstherren und Arbeitgebern gestellt. Dies wäre mit den tragenden Grundsätzen des Gemeinschaftsrechts unvereinbar.

Die nachfolgende Auswahlentscheidung zulasten des Kl. beruht maßgeblich auf seinem zu hohen Lebensalter. Damit erweist sich diese Entscheidung auch materiell als rechtswidrig, weil mit § 9 I S. 2 BGleiG und der RL 2000/78/EG unvereinbar. Der Anwendung von § 9 I S. 2 BGleiG steht nicht entgegen, dass die Bekl. keine Auswahl nach Bestenausleseprinzip durchgeführt hat, und es deshalb aus ihrer Sicht auf die Qualifikationsfeststellung nach § 9 I S. 1 BGleiG nicht ankam. Die Auswahlentscheidung ist zwar tatsächlich nicht nach den Prinzipien der Bestenauslese durchgeführt worden. Für die Personalbesetzungsentscheidungen musste die Bekl. jedoch § 9 I BGleiG beachten.

Die Personalbesetzungsentscheidungen der Bekl. wurden hier durchaus in Anknüpfung an gewisse Qualifikationsvoraussetzungen vorgenommen, indem z. B. auf die Laufbahnbefähigung für den mittleren Polizeivollzugdienst und die uneingeschränkte Verwendungsfähigkeit für eine Einsatzhundertschaft abgestellt wurde, was jedenfalls nach den Vorgaben der Ausschreibung und des dort genannten Anforderungsprofils auch geboten war. In diesem – aus Sicht der Bekl. einschränkten – Sinn bedurfte es sehr wohl einer Qualifikationsfeststellung, für die § 9 I BGleiG die gesetzlich verbindlichen Vorgaben enthält. Folglich hätte auf das Lebensalter nur abgestellt werden können, wenn ihm für die Qualifikation eine wirkliche Bedeutung zukam (§ 9 I S. 2 BGleiG). Das hätte entweder bedeutet, dass ein bestimmtes Alter zum Wegfall der geforderten Qualifikation geführt hätte, oder aber zur Folge gehabt, einen Qualifikationsvergleich nach Maßgabe der Merkmale des Anforderungsprofils anzustellen, bei dem sich ein jüngeres Lebensalter qualifikationsverbessernd ausgewirkt hätte. Die Bekl. hat jedoch weder eine bestimmte Altersgrenze für die Tätigkeit in der Einsatzhundertschaft vorgegeben, noch hat sie dokumentieren können, dass dem jüngeren Lebensalter automatisch eine höhere Qualifikation in der Einsatzdienstfähigkeit folgt. Eine solche Automatik wäre im Übrigen unverhältnismäßig, wie der EuGH nicht nur in seinem Urteil vom 21.11.2005 dargelegt hat, sondern auch am Beispiel einer Diskriminierung wegen des Geschlechts ausgeführt hat. Nur eine individuelle Beurteilung in etwa gleich qualifizierter Personen wird den gemeinschaftsrechtlichen Anforderungen an den Grundsatz der Verhältnismäßigkeit gerecht.

Die Bekl. hat dem Kl. im Übrigen ausdrücklich bescheinigt, die Anforderungen für eine Tätigkeit in der Einsatzhundertschaft zu erfüllen, spricht ihm also insoweit die nötige Qualifikation nicht ab.

Die Ausschreibung der Dienstposten hätte im Übrigen zur Folge haben müssen, dass die Auswahlentscheidung nach Maßgabe des Anforderungsprofils und darauf bezogener Qualifikationsfeststellungen (§ 9 I S. 1, 3 BGleiG) zu treffen gewesen wäre. Das hätte einen Vergleich der Bewerber und Bewerberinnen nicht nur hinsichtlich der Frage erforderlich gemacht, ob das Anforderungsprofil erfüllt wird. Es wäre auch zu klären gewesen, wie sich die Qualifikation der Bewerber und Bewerberinnen hinsichtlich der in der Ausschreibung genannten Anforderungen unterschieden hat. Insoweit wäre auf die Verwendungsfähigkeit im Dienst der Einsatzhundertschaft abzustellen und im Hinblick darauf zu unterscheiden gewesen, welcher Bewerber und welche Bewerberin insoweit eine höhere Qualifikation aufweisen. Dies hat die Bekl. nur insoweit getan, wie sie auf das vermeintlich aussagekräftige Merkmal eines möglichst jungen Lebensalters abgestellt hat. Vorrangig wäre jedoch der Grad der Verwendungsfähigkeit auf andere Weise zu bestimmen gewesen, ggf. unter Zuhilfenahme entsprechender Leistungstests zur körperlichen und psychischen Einsatzfähigkeit. Damit wäre auch dem öffentlichen Interesse an einer bestmöglichen Besetzung dieser Dienstposten am ehesten genügt worden.

Die Überlegungen der Bekl. sind damit von Qualifikationsaspekten und einem Qualifikationsvergleich nicht frei gewesen. Nur fand ein entsprechender Vergleich auf einer zu wenig aussagekräftigen und deshalb auch in einer diskriminierenden Weise statt. § 9 I BGleiG gilt für alle Arbeitsplatzbesetzungsentscheidungen, jedenfalls aber dann, wenn ihnen eine Ausschreibung vorausgegangen ist und kein Ausnahmefall des § 5 I BGleiG a. F., heute § 5 BGleiG, vorliegt.

Die Beachtlichkeit des Prinzips der Bestenauslese ergibt sich hier auch aus Art. 33 II GG, den das BVerwG dahin auslegt, dass der Dienstherr zur Beachtung dieses Auswahlprinzips jedenfalls dann verpflichtet ist, wenn er einen Dienstposten/Arbeitsplatz zuvor ausgeschrieben hat. Die Ausschreibung enthält nämlich die Selbstverpflichtung des Dienstherrn, die nachfolgende Auswahlentscheidung nach dem Prinzip der Bestenauslese i. S. d. Art. 33 II GG vorzunehmen. Das ergibt sich insbesondere daraus, dass die Bekl. für alle mit der Ausschreibung vom 2.2.2005 ausgeschriebenen Dienstposten die Vorlage der aktuellen Regelbeurteilung und einer Kopie des aktuellen Beschäftigungsnachweises sowie der Kopien von Lehrgangszeugnissen oder Ausbildungsnachweisen verlangte. Dies konnte für die Bewerber und Bewerberinnen nur die Vorankündigung bedeuten, auch mit Rücksicht auf diese als notwendig definierten Unterlagen eine Auswahl treffen zu wollen. Diese selbst gesetzte Erwartung hat die Bekl. im nachfolgenden Verfahren nicht erfüllt, weil sie sich jedenfalls für die verbleibenden 37 Dienstposten ausschließlich auf eine Auswahl nach Maßgabe des möglichst geringen Lebensalters entschlossen hat, wie auch der Auswahlvermerk zur Vorbereitung des Widerspruchsbescheides dokumentiert. Damit wurde das Ermessen unterschritten.

Dementsprechend erweist sich die Ablehnung der Bewerbung des Kl. als verfahrens- und ermessensfehlerhaft. Ihm steht folglich ein Anspruch auf Neubescheidung zu. Es ist nicht erkennbar, dass der Kl. bei der erneuten Bescheidung seines Antrags aus anderen Gründen von vornherein nicht zum Zuge kommen könnte. Das von der Bekl. vorgelegte Personaleinsatzkonzept in Gestalt der Grundsätze zur Verwendungsplanung im mittleren Polizeivollzugsdienst laut Erlass des BMI vom 31.5.2006 enthält keine – zwingenden – Vorgaben, nach denen der Kl. nicht in der 1. Einsatzhundertschaft in Gifhorn eingesetzt werden könnte, die Verbindlichkeit dieses Konzepts einmal unterstellt. Zwar soll nach Ziff. 7.1.2 der Grundsätze keine dauerhafte Verwendung als Einsatzkraft stattfinden. Ein bestimmtes Maß für derartige Tätigkeiten lässt dieser Regelung jedoch nicht entnehmen. Der Neubescheidung steht auch nicht entgegen, dass der Kl. bereits in den Einzeldienst gewechselt ist, also die im Regelfall davor zu absolvierende Phase des Einsatzdienstes bereits hinter sich gebracht hat. Der Kl. hat sein Motiv für die Bewerbung „zurück in den Einsatzdienst" – von der Bekl. unwidersprochen akzeptiert – dahin erläutert, er wolle wieder zur Vollzeitbeschäftigung zurückkehren, was aus seiner Sicht nur möglich ist, wenn er in der Nähe seines Heimatortes eingesetzt wird, weil er nur dann – wie bisher – gleichzeitig auch Verantwortung für den häuslichen Pflegefall mit übernehmen kann, ohne auf eine Teilzeitbeschäftigung beschränkt zu sein. Ein solches Anliegen stellt einen legitimen Grund für einen Versetzungsantrag dar und verpflichtet zur ermessensfehlerfreien Bescheidung. […]

F. Rechtsschutz

I. Der Beamte als Grundrechtsträger

Bereits seit Friedrich dem Großen als Vertreter des aufgeklärten Absolutismus wandelte sich das Treueverhältnis zum Regenten in solches zum Staat. Bis in die heutige Zeit besitzt der Begriff „Staatsdiener" Bedeutung. Insofern befindet sich der Beamte bis heute in einem freiwilligen Sonderrechtsverhältnis gegenüber dem Staat, welches durch besondere Treupflichten u. a. aus Art. 33 IV GG gekennzeichnet ist. Der Beamte als Teil dieses besonderen Gewaltverhältnisses führt allerdings nicht dazu, dass dort ein grundrechtsfreier Raum existiert. Vielmehr erstreckt sich der Schutzbereich der Grundrechte nach der Rechtsprechung des Bundesverfassungsgerichts auch auf dieses besondere Gewaltverhältnis.[22] Beamte sind folglich nicht Teil eines rechtsfreien Raumes. Eingriffe in Rechtspositionen bedürfen daher auch in diesem Sonderrechtsverhältnis einer gesetzlichen Grundlage. Der Gesetzgeber ist aber dazu berechtigt, Grundrechte im Rahmen dieses besonderen Dienst- und Treueverhältnisses umfassender zu beschränken, soweit es für die Aufrechterhaltung einer ordnungsgemäß funktionierenden Verwaltung zwingend erforderlich ist.

Das Grundgesetz enthält in den Art. 1 bis 19 die Grundrechte. Die Wesensgehaltsgarantie des Art. 19 II GG gewährleistet, dass kein Grundrecht in seinem Kernbereich angetastet werden darf. Alle in der Verfassung verankerten Grundrechte gelten daher grundsätzlich auch für Beamte. Dennoch gibt es für Beamte teilweise tief einschneidende Grundrechtsbeschränkungen, die sich aus den hergebrachten Grundsätzen des Berufsbeamtentums ergeben. Einige Grundrechte gelten für sie daher nur in dem von Art. 19 II GG geschützten Kernbereich.

Art. 19 IV 1 GG stellt ein sog. „Prozessgrundrecht" dar. Insofern wird jedem, der durch die öffentliche Gewalt in seinen Rechten verletzt ist, die Möglichkeit zum Bestreiten des Rechtsweges eröffnet. Damit unterfällt auch die Person im Sonderrechtsverhältnis dem persönlichen Schutzbereich aus Art. 19 GG.

---

22 BVerfGE 33, 1 ff.

II. Formlose Rechtsbehelfe

Neben dem für jeden Bürger zulässigen Petitionsrechts zustehenden Rechtsbehelfen wie Gegendarstellung, Dienst- und Aufsichtsbeschwerde steht dem Beamten nach § 125 BBG ein besonderes Antrags- und Beschwerderecht zu.

> **§ 125 BBG – Dienstweg bei Anträgen und Beschwerden**
>
> (1.) Beamtinnen und Beamte können Anträge und Beschwerden vorbringen. Hierbei ist der Dienstweg einzuhalten. Der Beschwerdeweg bis zur obersten Dienstbehörde steht offen.
>
> (2) Richtet sich die Beschwerde gegen die unmittelbare Vorgesetzte oder den unmittelbaren Vorgesetzten, kann sie bei der oder dem nächsthöheren Vorgesetzten unmittelbar eingereicht werden.

Die dort genannten formlosen Rechtsbehelfe können folglich jederzeit erhoben werden. Allerdings muss der Dienstweg gemäß § 125 I 2 BBG eingehalten werden. Dem Beamten steht damit auch der Beschwerdeweg bis zur obersten Diensthörde zu. Eine Ausnahme von der Einhaltung des Dienstweges eröffnet § 125 II BBG in den Fällen, in denen sich die Beschwerde unmittelbar gegen Vorgesetzte handelt. In derartigen Fallkonstellationen kann dann unter Umgehung des Dienstweges der Beamte seine Anträge oder Beschwerden direkt an den nächsthöheren Vorgesetzten richten. Abschließend zu erwähnen ist dabei, dass dem Beamten bei Erhebung eines solches Antrages oder Beschwerde auch ein Recht auf Entscheidung zusteht.

III. Das Widerspruchsverfahren

Das Widerspruchsverfahren liegt ausschließlich in der Hand der Verwaltungsbehörden. Dies wird bestimmt in §§ 72, 73 VwGO. Vor Erhebung verwaltungsgerichtlicher Anfechtungs- oder Verpflichtungsklagen hat nach der bundesrechtlichen Regelung grundsätzlich ein sog. „Vorverfahren“ als Widerspruchsverfahren stattzufinden. Das Vorverfahren hat dabei die Zielrichtung, die Verwaltung zur Selbstkontrolle anzuhalten. Für die Fälle, in denen ein Widerspruchsverfahren zwingend gesetzlich vorgeschrieben ist, kann in der Folge eine Klage auf Aufhebung oder auf Erlass eines bestimmten Verwaltungsaktes nur dann zulässigerweise erhoben werden, wenn zuvor ohne Erfolg das Widerspruchsverfahren durchgeführt worden ist.

Manche Bundesländer haben das Widerspruchsverfahren für bestimmte Bereiche des Verwaltungshandelns abgeschafft oder begrenzt. Zum Teil ergeben sich auch Freiheiten im Rahmen von Rechtsschutzmöglichkeiten dergestalt, dass Bürger selbst entscheiden können, ob zuerst Widerspruch eingelegt oder direkt geklagt wird.

Auch für das Vorverfahren eines Beamten gelten die Vorschriften aus der VwGO (§§ 68 ff.) Jedoch bestehen im Beamtenrecht gewisse Besonderheiten im Zusammenhang mit dem Widerspruchsverfahren.

Prüfungsschema Widerspruch

A. Zulässigkeit des Widerspruchs
   I. Verwaltungsrechtsweg § 126 BBG
      § 126 BBG lex specialis vor § 40 VwGO
   II. Statthaftigkeit des Widerspruchs
      Vorverfahren nach § 126 Abs. 3 BBG
   III. Widerspruchsbefugnis § 42 Abs.2 VwGO
      Geltendmachung der Verletzung subjektiver Rechte
   IV. Form und Frist
      - *Schriftlich oder zur Niederschrift § 70 Abs. 1 Satz 1 VwGO bei Behörde die VA erlassen hat*
      - *oder § 70 Abs.1 Satz 2 VwGO bei Widerspruchsbehörde*
      - *Frist 1 Monat nach Bekanntgabe § 70 Abs. 1 Satz 1 VwGO*
   V. Sonstige Zulässigkeitsvoraussetzungen
      - *Prozess- und Beteiligtenfähigkeit § 79 VwVfG i. V. m. §§ 11 ff. VwVfG*
      - *Antrags- Sachentscheidungsinteresse*

B. Begründetheit des Widerspruchs § 113 Abs.1, Abs. 5 VwGO analog
   Prüfung der Recht- und Zweckmäßigkeit

Anfechtungswiderspruch *wäre dann begründet, wenn der erlassene VA rechtswidrig und den Widerspruchsführer in seinen Rechten verletzt, § 113 Abs. 1 VwGO analog. Er wäre aber auch dann begründet, wenn der VA zweckwidrig (bei Ermessensnormen) wäre und den Widerspruchsführer in seinen Rechten verletzt.*

Verpflichtungswiderspruch *(Ziel Erlass eines begünstigenden VA) ist begründet sowie die Ablehnung des beantragten VA rechtswidrig und der Widerspruchsführer dadurch in seinen Rechten verletzt ist oder soweit die Versagung eines Ermessens-VA zweckwidrig war, § 113 Abs. 5 VwGO analog.*

1. Widerspruchsverfahren als Voraussetzung für mögliches Klageverfahren

Nach der Vorschrift des § 126 BBG ist für Bundesbeamte nach § 126 II 1 BBG vorgeschrieben, dass vor Erhebung des gerichtlichen Verfahrens zwingend ein Widerspruchsverfahren für alle Klagen aus dem Beamtenverhältnis stattfindet. Dies gilt auch dann, wenn es sich bei der Maßnahme nicht um einen Verwaltungsakt handelt. Als Beispiel kann hierfür der Fall einer Umsetzung genannt werden. Argumentativ lässt sich dies aus dem Wortlaut der Vorschrift § 126 BBG herleiten. Insofern spricht dieser von allen Klagen und ist damit weiter gefasst als die allgemeinen Vorschriften aus der VwGO. Damit gilt § 126 BBG auch für allgemeine Leistungs- und Feststellungklagen.

§ 126 BBG – Verwaltungsrechtsweg

(1) Für alle Klagen der Beamtinnen, Beamten, Ruhestandsbeamtinnen, Ruhestandsbeamten, früheren Beamtinnen, früheren Beamten und der Hinterbliebenen aus dem Beamtenverhältnis sowie für Klagen des Dienstherrn ist der Verwaltungsrechtsweg gegeben.
(2) Vor allen Klagen ist ein Vorverfahren nach den Vorschriften des 8. Abschnitts der Verwaltungsgerichtsordnung durchzuführen. Dies gilt auch dann, wenn die Maßnahme von der obersten Dienstbehörde getroffen worden ist.
(3) [...]

Das beamtenrechtliche Vorverfahren stellt damit ein Zulässigkeitskriterium für ein mögliches späteres Klageverfahren dar.

2. Zuständigkeit der Widerspruchsbehörde

Nach § 126 III 1 BBG wird der Widerspruchsbescheid durch die oberste Dienstbehörde erlassen. Das Gesetz sieht dabei aber auch eine Delegationsmöglichkeit über § 126 III 2 BBG an andere Behörden vor.[23]

3. Zulässigkeit des Widerspruchs

Die Zulässigkeitskriterien des Widerspruchs bestimmen sich nach folgenden wesentlichen Gesichtspunkten:

23 Vgl. Anordnung zur Übertragung von Zuständigkeiten für den Erlass von Widerspruchsbescheiden und für die Vertretung der Bundesrepublik Deutschland bei Klagen aus dem Beamtenverhältnis im Geschäftsbereich des Bundesministeriums des Innern (BMIWidVertrAnO) vom 17.7.2017.

- Verwaltungsrechtsweg § 126 BBG
- Statthaftigkeit
- Widerspruchsbefugnis
- Form und Frist
- Beteiligtenbezogene Voraussetzungen (Beteiligten- und Handlungsfähigkeit, § 79 VwVfG i. V. m. § 11 VwGO)
- Sonstige Voraussetzungen (Sachbescheidungsinteresse)

a) Verwaltungsrechtsweg

Der Verwaltungsrechtsweg bestimmt sich nach § 126 BBG. Er ist demnach für alle Klagen von Beamten, Ruhestandsbeamten, früheren Beamten, Hinterbliebenen von Beamten oder dem Dienstherrn selbst eröffnet.

Der Verwaltungsrechtsweg ist nach allgemeiner Auffassung aber auch anwendbar auf Ansprüche **vorbeamtlicher Art** aus einer der dem Beamtenrecht zugeordneten Anspruchsgrundlagen.[24] Maßgeblich ist die wahre Natur des Rechtsverhältnisses, nicht die vom Rechtsschutzsuchenden vorgenommene rechtliche Zuordnung.[25] So sind Klagen auf Einstellung als Beamter oder gegen die Ablehnung einer solchen Einstellung beamtenrechtlich und fallen in die Rechtswegzuständigkeit der Verwaltungsgerichte.

Anspruchsgrundlage ist das durch den Antrag auf Übernahme in das Beamtenverhältnis begründete beamtenrechtliche Bewerbungsverhältnis.[26] Der in Art. 33 II GG verankerte Grundsatz der Bestenauswahl vermittelt dabei jedem Bewerber ein grundrechtsgleiches Recht auf ermessens- und beurteilungsfehlerfreie Einbeziehung in die Bewerberauswahl

b) Statthaftigkeit des Widerspruchs

Wie oben bereits ausgeführt, ist nach § 126 III BBG vor Klageerhebung ein Widerspruchsverfahren zwingend vorgeschrieben. Insofern ist eine Klage erst dann zulässig, wenn in einem Widerspruchsverfahren der Antrag, einen Verwaltungsakt aufzuheben **(Anfechtungswiderspruch)** oder zu erlassen **(Verpflichtungswiderspruch)**, abgelehnt worden ist. Gleiches gilt in den Konstellationen, wo der Antrag auf eine Leistung **(Leistungswiderspruch)** oder auf Feststellung des Bestehens oder Nichtbestehens ei-

24 *Battis*, BBG, 4. Aufl. 2017, § 126 Rn. 7.
25 BayVGH, Beschl. vom 19.12.2019 – 6 C 19.2407.
26 BVerwGE 136, 140 Rn. 13.

nes Rechtsverhältnisses oder der Nichtigkeit eines Verwaltungsaktes **(Feststellungswiderspruch)** abgelehnt worden ist.

> ***Bsp:*** *Widerspruch des Beamten gegen Entlassungsverfügung (Begehr, die Entlassung aufzuheben)*
>
> ***Bsp.:*** *Widerspruch gegen die Ablehnung einer Bewerbung auf Einstellung als Beamter (Begehr Antrag auf Ernennung)*
>
> ***Bsp.:*** *Widerspruch gegen Umsetzung oder dienstliche Beurteilung als Leistungswiderspruch*

c) Widerspruchsbefugnis

Die Widerspruchsbefugnis richtet sich nach § 42 II VwGO analog. Insofern gibt es bei diesem Prüfungspunkt keine beamtenrechtlichen Besonderheiten. So muss der Beamte geltend machen, dass durch die getroffene Entscheidung der Behörde die Möglichkeit besteht, in seinen subjektiven Rechten verletzt zu sein. Allein aufgrund der Tatsache, dass der Beamte Adressat eines belastenden Verwaltungsaktes ist, wird ausreichen, eine Widerspruchsbefugnis zu bejahen (vgl. Abordnung oder Versetzung). Auch in Fällen der Umsetzung wird man über § 78 BBG zumindest von einer Möglichkeit der subjektiven Rechtsverletzung ausgehen müssen. Ob diese letztlich vorliegt, ist im Ergebnis Teil der Ermessensausübung im Rahmen der Begründetheitsprüfung.

d) Form und Frist

> **§ 70 BBG – Form und Frist des Widerspruchs**
>
> (1) Der Widerspruch ist innerhalb eines Monats, nachdem der Verwaltungsakt dem Beschwerten bekanntgegeben worden ist, schriftlich, in elektronischer Form nach § *3a* Absatz 2 des Verwaltungsverfahrensgesetzes oder zur Niederschrift bei der Behörde zu erheben, die den Verwaltungsakt erlassen hat. Die Frist wird auch durch Einlegung bei der Behörde, die den Widerspruchsbescheid zu erlassen hat, gewahrt.
>
> (2) §§ *58* und *60* Abs. 1 bis 4 gelten entsprechend.

Der Widerspruch erfolgt nach § 70 I 1 VwGO schriftlich oder zur Niederschrift. Die Niederschrift stellt dabei eine schriftliche Aufnahme durch einen Amtsträger und anschließender Genehmigung durch den Widerspruchsführer dar. Widerspruchseinlegung per Fax, Telebrief sind daher unproblematisch, wenn sie die kopierte Unterschrift des Widerspruchsführers tragen. Weitere Möglichkeiten ergeben sich über § 55a VwGO.

Allerdings erfüllt die Erhebung des Widerspruchs durch einfache E-Mail **nicht** die gesetzlichen Formerfordernisse des § 70 VwGO.[27]

Die Einlegung des Widerspruchs hat entweder bei der Ausgangsbehörde § 70 I 1 VwGO oder bei der Widerspruchsbehörde § 70 I 2 VwGO zu erfolgen.

> ***Bsp. 1:*** *Der Beamte B, Angehöriger der BPOLD München, wird mittels Bescheids zur BPOLD Stuttgart abgeordnet. B hat somit die Möglichkeit, entweder bei der Ausgangsbehörde (BPOLD München) oder der Widerspruchsbehörde (BPOL P) den Widerspruch einzulegen.*
>
> *Als Frist für die Einlegung des Widerspruchs sieht das Gesetz ein Monat vor. Bei der Fristenberechnung ist streitig, ob diese über § 57 II VwGO, § 222 ZPO, §§ 187 ff. BGB oder über §§ 79, 31 VwVfG, §§ 187 ff. BGB berechnet werden. Da im Ergebnis aber beide Wege zum gleichen Ergebnis kommen, ist dieser Streit für die Praxis nicht relevant. Wichtig ist aber, dass die gesetzliche Monatsfrist nicht mit einer Vier-Wochenfrist verwechselt wird.*
>
> ***Bsp. 2:*** *Dem Beamten B wird der Bescheid über seine Abordnung förmlich am 19.12.2022 zugestellt. Fristbeginn ist somit nach § 187 I BGB der 20.12.2022, da der Tag der Zustellung als Ereignis nicht mitberechnet wird. Fristende ist nach § 188 II BGB der 19.1.2023. Da es sich hier nicht um einen Feiertag oder Samstag, Sonntag handelt, verschiebt sich das Fristende nach § 193 BGB auch nicht auf den folgenden Werktag. An diesem Beispiel erkennt man auch den Unterschied bei der Berechnung einer Monats- oder Wochenfrist. Würde man im o.g. Beispiel fälschlicherweise von der Berechnung einer Wochenfrist ausgehen, wäre das Fristende nicht der 19.1.2023, sondern der 16.1.2023, da in diesem Fall der Tag des Ereignisses (Mo) dem gleichen Tag vier Wochen später entsprechen muss.*

e) Sonstige Zulässigkeitsvoraussetzungen

Die übrigen Zulässigkeitsvoraussetzungen bestimmen sich in der Regel nach der Handlungs- und Prozessfähigkeit. Hier können Probleme im Rahmen der Stellvertretung auftauchen. Lesen Sie sich daher die Normen §§ 79, 11, 12 VwVfG durch.

---

27 BayVGH, Beschl. vom 23.9.2021 – 4 ZB 21.1847 –, juris Rn. 14; so auch BayVGH, Beschl. vom 3.6.2022 – 3 ZB 21.2849 –, juris Rn. 3; *Kopp/Schenke*, 27. Aufl. 2021, § 70 Rn. 2.

§ 79 VwVfG – Rechtsbehelfe gegen Verwaltungsakte

Für förmliche Rechtsbehelfe gegen Verwaltungsakte gelten die Verwaltungsgerichtsordnung und die zu ihrer Ausführung ergangenen Rechtsvorschriften, soweit nicht durch Gesetz etwas anderes bestimmt ist; im Übrigen gelten die Vorschriften dieses Gesetzes.

§ 11 VwVfG – Beteiligungsfähigkeit

Fähig, am Verfahren beteiligt zu sein, sind
1. natürliche und juristische Personen,
2. Vereinigungen, soweit ihnen ein Recht zustehen kann,
3. Behörden.

§ 12 VwVfG – Handlungsfähigkeit

(1) Fähig zur Vornahme von Verfahrenshandlungen sind
1. natürliche Personen, die nach bürgerlichem Recht geschäftsfähig sind,
2. natürliche Personen, die nach bürgerlichem Recht in der Geschäftsfähigkeit beschränkt sind, soweit sie für den Gegenstand des Verfahrens durch Vorschriften des bürgerlichen Rechts als geschäftsfähig oder durch Vorschriften des öffentlichen Rechts als handlungsfähig anerkannt sind,
3. juristische Personen und Vereinigungen (§ *11* Nr. 2) durch ihre gesetzlichen Vertreter oder durch besonders Beauftragte,
4. Behörden durch ihre Leiter, deren Vertreter oder Beauftragte.

(2) Betrifft ein Einwilligungsvorbehalt nach § 1825 des Bürgerlichen Gesetzbuchs den Gegenstand des Verfahrens, so ist ein geschäftsfähiger Betreuer nur insoweit zur Vornahme von Verfahrenshandlungen fähig, als er nach den Vorschriften des bürgerlichen Rechts ohne Einwilligung des Betreuers handeln kann oder durch Vorschriften des öffentlichen Rechts als handlungsfähig anerkannt ist.

(3) Die §§ 53 und 55 der Zivilprozessordnung gelten entsprechend.

4. Begründetheit des Widerspruchs

Bei der Begründetheitsprüfung gibt es keine nennenswerten Besonderheiten im Beamtenrecht. Die Begründetheit richtet sich nach den Vorschriften § 113 I bzw. V VwGO analog. Aus § 68 VwGO ergibt sich, dass bei der Begründetheitsprüfung des Widerspruchs eines Beamten nicht nur die Rechtswidrigkeit geprüft wird, sondern auch die Zweckmäßigkeit im Rahmen der Überprüfung des Ermessens bei Ermessensnormen Prüfungsmaßstab ist.

§ 113 VwGO – Tenor, Fortsetzungsfeststellungsantrag

(1) Soweit der Verwaltungsakt rechtswidrig und der Kläger dadurch in seinen Rechten verletzt ist, hebt das Gericht den Verwaltungsakt und den etwaigen Widerspruchsbescheid auf. Ist der Verwaltungsakt schon vollzogen, so kann das Gericht auf Antrag auch aussprechen, daß und wie die Verwaltungsbehörde die Vollziehung rückgängig zu machen hat. Dieser Ausspruch ist nur zulässig, wenn die Behörde dazu in der Lage und diese Frage spruchreif ist. Hat sich der Verwaltungsakt vorher durch Zurücknahme oder anders erledigt, so spricht das Gericht auf Antrag durch Urteil aus, daß der Verwaltungsakt rechtswidrig gewesen ist, wenn der Kläger ein berechtigtes Interesse an dieser Feststellung hat.
(2) [...]
(5) Soweit die Ablehnung oder Unterlassung des Verwaltungsakts rechtswidrig und der Kläger dadurch in seinen Rechten verletzt ist, spricht das Gericht die Verpflichtung der Verwaltungsbehörde aus, die beantragte Amtshandlung vorzunehmen, wenn die Sache spruchreif ist. Andernfalls spricht es die Verpflichtung aus, den Kläger unter Beachtung der Rechtsauffassung des Gerichts zu bescheiden.

Ein **Anfechtungswiderspruch** wäre dann begründet, wenn der erlassene VA rechtswidrig und den Widerspruchsführer in seinen Rechten verletzt, § 113 I VwGO analog. Er wäre aber auch dann begründet, wenn der VA zweckwidrig (bei Ermessensnormen) wäre und den Widerspruchsführer in seinen Rechten verletzt. Zudem wäre ein **Verpflichtungswiderspruch** (Ziel Erlass eines begünstigenden VA) dann begründet, soweit die Ablehnung des beantragen VA rechtswidrig und der Widerspruchsführer dadurch in seinen Rechten verletzt ist oder soweit die Versagung eines Ermessens-VA zweckwidrig war, § 113 V VwGO analog.

5. Widerspruch gegen Umsetzung, dienstliche Beurteilung

Eine Besonderheit im Beamtenrecht stellt das Widerspruchsverfahren gegen Umsetzungen oder dienstliche Beurteilungen dar. Wie dargestellt, handelt es sich bei Umsetzungen oder dienstlichen Beurteilungen[28] nicht um Verwaltungsakte. Die Umsetzung ist gesetzlich nicht geregelt. Sie stellt als innerbehördliche Maßnahme eine reine Änderung des konkret funktionellen Amtes dar. Das Amt im statusrechtlichen und im abstrakt-funktionellen Sinn bleibt durch die Maßnahme unberührt.[29] Trotz des Umstandes, dass es sich bei beiden Maßnahmen nicht um einen Verwaltungsakt handelt,

28 BVerwG Urt. vom 17.3.2016 – 2 A 4/15 –, juris Rn. 16.
29 BVerwG Beschl. vom 21.6.2012 – 2 B 23/12 –, juris Rn. 7.

kann der Beamte nach § 126 BBG Widerspruch einlegen. Vor Erhebung des Klageverfahrens ist dieser über § 126 III BBG sogar verpflichtet, ein Vorverfahren durchzuführen. Gerade bei der Umsetzung ist aber zu beachten, dass ein Widerspruch keine aufschiebende Wirkung entfaltet und daher mit weiteren Rechtsmitteln kombiniert werden muss. Da es sich bei der Umsetzung nicht um einen Verwaltungsakt handelt, kann diese nur mit einem Leistungswiderspruch angegriffen werden. Da der Dienstherr ein Weisungsrecht im Rahmen seiner Organisationsbefugnis hat, kann er grundsätzlich Aufgaben dergestalt verteilen, wie er diese für notwendig erachtet. Eine subjektive Rechtsverletzung kann letztlich nur darüber angenommen werden, wenn der Dienstherr mit der Umsetzung gegen Fürsorgepflichten verstößt und Grundsätze des Berufsbeamtentums (z. B. amtsadäquate Beschäftigung) verletzt. In anderen Konstellationen wird im Ergebnis dem Beamten trotz Statthaftigkeit eines Widerspruchs- und späteren Klageverfahrens in den meisten der Nachweis einer subjektiven Rechtsverletzung nicht gelingen. Auch einen Anspruch auf ermessensfehlerfreie Entscheidung kann er nur im Hinblick auf seine Individualrechtssphäre, nicht aber im Sinne einer allgemeinen Ermessenskontrolle geltend machen. [30] Denkbar sind dabei neben der Verletzung der Fürsorgepflicht, die Nichteinhaltung von Zusagen oder unter Umständen der Entzug von Leitungsaufgaben[31] und nicht amtsadäquater Beschäftigung.

III. Gerichtsbarkeiten und Instanzenzüge

Auch im Rahmen der Gerichtsbarkeiten und Instanzenzügen gibt es Besonderheiten im Beamtenrecht.

1. Gerichtsbarkeit im Beamtenrecht

§ 126 BBG als aufdrängende Sonderzuweisung geht als leges speciales der allgemeinen Regelung des § 30 I VwGO vor. Wie oben bereits angeführt, ist für alle Klagen der Beamten aus dem Beamtenverhältnis der Verwaltungsrechtsweg eröffnet. Eine Klage aus dem Beamtenverhältnis liegt immer dann vor, wenn nach dem Vortrag des Beamten, dieser seinen Anspruch aus dem Beamtenverhältnis ableitet.[32] Als für die Praxis relevante

30 BVerwG, Urt. vom 19.11.2015 – 2 A 6/13 –, juris Rn. 16 f.
31 Ebenda, juris Rn. 18.
32 *Battis*, BBG, 4. Auflage 2009, § 126 Rn. 6.

Fallkonstellationen können beispielsweise Klagen gegen Abordnungen, Versetzungen und Umsetzungen, Klagen gegen dienstliche Beurteilungen, Konkurrentenstreitigkeiten um Dienstposten, Zurruhesetzungsverfahren, Weisungen zur amtsärztlichen Untersuchung oder Verletzungen der Fürsorgepflicht genannt werden. Da § 126 BBG aber nach h. M. auch auf Ansprüche vorbeamtlicher Art anwendbar ist, werden in der Praxis häufig Klageverfahren wegen Nichteinstellungen oder Nichternennungen erhoben. Auch Klagen im Zusammenhang mit Besoldung in Form von Rückzahlung zu viel gezahlter oder ohne Grund erfolgter Bezüge sowie der Bereich der Hinterbliebenenversorgung zählen zum besonderen Verwaltungsrecht mit der Eröffnung des Verwaltungsrechtswegs.

2. Instanzenzug Verwaltungsgerichtsbarkeit

Auch die Verwaltungsgerichtsbarkeit gliedert sich in unterschiedliche Instanzen. Da über § 126 II BBG die Besonderheit besteht, dass der Beamte vor Klageerhebung Widerspruch erheben muss, ist dem gerichtlichen Verfahren zunächst das behördliche Widerspruchsverfahren vorgeschaltet.

Die erste Instanz im gerichtlichen Verwaltungsverfahren bilden die sog. „Verwaltungsgerichte", § 45 VwGO. Sachlich zuständig sind folglich die Verwaltungsgerichte für alle Streitigkeiten, für die der Verwaltungsrechtsweg (§ 126 BBG) offensteht.

> **§ 45 VwGO – Sachliche Zuständigkeit des Verwaltungsgerichts**
>
> Das Verwaltungsgericht entscheidet im ersten Rechtszug über alle Streitigkeiten, für die der Verwaltungsrechtsweg offensteht.

Die Verwaltungsgerichte entscheiden im ersten Rechtszug über alle Streitigkeiten im Sinne von § 126 BBG als Tatsachen-Rechtsinstanz. Die örtliche Zuständigkeit der Verwaltungsgerichte im jeweiligen Bundesland bestimmt sich nach § 52 VwGO.

> **§ 52 VwGO – Örtliche Zuständigkeit**
>
> Für die örtliche Zuständigkeit gilt folgendes:
>
> 1. In Streitigkeiten, die sich auf unbewegliches Vermögen oder ein ortsgebundenes Recht oder Rechtsverhältnis beziehen, ist nur das Verwaltungsgericht örtlich zuständig, in dessen Bezirk das Vermögen oder der Ort liegt.
> 2. Bei Anfechtungsklagen gegen den Verwaltungsakt einer Bundesbehörde oder einer bundesunmittelbaren Körperschaft, Anstalt oder Stiftung des öffentlichen Rechts ist

das Verwaltungsgericht örtlich zuständig, in dessen Bezirk die Bundesbehörde, die Körperschaft, Anstalt oder Stiftung ihren Sitz hat, vorbehaltlich der Nummern 1 und 4. Dies gilt auch bei Verpflichtungsklagen in den Fällen des Satzes 1. [...]

3. Bei allen anderen Anfechtungsklagen vorbehaltlich der Nummern 1 und 4 ist das Verwaltungsgericht örtlich zuständig, in dessen Bezirk der Verwaltungsakt erlassen wurde. Ist er von einer Behörde, deren Zuständigkeit sich auf mehrere Verwaltungsgerichtsbezirke erstreckt, oder von einer gemeinsamen Behörde mehrerer oder aller Länder erlassen, so ist das Verwaltungsgericht zuständig, in dessen Bezirk der Beschwerte seinen Sitz oder Wohnsitz hat. Fehlt ein solcher innerhalb des Zuständigkeitsbereichs der Behörde, so bestimmt sich die Zuständigkeit nach Nummer 5. Bei Anfechtungsklagen gegen Verwaltungsakte einer von den Ländern mit der Vergabe von Studienplätzen beauftragten Behörde ist jedoch das Verwaltungsgericht örtlich zuständig, in dessen Bezirk die Behörde ihren Sitz hat. Dies gilt auch bei Verpflichtungsklagen in den Fällen der Sätze 1, 2 und 4.
4. Für alle Klagen aus einem gegenwärtigen oder früheren Beamten-, Richter-, Wehrpflicht-, Wehrdienst- oder Zivildienstverhältnis und für Streitigkeiten, die sich auf die Entstehung eines solchen Verhältnisses beziehen, ist das Verwaltungsgericht örtlich zuständig, in dessen Bezirk der Kläger oder Beklagte seinen dienstlichen Wohnsitz oder in Ermangelung dessen seinen Wohnsitz hat. Hat der Kläger oder Beklagte keinen dienstlichen Wohnsitz oder keinen Wohnsitz innerhalb des Zuständigkeitsbereichs der Behörde, die den ursprünglichen Verwaltungsakt erlassen hat, so ist das Gericht örtlich zuständig, in dessen Bezirk diese Behörde ihren Sitz hat. Die Sätze 1 und 2 gelten für Klagen nach § 79 des Gesetzes zur Regelung der Rechtsverhältnisse der unter Artikel *131* des Grundgesetzes fallenden Personen entsprechend.
5. In allen anderen Fällen ist das Verwaltungsgericht örtlich zuständig, in dessen Bezirk der Beklagte seinen Sitz, Wohnsitz oder in Ermangelung dessen seinen Aufenthalt hat oder seinen letzten Wohnsitz oder Aufenthalt hatte.

Aufgrund der Besonderheiten von § 52 VwGO sind in der Regel diejenigen Verwaltungsgerichte örtlich zuständig, in deren Bezirk der Beamte seinen dienstlichen Wohnsitz und bei Fehlen desselben seinen sonstigen Wohnsitz hat. Der dienstliche Wohnsitz wird demnach über § 15 BBesG definiert.

Bsp.: *B ist Beamter bei der BPOLI Rosenheim. Als Behörde ist hier die Direktion München anzusehen. Demnach hat der Beamte B seinen dienstlichen Wohnsitz bei der Direktion München. Folglich wäre das VG München sachlich und örtlich zuständig.*

Liegt der Wohnsitz nicht im Zuständigkeitsbereich der erlassenen Behörde, so bestimmt sich über § 52 Nr. 4 VwGO die Zuständigkeit des VG örtlich nach dem Sitz der Behörde. Würde demnach im o. g. Beispiel das

BPolP einen Bescheid erlassen, wäre das für den Sitz des BPOLP maßgebliche Verwaltungsgericht örtlich zuständig (VG Potsdam).

Entscheidungen bei den Verwaltungsgerichten werden durch die dort im Geschäftsverteilungsplan festgelegten Kammern getroffen. Die Kammern entscheiden grundsätzlich in der Besetzung von drei Berufs- sowie zwei ehrenamtlichen Richtern.

Die zweite verwaltungsgerichtliche Instanz stellen die Oberverwaltungsgerichte (OVG) dar. Aufgrund der geschichtlichen Entwicklung werden in einigen Bundesländern die OVGs auch als Verwaltungsgerichtshöfe bezeichnet. Die OVGs entscheiden über Beschwerden und Berufungen gegen verwaltungsgerichtliche Urteile oder Beschlüsse. Auch hier handelt es sich um eine Tatsachen- und Rechtsinstanz. Bei den Oberverwaltungsgerichten werden keine Kammern, sondern Senate gebildet. Auch hier erfolgt die Zusammensetzung der Senate mit drei Berufs- und zwei ehrenamtlichen Richtern.

Oberstes Gericht als Teil der Verwaltungsgerichtsbarkeit wird das Bundesverwaltungsgericht (BVerwG) mit Sitz in Leipzig bezeichnet. Das Bundesverwaltungsgericht entscheidet als reine Revisionsinstanz gegen Urteile des Oberverwaltungsgerichts (§ 132 VwGO) und des Verwaltungsgerichts bei Sprungrevisionen nach § 134 VwGO.

Merke: Das Bundesverfassungsgericht ist keine Superrevisionsinstanz!
Es ist nicht Teil des Instanzenzugs und prüft nicht die Auslegung oder Anwendung des einfachen Rechts im Einzelfall.

IV. Klagearten vor dem Verwaltungsgericht

Bei den Klagearten kennt das Beamtenrecht grundsätzlich keine Besonderheiten. Auch im gerichtlichen Klageverfahren stellen die **Anfechtungs- und Verpflichtungsklage** klassische Klagearten für die beamtenrechtlichen Streitigkeiten dar. Mit der Anfechtungsklage kann sich der Beamte gegen ihn erlassene belastende Verwaltungsakte zur Wehr setzen. Als Beispiele dienen hierfür Abordnungen und Versetzungen. Möchte der Beamte einen für ihn günstigen Verwaltungsakt erreichen, steht ihm das Rechtsmittel der Verpflichtungsklage zur Verfügung. In vielen Fällen erlässt die Behörde mangels Außenwirkung keinen Verwaltungsakt. Trotzdem wird der Beamte durch diese Entscheidungen benachteiligt. Beispielhaft können hier das Institut der Umsetzung, Erteilung von Weisungen oder dienstliche Beurteilungen genannt werden. Da es in diesen Konstellationen nicht um Verwaltungsakte als solches geht, kann der Beamte gerichtlich nur durch eine **allgemeine Leistungs- oder Feststellungsklage** die Verletzung eines subjektiven Rechts geltend machen. So wird im Rahmen von Beurteilungen die Zielrichtung des Beamten darin bestehen, die aus seiner Sicht zu Unrecht erfolgte Beurteilung aufheben zu lassen und eine Neuerstellung der dienstlichen Beurteilung zu erwirken. Da die dienstliche Beurteilung wie angesprochen keinen Verwaltungsakt darstellt und Rechtsfolgen erst im Rahmen der Beförderungsauswahlentscheidung entstehen, kann der Beamte diese Zielrichtung gerichtlich nur mittels allgemeiner Leistungsklage erreichen. Wie sich aber aus § 126 II BBG ergibt, ist auch für diese Fälle zwingend ein behördliches Widerspruchsverfahren vorgeschrieben.

V. Sonstige gerichtliche Rechtsbehelfe

Zu den sonstigen gerichtlichen Rechtsbehelfen zählen die Wiederaufnahme, die Wiedereinsetzung oder die im Beamtenrecht praxisrelevanten Fälle des vorläufigen Rechtsschutzes. Hierbei kennt die VwGO zwei Arten des vorläufigen Rechtsschutzes:

- Aufschiebende Wirkung von Widerspruch und Anfechtungsklage nach § 80 I VwGO mit der gerichtlichen Möglichkeit der Anordnung oder Wiederherstellung der aufschiebenden Wirkung nach § 80 V VwGO
- Einstweilige Anordnung nach § 123 VwGO

Die Besonderheiten des vorläufigen oder vorbeugenden Rechtsschutzes im Beamtenrecht ergeben sich gerade deshalb, da in vielen Fallkonstellationen Eile geboten ist und der Beamte vor Benachteiligungen durch den Vollzug einer Entscheidung oder deren Folgen geschützt werden muss. Insofern besteht die Aufgabe des Systems des einstweiligen Rechtsschutzes darin, Rechte zu sichern oder Entscheidungen zu verhindern bis in einem ordentlichen Verfahren (Hauptsacheverfahren) durch die Verwaltungsgerichte entschieden worden ist.

1. Vorläufiger Rechtsschutz nach § 80 I, V VwGO

Über das Institut des vorläufigen Rechtsschutzes nach § 80 I, V VwGO hat der Beamte gegen belastende Maßnahmen in Form von Verwaltungsakten die Möglichkeit, eine aufschiebende Wirkung von Widersprüchen zu erreichen.

§ 80 VwGO – Aufschiebende Wirkung, vorläufiger Rechtsschutz

(1) Widerspruch und Anfechtungsklage haben aufschiebende Wirkung. [...]

(2) Die aufschiebende Wirkung entfällt nur [...]

3. in anderen durch Bundesgesetz oder für Landesrecht durch Landesgesetz vorgeschriebenen Fällen, insbesondere für Widersprüche und Klagen Dritter gegen Verwaltungsakte, die Investitionen oder die Schaffung von Arbeitsplätzen betreffen,

[...]

(5) Auf Antrag kann das Gericht der Hauptsache die aufschiebende Wirkung in den Fällen des Absatzes 2 Satz 1 Nummer 1 bis 3a ganz oder teilweise anordnen, im Falle des Absatzes 2 Satz 1 Nummer 4 ganz oder teilweise wiederherstellen. Der Antrag ist schon vor Erhebung der Anfechtungsklage zulässig. Ist der Verwaltungsakt im Zeitpunkt der Entscheidung schon vollzogen, so kann das Gericht die Aufhebung der Vollziehung anordnen.

Bsp.: *Der Beamte B soll abgeordnet werden. Gegen die Abordnung möchte sich B zur Wehr setzen.*

Da die Abordnung einen Verwaltungsakt darstellt, müsste der Beamte B über § 126 II BBG zunächst einen Anfechtungswiderspruch gegen die Abordnung erheben. § 126 IV BBG bestimmt jedoch, dass Widerspruch und Anfechtungsklage keine aufschiebende Wirkung haben. § 126 IV BBG stellt damit eine Maßnahme nach § 80 II Nr. 3 VwGO dar. Legt B nur Widerspruch gegen die Abordnung ein, hätte dies zur Folge, dass dieser zunächst mangels aufschiebender Wirkung des Widerspruchs die Abordnung antreten muss, bis in einem späteren Hauptsacheverfahren vor den Gerichten über die Rechtmäßigkeit der Abordnung rechtskräftig entschieden worden ist. In der Praxis wird sich das auch aufgrund der langen Verfahrensdauer vor den Verwaltungsgerichten damit erledigen, dass die Abordnung vermutlich vor Beendigung des gerichtlichen Verfahrens abgeschlossen und der Beamte B wieder auf seiner Heimatdienststelle verwendet wird.

Insofern kann B neben der Einlegung des Widerspruchs nur dann zeitnah sein Ziel erreichen, wenn er aufgrund es belastenden Verwaltungsaktes zusätzlich einen einstweiligen Rechtsschutz bei den für das Hauptsacheverfahren zuständigen Verwaltungsgerichten einreicht, mit dem Ziel, die aufschiebende Wirkung des Widerspruchs zu erreichen.

2. Einstweilige Anordnung § 123 VwGO

Die einstweilige Anordnung nach § 123 VwGO ist im Gegensatz zu § 80 V VwGO immer dann erforderlich, wenn Gegenstand der Überprüfung nicht ein belastender Verwaltungsakt ist. Über § 123 V VwGO wird dem Verfahren der Vorrang gegenüber § 80 VwGO eingeräumt. Als Faustformel kann die Abgrenzung beider Verfahrensarten über die Klageart des Hauptsacheverfahrens erfolgen. Demnach greift § 123 VwGO bei allen Klagearten außer der Anfechtungsklage. Erforderlich für einen erfolgreichen Antrag sind aber die Glaubhaftmachung eines Anordnungsgrundes (Eilbedürftigkeit) und Anordnungsanspruchs. Mit dem Antrag darf eine Entscheidung der Hauptsache nicht vorweggenommen werden. Zielrichtung ist immer die Sicherung der Rechte des Antragstellers.

§ 123 VwGO ist deshalb im Beamtenrecht praxisrelevant, da der Beamte im Rahmen von Konkurrentenstreitigkeiten, Umsetzungen oder fehlerhaften Beurteilungen nur so effektiv seine Rechte sichern kann.

3. Konkurrentenstreitigkeiten

Ein ständiges beamtenrechtliches Problem ergibt sich im Zusammenhang mit Konkurrentenstreitigkeiten. Diese erfolgen entweder im Rahmen der möglichen Einstellung ins Beamtenverhältnis oder im Zuge von Auswahlentscheidungen und Beförderungen bei der Vergabe von Dienstposten.

Grundsätzlich können sich im Rahmen des Bewerbungsauswahlverfahrens unterlegene Bewerber mittels Widerspruchs und Klage gegen die Auswahlentscheidung wehren. Die unterlegenen Bewerber haben folglich einen Anspruch auf ermessensfehlerfreie Entscheidung. Bislang ging das Bundesverwaltungsgericht vom Grundsatz der Ämterstabilität[33] aus. Wird dem unterlegenen Bewerber zuvor ausreichend Rechtsschutz eröffnet, kann dem unterlegenen Mitkonkurrenten nach erfolgter Ernennung das Amt grundsätzlich nicht mehr verfügbar gemacht werden.[34]

Dies wurde mit dem Grundsatz der Rechtssicherheit und dem Vertrauen der Öffentlichkeit auf die Beamteneigenschaft sowie dem schutzwürdigen Vertrauen des ernannten Beamten begründet. Hierbei handelt es sich um eine aus Art. 33 II i. V. m. Art. 19 IV GG abgeleitete Informationspflicht

33 BVerwG, Urt. vom 25.8.1988 – 2 C 62/85 –, juris Rn. 27.
34 OVG NRW, Beschl. vom 10.10.2022 – 4 A 1061/20 –, juris Rn. 46.

zur Wahrung der Rechte des unterlegenen Mitbewerbers. Widerspruch und Klage haben sich daher in vielen Fällen erledigt, da mit der Besetzung des Konkurrenten Verfahrenserledigung eingetreten ist.[35] Der unterlegene Bewerber war daher in diesen Konstellationen gehalten, zusätzlich zum Widerspruch oder der Klage eine einstweilige Sicherung seiner Rechte über § 123 VwGO zu erreichen. Durch den begehrten Erlass nach § 123 I VwGO konnte verhindert werden, dass der Dienstherr durch die Ernennung des Mitbewerbers unveränderbare Fakten schafft.

Problematisch war in diesen Konstellationen, wenn der unterlegene Mitbewerber zwar einen einstweiligen Rechtsschutz erhoben hatte, die Behörde aber trotzdem Fakten durch die Aushändigung einer Ernennungskunde schaffte.

Neue Rechtsprechung des BVerwG vom 4.11.2010[36]:

Der Kläger als Präsident des [...] *(Besoldungsgruppe R 6) und der Beigeladene als damaliger Präsident des* [...]*gerichts (Besoldungsgruppe R 6) bewarben sich auf die nach R 8 besoldete Stelle des Präsidenten des Oberlandesgerichts in Koblenz. Die Stelle war frei geworden, weil der Amtsinhaber Justizminister des beklagten Landes geworden war. Der Justizminister gab dem Beigeladenen aufgrund einer von ihm selbst erstellten Anlassbeurteilung den Vorzug.* [...] *Der Antrag des Klägers, dem Beklagten im Wege einstweiliger Anordnung die Ernennung des Beigeladenen zum Präsidenten des Oberlandesgerichts zu untersagen, blieb in beiden Instanzen erfolglos. Während des Beschwerdeverfahrens hatte der Kläger angekündigt, er werde im Falle der Zurückweisung seiner Beschwerde verfassungsgerichtlichen Eilrechtsschutz in Anspruch nehmen. Der Beschluss des Oberverwaltungsgerichts vom 13. Juni 2007 wurde dem Prozessbevollmächtigten des Klägers und dem Justizministerium des Beklagten jeweils am 22. Juni 2007 zur Mittagszeit per Telefax übermittelt. Ungefähr eine halbe Stunde später händigte der Justizminister in seinem Dienstzimmer dem Beigeladenen die Ernennungsurkunde aus.*

Auszug aus den Entscheidungsgründen:

Der Kläger konnte die Ernennung des Beigeladenen anfechten, weil sie in seine Rechte eingreift. Die Ernennung eines nach Maßgabe des Art. 33 Abs. 2 GG ausgewählten Bewerbers für ein Amt stellt einen Verwaltungsakt dar, der darauf gerichtet ist, unmittelbare Rechtswirkungen für die durch Art. 33 Abs. 2 GG gewährleisteten Bewerbungsverfahrensansprüche der unterlegenen Bewerber zu entfalten.

35 BVerwG, Urt. vom 25.8.1988 – 2 C 62/85 –, juris Rn. 22.
36 BVerwG, Urt. vom 4.11.2010 – 2 C 16.09 –, juris.

[...] *Die Ernennung greift in deren Rechte aus Art. 33 Abs. 2 GG ein, weil sie in einem untrennbaren rechtlichen Zusammenhang mit der Entscheidung des Dienstherrn über die Bewerberauswahl steht und deren rechtliches Schicksal teilt. Die Ernennung des ausgewählten Bewerbers ist Ziel und Abschluss des Auswahlverfahrens.*

Der Dienstherr ist an den Leistungsgrundsatz nach Art. 33 Abs. 2 GG gebunden, wenn er ein Amt im statusrechtlichen Sinne nicht durch Umsetzung oder eine den Status nicht berührende Versetzung, sondern durch Beförderung des Inhabers eines niedrigeren Amtes vergeben will. Nach Art. 33 Abs. 2 GG dürfen Ämter nur nach Kriterien vergeben werden, die unmittelbar Eignung, Befähigung und fachliche Leistung betreffen. [...] *Art. 33 Abs. 2 GG dient dem öffentlichen Interesse an der bestmöglichen Besetzung der Stellen des öffentlichen Dienstes. Fachliches Niveau und rechtliche Integrität des öffentlichen Dienstes sollen gerade durch die ungeschmälerte Anwendung des Leistungsgrundsatzes gewährleistet werden. Zudem vermittelt Art. 33 Abs. 2 GG Bewerbern ein grundrechtsgleiches Recht auf leistungsgerechte Einbeziehung in die Bewerberauswahl. Jeder Bewerber um das Amt hat einen Anspruch darauf, dass der Dienstherr seine Bewerbung nur aus Gründen zurückweist, die durch den Leistungsgrundsatz gedeckt sind.* [...] *Mit der Auswahl eines Bewerbers geht zwangsläufig die Ablehnung der Mitbewerber einher. Hat der Dienstherr die Auswahl in Einklang mit Art. 33 Abs. 2 GG vorgenommen, so sind die Bewerbungsverfahrensansprüche der unterlegenen Bewerber erfüllt.* [...] *Ein unter Beachtung des Art. 33 Abs. 2 GG ausgewählter Bewerber hat einen Anspruch auf Verleihung des Amtes durch Ernennung.* ***Die Bewerbungsverfahrensansprüche der unterlegenen Bewerber gehen durch die Ernennung unter, wenn diese das Auswahlverfahren endgültig abschließt. Dies ist regelmäßig der Fall, weil die Ernennung nach dem Grundsatz der Ämterstabilität nicht mehr rückgängig gemacht werden kann, sodass das Amt unwiderruflich vergeben ist. Ein unterlegener Bewerber kann seinen Bewerbungsverfahrensanspruch nur dann durch eine Anfechtungsklage gegen die Ernennung weiterverfolgen, wenn er unter Verstoß gegen Art. 19 Abs. 4 GG daran gehindert worden ist, seine Rechtsschutzmöglichkeiten vor der Ernennung auszuschöpfen.***

[...] *Die Anfechtungsklage des Klägers gegen die Ernennung scheitert nicht bereits am Grundsatz der Ämterstabilität, weil dem Kläger der durch Art. 19 Abs. 4 Satz 1 GG, Art. 33 Abs. 2 GG gebotene Rechtsschutz nicht erschöpfend vor der Ernennung gewährt worden ist. Aus diesem Grund ist eine inhaltliche Nachprüfung der Ernennung verfassungsrechtlich geboten. Der Grundsatz der Ämterstabilität steht der Aufhebung einer Ernennung nicht entgegen, wenn ein herkömmlicher gesetzlicher Rücknahmetatbestand erfüllt ist. Diese Tatbestände erfassen vor allem Fallgestaltungen, in denen der Gesetzgeber die Aufrechterhaltung der Ernennung als unerträglich ansieht* [...]. *Auch wenn die Ernennung in die Rechte der unterlegenen Bewerber aus Art. 33 Abs. 2 GG eingreift, ist deren Rechtsbeständigkeit aus Gründen der Ämterstabilität mit dem Grundrecht auf wirkungsvollen gerichtlichen Rechtschutz nach Art. 19 Abs. 4 Satz 1*

GG vereinbar, wenn unterlegene Bewerber ihren Bewerbungsverfahrensanspruch vor der Ernennung in der grundrechtlich gebotenen Weise gerichtlich geltend machen können. ***Es muss sichergestellt sein, dass ein unterlegener Bewerber die Auswahlentscheidung des Dienstherrn vor der Ernennung in einem gerichtlichen Verfahren überprüfen lassen kann, das den inhaltlichen Anforderungen des Art. 19 Abs. 4 Satz 1 GG genügt. Hierfür hat sich eine Praxis der Verwaltungsgerichte herausgebildet, die den gerichtlichen Rechtsschutz in den Zeitraum zwischen der Auswahlentscheidung und der Ernennung verlagert. Ein unterlegener Bewerber ist zur Durchsetzung seines Bewerbungsverfahrensanspruchs darauf verwiesen, eine einstweilige Anordnung nach § 123 VwGO zu beantragen, durch die dem Dienstherrn die Ernennung des ausgewählten Bewerbers untersagt wird. Erwächst eine einstweilige Anordnung dieses Inhalts in Rechtskraft, so muss der Dienstherr das Auswahlverfahren, wenn er es nicht zulässigerweise abbricht, je nach Inhalt und Reichweite des Verstoßes gegen Art. 33 Abs. 2 GG vollständig oder teilweise wiederholen und auf der Grundlage des wiederholten Verfahrens eine neue Auswahlentscheidung treffen***.

Der Dienstherr darf den ausgewählten Bewerber erst ernennen, wenn feststeht, dass der Antrag auf Erlass einer einstweiligen Anordnung keinen Erfolg hat.

Dieses von den Verwaltungsgerichten allgemein praktizierte Modell des vor die Ernennung gezogenen Rechtsschutzes im einstweiligen Anordnungsverfahren nach § 123 VwGO wird den sich aus Art. 19 Abs. 4 Satz 1 GG ergebenden Anforderungen nur dann gerecht, wenn das Verfahren des vorläufigen Rechtsschutzes die Funktion des Hauptsacheverfahrens übernimmt. Das Verfahren darf nach Prüfungsmaßstab, -umfang und -tiefe nicht hinter einem Hauptsacheverfahren zurückbleiben. Dies bedeutet, dass sich die Verwaltungsgerichte nicht auf eine wie auch immer geartete summarische Prüfung beschränken dürfen. Vielmehr ist eine umfassende tatsächliche und rechtliche Überprüfung der Bewerberauswahl verfassungsrechtlich geboten. Auch dürfen die Verwaltungsgerichte die Anforderungen an einen Erfolg des unterlegenen Bewerbers nicht überspannen. Stellen sie eine Verletzung des Bewerbungsverfahrensanspruchs fest, muss die Ernennung des ausgewählten Bewerbers bereits dann durch einstweilige Anordnung untersagt werden, wenn die Auswahl des Antragstellers bei rechtsfehlerfreier Auswahl jedenfalls möglich erscheint.

Hatte ein unterlegener Bewerber Gelegenheit, die Rechtsschutzmöglichkeiten zur gerichtlichen Nachprüfung der Auswahlentscheidung vor der Ernennung auszuschöpfen, so sind seine Ansprüche aus Art. 33 Abs. 2, Art. 19 Abs. 4 Satz 1 GG erfüllt. Dies gilt unabhängig davon, ob den gerichtlichen Entscheidungen materiellrechtliche oder prozessuale Mängel anhaften. Das Grundrecht auf gerichtlichen Rechtsschutz gibt weder einen Anspruch auf eine „richtige" Entscheidung noch darauf, dass der Bewerbungsverfahrensanspruch zweimal, nämlich vor und nach der Ernennung gerichtlich verfolgt werden kann. Eine Anfechtung der Ernennung ist in diesen Fällen verfassungsrechtlich nicht geboten. Die Wirksamkeit des Rechtsschutzes vor der Ernennung hängt aber davon ab, dass der Dienstherr die gerichtliche Nachprüfung seiner Auswahlentscheidung ermöglicht. Er muss mit der Ernennung des ausgewählten Bewerbers zuwarten, bis die unterlegenen Bewerber ihre Rechtsschutzmöglichkeiten ausgeschöpft haben. Daher ergeben sich aus Art. 19 Abs. 4 Satz 1 GG, Art. 33 Abs. 2 GG Mitteilungs- und Wartepflichten des Dienstherrn, mit denen Ansprüche der unterlegenen Bewerber korrespondieren:

Zunächst muss der Dienstherr die Auswahlentscheidung vor der Ernennung den unterlegenen Bewerbern mitteilen. [...] *Danach muss er eine angemessene Zeit zuwarten, damit die Unterlegenen das Verwaltungsgericht anrufen können. In der Praxis der Verwaltungsgerichte hat sich eine Wartezeit von zwei Wochen ab Zugang der Mitteilung über die Ablehnung der Bewerbung als angemessen herausgebildet. Beantragt ein Bewerber rechtzeitig den Erlass einer einstweiligen Anordnung, darf der Dienstherr die Ernennung erst nach Abschluss des gerichtlichen Verfahrens vornehmen* [...]. ***Hat der Dienstherr in der abschließenden Beschwerdeinstanz des einstweiligen Anordnungsverfahrens vor dem Oberverwaltungsgericht obsiegt, muss er nochmals angemessene Zeit mit der Ernennung zuwarten, um dem unterlegenen Bewerber Gelegenheit zu geben, zur Durchsetzung seines Bewerbungsverfahrensanspruchs nach Art. 33 Abs. 2 GG das Bundesverfassungsgericht anzurufen.*** *Nach der Kammerrechtsprechung des Bundesverfassungsgerichts gewährleisten Art. 19 Abs. 4 Satz 1, Art. 33 Abs. 2 GG auch die Möglichkeit, eine einstweilige Anordnung nach § 32 BVerfGG zu erwirken oder Verfassungsbeschwerde zu erheben. Nimmt der Dienstherr dem unterlegenen Bewerber diese Möglichkeit, indem er den ausgewählten Bewerber nach der Entscheidung des Oberverwaltungsgerichts vor Ablauf einer angemessenen Wartefrist ernennt, so verhindert er die Gewährung wirkungsvollen Rechtsschutzes. Nach alledem verhindert der Dienstherr den nach Art. 19 Abs. 4 Satz 1 GG, Art. 33 Abs. 2 GG gebotenen Rechtsschutz, wenn er den ausgewählten Bewerber ernennt, obwohl ihm dies durch eine Entscheidung eines Verwaltungsgerichts oder des Bundesverfassungsgerichts untersagt ist. Gleiches gilt, wenn er die Ernennung während eines laufenden gerichtlichen Verfahrens vornimmt. Darüber hinaus liegen Fälle der Rechtsschutzverhinderung vor, wenn der Dienstherr die Ernennung ohne vorherige Mitteilungen an die unterlegenen Bewerber oder vor Ablauf der Wartefrist für den Antrag auf Erlass einer einstweiligen Anordnung, der gesetzlichen Frist für die Beschwerde an das Oberverwaltungsgericht oder der Wartefrist für die Anrufung des Bundesverfassungsgerichts vornimmt.*

Verstößt der Dienstherr vor der Ernennung gegen Art. 19 Abs. 4 Satz 1, Art. 33 Abs. 2 GG, so muss der verfassungsrechtlich gebotene Rechtsschutz nach der Ernennung nachgeholt werden. ***Der Dienstherr kann sich auf die Ämterstabilität nicht berufen, um Verletzungen des vorbehaltlos gewährleisteten Grundrechts aus Art. 19 Abs. 4 Satz 1 GG zu decken.*** *Ansonsten hätte er es in der Hand, die Grundrechte unterlegener Bewerber durch vorzeitige Ernennungen auszuschalten. Gefährdungen der Funktionsfähigkeit von Justiz oder Verwaltung kann der Dienstherr vermeiden, indem er die Anforderungen der Rechtsschutzgarantie beachtet. Im Übrigen liegen sie wegen der überschaubaren Zahl der Fälle der Rechtsschutzverhinderung fern. Nach der Ernennung des ausgewählten Bewerbers kann unterlegenen Bewerbern gerichtlicher Rechtsschutz nur im Wege der*

Anfechtungsklage gegen die Ernennung gewährt werden. Eine andere Möglichkeit zur Durchsetzung ihres Bewerbungsverfahrensanspruchs besteht nicht. Verstößt die Ernennung gegen die Rechte des Klägers aus Art. 33 Abs. 2 GG, so ist sie mit Wirkung für die Zukunft aufzuheben. Die Aufhebung mit Rückwirkung auf den Zeitpunkt der Vornahme scheidet aus, weil die mit der Ernennung verbundene Statusänderung jedenfalls ohne gesetzliche Grundlage nicht nachträglich ungeschehen gemacht werden kann. Im vorliegenden Fall kann sich der Beklagte nicht auf die Ämterstabilität berufen, weil er die Gewährung wirkungsvollen gerichtlichen Rechtsschutzes für den Kläger verhindert hat. Durch die Ernennung des Beigeladenen zum Präsidenten des Oberlandesgerichts unmittelbar nach der Bekanntgabe der Beschwerdeentscheidung des Oberverwaltungsgerichts hat der Justizminister des Beklagten dem Kläger ***die Möglichkeit genommen, die Ernennung durch die Anrufung des Bundesverfassungsgerichts zu verhindern. Er hat die aus Art. 19 Abs. 4 Satz 1, Art. 33 Abs. 2 GG folgende Wartepflicht missachtet*** **[...].**

4. Ausgewählte Beispiele in der Rechtsprechung zum Thema Rechtsschutz

Einstweiliger Rechtsschutz; Zulassung zum Aufstiegsverfahren; Mindestalter als zulässiges Kriterium – VG München, Beschl. vom 6.6.2013 – M 21 E 13.1492 –, zitiert nach juris

Der 1974 geborene Antragsteller stand als Polizeiobermeister im Dienst der Bundespolizei. Er war seit 1. Oktober 2009 als Ermittlungsbeamter tätig. Nachdem das Bundespolizeipräsidium mit jährlich wiederkehrendem Rundschreiben unter Mitteilung der Bewerbungsvoraussetzungen zur Teilnahme an dem alternativ nach § 15 BPolLV (Ausbildungsaufstieg) sowie nach § 17 Abs. 2 BPolLV (Praxisaufstieg) möglichen Aufstiegsverfahren in den gehobenen Polizeivollzugsdienst im Jahr 2013 aufgerufen hatte, bewarb sich der Antragsteller zunächst um die Zulassung zum Aufstiegsverfahren gemäß § 15 BPolLV in den gehobenen Polizeivollzugsdienst. Er wurde daraufhin für beide Aufstiegsverfahren gleichermaßen geltenden – Eignungsauswahlverfahren und anschließend – unter Bestätigung von dessen erfolgreichem Abschluss zum zweijährigen Ausbildungsaufstieg gemäß § 15 BPolLV zugelassen.

Bereits mit Schreiben vom [...] Oktober 2012 hatte der Antragsteller auch seine Zulassung für die Aufstiegsausbildung zum Praxisaufstieg gemäß § 17 Abs. 2 BPolLV für das Jahr 2013 (mit Beginn am 1. September 2013) beantragt. Die Bundespolizeidirektion lehnte den Antrag vom [...] ab. Zur Begründung wurde ausgeführt, der Antragsteller erfülle nicht die Zulassungsvoraussetzung des § 30 Abs. 1 Nr. 1 BPolLV i. d. F. d. Bek. vom 31. Januar 2003 (BGBl. I S. 143) für den Praxisaufstieg, weil er bei Beginn der Einführung am 1. September 2013 das 40. Lebensjahr noch nicht vollendet haben werde. Hiergegen legte der Antragsteller durch seine Bevollmächtigten rechtzeitig Widerspruch ein, über den die Antragsgegnerin noch nicht entschieden hat. Gleichzeitig beantragte er durch seine Bevollmächtigten bei dem Verwaltungsgericht München nach § 123 VwGO einstweiligen Rechtsschutz. Zielrichtung war dabei die Behörde zu verpflichten, ihn vorläufig bis zu einer rechtskräftigen Entscheidung in der Hauptsache zum unbegrenzten Praxisaufstieg für die Laufbahn des gehobenen Polizeivollzugsdienstes mit Beginn 01.09.2013 zuzulassen.

Der einstweilige Rechtsschutz des Beamten war begründet und damit erfolgreich.

Im Rahmen der Entscheidungsgründe führte das Gericht hierzu aus, dass nach § 123 Abs. 1 Satz 2 VwGO das Gericht der Hauptsache (§ 123 Abs. 2 Satz 1 VwGO) auf Antrag, auch schon ***vor Klageerhebung****, eine* ***einstweilige Anordnung*** *zur Regelung eines vorläufigen Zustands in Bezug auf ein streitiges Rechtsverhältnis treffen kann, wenn diese Regelung, vor allem bei dauernden Rechtsverhältnissen, um* ***wesentliche Nachteile abzuwenden*** *oder drohende Gewalt zu verhindern oder aus anderen Gründen nötig erscheint (sog. Regelungsanordnung). Für den Erlass einstweiliger Anordnungen gilt nach § 123 Abs. 3 VwGO u. a. § 920 Abs. 2 der Zivilprozessordnung (ZPO) entsprechend, d. h., der Antragsteller hat sowohl einen* ***Anordnungsgrund*** *als auch einen* ***Anordnungsanspruch*** *glaubhaft zu machen.*

Mit seinem Vorbringen, dass bis zum Beginn des nächstmöglichen, mit „Umsetzungsverfügung" der Bundespolizeiakademie zu regelnden Praxisaufstiegsprogramms am 1. September 2013 nicht mit einer Entscheidung im Hauptsacheverfahren zu rechnen sei, hat der Antragsteller den erforderlichen ***Anordnungsgrund*** *glaubhaft gemacht. Das Rechtsschutzbegehren scheitert ausnahmsweise nicht am* ***Verbot der Vorwegnahme der Hauptsache****. Indem § 123 Abs. 1 VwGO vorschreibt, dass das Gericht eine „einstweilige" Anordnung zur hier allein in Betracht kommenden Regelung eines „vorläufigen" Zustands treffen kann, verbietet sich grundsätzlich eine Vorwegnahme der Hauptsache. Das Gericht darf im Grundsatz nur die Lage offen halten, um zu vermeiden, dass das Recht bis zu einer Klärung im Hauptsacheprozess untergeht oder seine Durchsetzung wegen des Zeitablaufs mit wesentlichen Nachteilen verbunden ist. Mit seinem Antrag nach § 123 Abs. 1 VwGO, die Antragsgegnerin zu verpflichten, ihn vorläufig bis zu einer rechtskräftigen Entscheidung in der Hauptsache für den (unbegrenzten) Praxisaufstieg in die Laufbahn des gehobenen Polizeivollzugsdienstes der Bundespolizei mit Beginn am 1. September 2013 zuzulassen, verlangt der Antragsteller der Sache nach, sofort so gestellt zu werden, als hätte er in der Hauptsache bereits obsiegt. Das Gericht kann die begehrte einstweilige Anordnung somit nur unter den oben dargestellten einschränkenden Voraussetzungen erlassen, die es aufgrund der im Verfahren des einstweiligen Rechtsschutzes nur möglichen summarischen Prüfung der Sach- und Rechtslage jedoch ausnahmsweise als erfüllt ansieht, weil vorliegend zum einen die für den Antragsteller zu erwartenden Nachteile, befindet er sich erst einmal gegen seinen Willen in dem Aufstiegsverfahren nach § 15 BPolLV, wegen der weitreichenden Unterschiede der zur Wahl stehenden Ausbildungsgänge unzumutbar und im Hauptsacheverfahren nicht mehr zu beseitigen wären, zum andern ein sehr hoher Grad an Wahrscheinlichkeit für einen Erfolg auch in der Hauptsache spricht.* [...]

Der Antragsteller hat auch den erforderlichen ***Anordnungsanspruch*** *glaubhaft gemacht.* [...] *Der Beamte kann andererseits beanspruchen, dass über seine vorgeschla-*

gene oder beantragte Zulassung zum Aufstiegsverfahren ohne Rechtsfehler entschieden wird und von praktizierten ermessensbindenden Richtlinien nicht zu seinem Nachteil grundlos abgewichen wird. Sind – wie im vorliegenden Fall in Gestalt der Richtlinien des Bundesministeriums des Innern für das Eignungsauswahlverfahren für die Zulassung von Beamtinnen und Beamten des mittleren Polizeivollzugsdienstes der Bundespolizei zum Aufstieg in den gehobenen Polizeivollzugsdienst der Bundespolizei gemäß §§ 28, 29, 30 Abs. 1 bis 4 BPolLV (EAV-RL gPVD) vom April 2008 – derartige Richtlinien erlassen, so kontrolliert das Gericht nicht nur, ob die Richtlinien eingehalten worden sind, sondern auch, ob sie sich im Rahmen der gesetzlichen Ermächtigung halten und auch sonst mit den gesetzlichen Vorschriften in Einklang stehen. [...] *Soweit er die Zulassungsvoraussetzung des § 30 Abs. 1 Nr. 1 BPolLV i. d. F. d. Bek. v. 31. Januar 2003 als einer der Normen, auf die § 17 Abs. 2 BPolLV u. a. verweist, nicht erfüllt, weil er zu Beginn der Einführung am 1. September 2013 das 40. Lebensjahr noch nicht vollendet haben wird, ist in der Rechtsprechung des Bundesverwaltungsgerichts geklärt, dass ein Mindestalter von 40 Jahren nicht zu den unmittelbar leistungsbezogenen Gesichtspunkten gehört, die der Bewerberauswahl für einen Laufbahnwechsel gemäß Art. 33 Abs. 2 GG zugrunde gelegt werden können. Daraus folgt, dass auf den vorliegenden Sachverhalt § 30 Abs. 1 Nr. 1 BPolLV i. d. F. d. Bek. v. 31. Januar 2003 als verfassungswidrig nicht angewandt werden kann.*

Einstweiliger Rechtsschutz; Untersagung Ernennung; Auswahlentscheidung Beförderungsrangfolgeliste – VG Kassel, Beschl. vom 11.2.2021 – 1 L 2203/20.KS –, zitiert nach juris

Die Antragstellerin wendet sich gegen ihre fehlende Berücksichtigung bei der Auswahl für die Beförderung zum Polizeihauptmeister/Polizeihauptmeisterin (A9m) auf der Grundlage der Beförderungsrangfolgenliste zum Stichtag 01.11.2020. Die Antragstellerin steht als Polizeiobermeisterin (A8) in den Diensten der Antragsgegnerin. Seit dem 01.08.2015 war sie aus dienstlichen Gründen im Innendienst eingesetzt. Seit dem 01.05.2016 ist sie als Bürosachbearbeiterin beim Stabsbereich Zentrale Dienste der Bundespolizeiabteilung X-Stadt eingesetzt.

Die letzte Regelbeurteilung der Antragstellerin erfolgte zum Stichtag 01.10.2016. Am 14.02.2018 beantragte die Bundespolizeiabteilung X-Stadt die Vorstellung der Antragstellerin beim sozialmedizinischen Dienst. Das am 12.11.2018 erstellte sozialmedizinische Gutachten stellte die Polizeidienstunfähigkeit der Antragstellerin fest. Die gesundheitliche Eignung für den allgemeinen Verwaltungsdienst bestehe. Mit Bescheid vom 04.01.2019 stellte die Antragsgegnerin die Polizeidienstunfähigkeit der Antragstellerin nach § 4 Abs. 1 des Bundespolizeibeamtengesetzes – BPolBG – fest und gab ihr Gelegenheit zur Stellungnahme zur geplanten Qualifikation für einen Laufbahnwechsel in den allgemeinen Verwaltungsdienst des Bundes. Am 20.09.2019 teilte die Antragsgegnerin der Antragstellerin mündlich mit, dass die anstehende Regelbeurteilung zum Stichtag 01.10.2019 ausgesetzt werde. Die Beurteilung entfalle, weil sie nicht zweckmäßig sei, da die Antragstellerin nicht polizeidienstfähig sei. Nach Ziffer 2.1.2 der Durchführungshinweise zum Erlass – B1 – 12007/3 162 des Bundesministeriums des Innern vom 10.12.2015 – Durchführungshinweise – könne die Regelbeurteilung entfallen, wenn sie nicht zweckmäßig sei. Unter diese Regelung würden auch Mitarbeiter subsumiert, die nach einem sozialmedizinischen Gutachten nicht mehr polizeidienstfähig seien.

Am 25.10.2019 beantragte die Antragstellerin die Erstellung einer Regelbeurteilung zum Stichtag 01.10.2019. Sie berief sich darauf, dass nach den Durchführungshinweisen die Regelbeurteilung zwar entfallen könne, wenn sie nicht zweckmäßig sei. Jedoch treffe auf sie keiner der in Nr. 2.1.2 im Weiteren angeführten Beispielsfälle zu. Weder sei sie im Beurteilungszeitraum längerfristig – sondern nur sieben Tage – erkrankt gewesen, noch würden sonstige Hindernisse, wie beispielsweise ein schwebendes Disziplinarverfahren, vorliegen. Auch falle sie unter keine der Gruppen, die gemäß Ziffer 2.1.2 der Richtlinie des Bundesministeriums des Innern vom 10.12.2015 – B1 – 30102/4 – Beurteilungsrichtlinie 2015 – von der Regelbeurteilung ausgenommen seien. Danach seien von der Regelbeurteilung ausgenommen Beamtinnen und Beamte im Falle des § 33 Abs. 3 der Bundeslaufbahnverordnung – BLV –, während des Ableistens der laufbahnrechtlichen Probezeit, auf Widerruf im Vorbereitungsdienst, die eine tatsächlich erfassbarer Beurteilungszeitraum von weniger als neun Monaten aufweisen und während eines Wechsels der Laufbahn oder der Laufbahngruppe. Die Antragstellerin sei im Beurteilungszeitraum lediglich sieben Tage erkrankt gewesen. Ohne Beurteilung sei sie nicht mehr bewerbungsfähig, auch nicht auf Stellen- oder Funktionsausschreibungen, bei denen ein handycapgerechter Einsatz ihrer Person denkbar sei.

Mit Bescheid vom 27.04.2020 setzte die Direktion Bundesbereitschaftspolizei die Erstellung einer Regelbeurteilung zum Stichtag 01.10.2019 für die Antragstellerin aus. Zur Begründung bezog sie sich darauf, dass nach Ziffer 2.1.2 der Durchführungshinweise die Aussetzung vorgesehen sei, wenn eine Regelbeurteilung nicht zweckmäßig sei. Die in den Durchführungshinweisen aufgeführten Beispiele seien lediglich exemplarisch. Die fehlende Zweckmäßigkeit sei auch im Falle der Polizeidienstunfähigkeit anzunehmen, wenn die Polizeivollzugsbeamten/-innen nicht mehr auf dem übertragenen Dienstposten verwandt würden. Der Antragstellerin sei der Dienstposten „Polizeivollzugsbeamtin in einer Einsatzhundertschaft der Bundespolizeiabteilung X-Stadt" übertragen. Ihre Polizeidienstunfähigkeit sei durch Bescheid vom 04.01.2019 festgestellt. Bis zum Beginn des Laufbahnwechsels sei sie im Stabsbereich Zentrale Dienste eingesetzt gewesen. Seit dem 06.01.2020 befinde sie sich in der Unterweisung im Rahmen des Laufbahnwechsels. Aktuell sei sie zur praktischen Unterweisung wieder im Stabsbereich Zentrale Dienste eingesetzt. Da sich die Antragstellerin in der Unterweisung zum Laufbahnwechsel befinde, nach deren Abschluss die Ernennung im allgemeinen Verwaltungsdienst des Bundes vorgesehen sei, sei die Erstellung einer Regelbeurteilung als Polizeivollzugsbeamtin nicht zweckmäßig. Eine Rechtsbehelfsbelehrung erfolgte nicht.

Eine bereits am 06.01.2020 begonnene theoretische Unterweisung für den geplanten Laufbahnwechsel wurde wegen der Corona-Pandemie vorzeitig abgebrochen. Vom

22.04.2020 bis zum 31.12.2020 erfolgte die praktische Unterweisung für den geplanten Laufbahnwechsel. Für die Zeit ab dem 04.01.2021 bis 03.07.2021 war wiederum eine theoretische Unterweisung geplant. Am 05.11.2020 beantragte die Antragstellerin erneut die Erstellung einer Regelbeurteilung. Sie verwies auf ihren Anspruch auf Erteilung einer Regelbeurteilung, da Ausnahmen nicht vorlägen. Die Antragsgegnerin teilte der Antragstellerin mit Schreiben vom 24.11.2020 mit, dass sie diesen Antrag als Widerspruch gegen den Bescheid vom 27.04.2020 auffasse. Eine Entscheidung über den Widerspruch erfolgte bisher nicht. Am 13.11.2020 wurde im Intranet der Direktion Bundesbereitschaftspolizei die für November 2020 geplanten Beförderungen zum Polizeihauptmeister/in bis zum Ranglistenplatz 98 bekanntgegeben. Grundlage sei die Beförderungsrangfolgenliste zum Stichtag 01.11.2020. Berücksichtigt werden könnten nur die ersten 98 Beamtinnen und Beamte der Beförderungsrangfolgenliste. Erforderlich seien mindestens die Gesamtnote B2 sowie die Summe der Leistungsmerkmale mit 14,00 und Subsidiärpunkte mit 115,50.

Am 24.11.2020 hat die Antragstellerin um vorläufigen Rechtsschutz nachgesucht.

Das Gericht gab der Antragstellerin Recht und untersagte der Antragsgegnerin im Wege der einstweiligen Anordnung den Beigeladenen zum Polizeihauptmeister zu ernennen, bis die Auswahlentscheidung auf der Grundlage der Beförderungsrichtlinie zum Stichtag 01.11.2020 bestandskräftig war. Bei Streitigkeiten auf beamtenrechtlicher Grundlage, die auf die Verhinderung einer Ernennung oder Beförderung abzielen, ist der Anspruch eines übergangenen Bewerbers im Hauptsacheverfahren grundsätzlich – nach Abschluss eines Widerspruchsverfahrens – im Wege einer Verpflichtungsklage zu verfolgen in Form der Bescheidungsklage auf Berücksichtigung (der Bewerbung) eines Antragstellers im Auswahlverfahren. Da in dieser prozessualen Situation die Ernennung eines Konkurrenten zu einer Erledigung des Rechtsstreits in der Hauptsache führen kann, kann ein übergangener Bewerber bzw. Antragsteller vor Klageerhebung regelmäßig im Wege einer Sicherungsanordnung vorläufigen Rechtsschutz in Anspruch nehmen, um den von ihm geltend gemachten Anspruch aus Art. 33 Abs. 2 GG auf faire und chancengleiche Behandlung seiner Bewerbung in einem beamtenrechtlichen Auswahlverfahren (sog. Bewerbungsverfahrensanspruch) zu sichern. Allein auf diese Weise kann ein abgelehnter Bewerber verhindern, dass durch die Ernennung des ausgewählten Konkurrenten vollendete Tatsachen geschaffen werden und sich der Streit um die Beförderungsauswahl erledigt. [...]

Die Antragstellerin hat einen Anordnungsgrund glaubhaft gemacht. Es ist ihr nicht zuzumuten, auf das Hauptsacheverfahren verwiesen zu werden, weil eine zwischenzeitlich erfolgende Ernennung der ausgewählten Mitbewerber bzw. Mitbewerberinnen ihre Berücksichtigung endgültig verhindern würde. [...]

Die Auswahl des Beigeladenen ist auch beschlossen, wie die Antragstellerin der Mitteilung der Antragsgegnerin vom 13.11.2020 im Intranet entnehmen musste. Durch Benennung und Einstufung in der Beurteilungsrangfolgenliste sind die dort auf den ersten 98 Plätzen genannten Konkurrenten ausgewählt. Daher musste die Antragstellerin die bevorstehende Ernennung des auf Platz 98 genannten Beigeladenen befürchten.

Die Antragstellerin hat auch einen Anordnungsanspruch glaubhaft gemacht. Bei der im Verfahren des vorläufigen Rechtsschutzes gebotenen, aber auch ausreichenden summarischen Prüfung der Sach- und Rechtslage verletzt die Auswahlentscheidung den grundrechtsgleichen Bewerbungsverfahrensanspruch der Antragstellerin aus Art. 33 Abs. 2 GG. Danach steht jedem Deutschen nach seiner Eignung, Befähigung und fachlichen Leistung der gleiche Zugang zu jedem öffentlichen Amt zu. Öffentliche Ämter sind zu Gewährleistung dieses Anspruchs nach Maßgabe der Bestenauslese zu besetzen. Die von Art. 33 Abs. 2 GG erfassten Auswahlentscheidungen können grundsätzlich nur auf Gesichtspunkte gestützt werden, die unmittelbar Eignung, Befähigung und fachliche Leistung der Bewerber betreffen. Dabei hat sich der Vergleich der Bewerber im Rahmen der Auswahlentscheidung vor allem auf deren dienstliche Beurteilungen zu stützen.

Die Nichtberücksichtigung der Antragstellerin in der Beförderungsrangfolgenliste ist mit der Nichtberücksichtigung im Auswahlverfahren gleichzusetzen. Die veröffentlichte Beförderungsrangfolgenliste bildet die Auswahlentscheidung ab. Dabei hat die Antragsgegnerin die Antragstellerin zu Unrecht von der Berücksichtigung auf der Beurteilungsrangfolgenliste ausgenommen. Weder die fehlende Regelbeurteilung zum Beurteilungsstichtag 01.10.2019, auf die sich die Antragsgegnerin beruft, noch die Polizeidienstunfähigkeit oder ein bevorstehender Laufbahnwechsel an sich vermögen die fehlende Berücksichtigung zu rechtfertigen. Das (formale) Fehlen einer Beurteilung vermag den Ausschluss nicht zu begründen. Denn es ist kein leistungsbezogenes Kriterium. Vielmehr muss im Rahmen der vom Dienstherrn unter Beachtung des Art. 33 Abs. 2 GG zu treffenden Auswahlentscheidung der Leistungsvergleich anhand aussagekräftiger, d.h. aktueller, hinreichend differenzierter und auf gleichen Bewertungsmaßstäben beruhender dienstlicher Beurteilungen vorgenommen werden. Der Bewerbungsverfahrensanspruch umfasst damit sowohl im Falle der Auswahl zwischen Bewerbern für eine ausgeschriebene Stelle als auch im Falle der Auswahl zwischen allen in Betracht kommenden Beamten den Anspruch gegen den Dienstherrn, dass er die formalen Anforderungen – soweit sie im Machtbereich des Dienstherrn liegen – für eine dem Bewerbungsverfahrensanspruch genügende Auswahl schafft. Hierzu gehört es, die für die Auswahl erforderlichen Beurteilungen zu erstellen. Denn der Ausschluss eines Bewerbers oder eines zur Gruppe der in Betracht zu ziehenden Beamten Gehörenden darf nur nach Leistungsgesichtspunkten erfolgen.

Die fehlende Beurteilung kann auch nicht deshalb zum Ausschluss der Antragstellerin führen, weil rechtliche Gründe der Erstellung einer (Regel-)Beurteilung der Antragstellerin entgegenstehen. Denn solche sind weder nach dem Vortrag der Antragsgegnerin noch sonst zu erkennen. Ob die Antragstellerin zulässigerweise nach der Beurteilungsrichtlinie 2015 und hierzu ergangenen Durchführungshinweisen, die die Antragsgegnerin nicht vorgelegt hat, von der Regelbeurteilung ausgenommen werden durfte, kann dahinstehen, denn jedenfalls hätte für die Antragstellerin nach Nr. 2.2.1 Punkt 2 der Beurteilungsrichtlinien 2015 eine Anlassbeurteilung erstellt werden müssen. Nr. 2.2.1 Punkt 2 der Beurteilungsrichtlinien 2015 sieht vor, dass vor Beförderungsentscheidungen – und um solche handelt es sich auch bei der Erstellung der Beförderungsrangfolgen-

liste, die an die Stelle der Auswahlentscheidung tritt – eine Anlassbeurteilung zu erstellen ist, wenn die Beamtin an der letzten Regelbeurteilung nicht teilgenommen hat. Ausnahmen von dieser Vorgabe sind der Beurteilungsrichtlinie 2015 nicht zu entnehmen.

Auch die Polizeidienstunfähigkeit der Antragstellerin an sich steht ihrer Berücksichtigung bei der Auswahl durch Aufnahme in die Beförderungsrangfolgenliste nicht entgegen. Die Antragstellerin ist aus diesem Grund nicht generell von Beförderungen ausgeschlossen, denn sie ist im Übrigen dienstfähig für den allgemeinen Verwaltungsdienst.

Regelmäßig steht eine fehlende gesundheitliche Eignung zwingend einer Beförderung entgegen. Im Falle der Beförderung zum Polizeihauptmeister/-in ist dabei grundsätzlich die (uneingeschränkte) Polizeidienstfähigkeit zu verlangen. Denn diese ist regelmäßig bezogen auf alle Statusämter in der Bundespolizei erforderlich (vgl. § 4 Abs. 1 BPolBG). Hierbei gilt es zu berücksichtigen, dass grundsätzlich Bezugspunkt der Auswahlentscheidung nach Art. 33 Abs. 2 GG nicht der konkrete Dienstposten, sondern das angestrebte Statusamt ist und die Auswahl regelmäßig nicht anhand der Anforderungen eines konkret-funktionellen Amts, sondern anhand des Statusamtes vorgenommen werden muss. Dabei stellt jedoch § 4 Abs. 1 letzter Halbsatz BPolBG heraus, dass eine Polizeidienstunfähigkeit dann nicht anzunehmen ist, wenn im Falle eines Beamten auf Lebenszeit die auszuübende Funktion die besonderen gesundheitlichen Anforderungen für den Polizeivollzugsdienst auf Dauer nicht mehr uneingeschränkt erfordert. Damit sind auch solche Beamte beförderungsgeeignet, die nur eingeschränkt dienstfähig und (noch) im Sinne des § 4 Abs. 1 letzter Halbsatz BPolBG polizeidienstfähig in Anknüpfung an ihre ausgeübte Funktion sind. […] *Auch der bevorstehende Wechsel der Laufbahn steht der Aufnahme der Antragstellerin in die Beförderungsrangfolgenliste nicht ausschließend entgegen. Denn dieser hindert eine Eignung der Antragstellerin für den Polizeivollzugsdienst nicht generell. Dies wäre nur dann anzunehmen, wenn der Wechsel in tatsächlicher und zeitlicher Hinsicht derart konkret bevorstünde, dass absehbar wäre, das die Antragstellerin nach der angestrebten Beförderung der Antragsgegnerin nicht mehr zur Verfügung stünde. Da die Antragstellerin die Unterweisung zum Laufbahnwechsel aber noch nicht abgeschlossen hat und auch noch nicht die Zuerkennung der Laufbahnbefähigung erfolgt ist, ist noch nicht einmal absehbar, dass die Antragstellerin den Laufbahnwechsel erfolgreich abschließen wird. Auch in zeitlicher Hinsicht ist nicht gesichert, wann und ob der Wechsel erfolgen kann. Die Unterweisung musste bereits einmal wegen der Corona-Pandemie verschoben werden und auch zeitliche Verzögerungen aus dem Risikobereich der Antragstellerin sind jederzeit denkbar. Da für die Antragstellerin bisher noch keine für die Beförderungsauswahlentscheidung geeignete Beurteilung vorlag, ist nicht auszuschließen, dass sie bei Erteilung einer Regelbeurteilung zum Stichtag 01.10.2019 bzw. einer Anlassbeurteilung für den maßgeblichen Zeitraum eine Beurteilung erhalten hätte, deren Ergebnis über dem des Beigeladenen liegt und sie damit im Beförderungsverfahren zum Zuge gekommen wäre.*

Eilrechtsschutz einer Polizeihauptkommissarin gegen eine Personalauswahlentscheidung; Festschreibung der Verwendungsbreite in einem konstitutiven Anforderungsprofil – BayVGH, Beschl. vom 10.8.2021 – 6 CE 21.1278 –, zitiert nach juris

Die Antragstellerin steht als Polizeihauptkommissarin (A 12) im Dienst der Antragsgegnerin. Sie hat bei der Bundespolizeiabteilung D. seit 1. Februar 2011 einen Dienstposten als Sachgebietsleiterin „Lage und Öffentlichkeitsarbeit", bewertet mit Besoldungsgruppe A 10-12 BBesO, inne. Die Antragsgegnerin schrieb am 17. August 2020 den Dienstposten „stellvertretender Hundertschaftsführer zugleich Sachbearbeiter Fortbildung (m/w/d)", Besoldungsgruppe A 11-13 BBesO, in D. aus. In der Stellenausschreibung ist als „konstitutiv (obligatorisch)" zu erfüllende Anforderung u. a. genannt: „c) mindestens drei Verwendungen in unterschiedlichen Bereichen im gehobenen Polizeivollzugsdienst gem. Ziffer 9.1.3. Personalentwicklungskonzept (PEK) und der dazugehörigen Anlage, davon mindestens eine auf einem Dienstposten der Bewertung nach Besoldungsgruppe A 10-12 BBesO, nach Abschluss der Probezeit oder ein bereits übertragener Dienstposten mit der Endbewertung nach Besoldungsgruppe A 13g BBesO". Unter Anmerkungen wird in der Stellenausschreibung ausgeführt, dass gemäß Ziffer 9.1.2.3. PEK eine Verwendung regelmäßig zwei Jahre umfassen müsse.

Neben der Antragstellerin bewarben sich elf weitere Bewerber. Mit Auswahlentscheidungsvermerk vom 23. November 2020 schlug die Direktion der Bundesbereitschaftspolizei F. vor, den Beigeladenen auszuwählen. Die Antragstellerin erfülle das konstitutive Anforderungsmerkmal c) nicht, weil sie lediglich zwei Verwendungen im Sinne dieses Anforderungsmerkmals nachweisen könne. Eine Prüfung des übrigen Anforderungsprofils sei daher entbehrlich. Die Antragstellerin wurde mit Schreiben vom 15. Januar 2021 über die Auswahlentscheidung informiert. Sie hat hiergegen am 19. Januar 2021 Widerspruch eingelegt, über den bislang nicht entschieden ist.

Am 29. Januar 2021 hat die Antragstellerin beim Verwaltungsgericht beantragt, der Antragsgegnerin im Wege des Erlasses einer einstweiligen Anordnung einstweilen zu untersagen, die Stelle des stellvertretenden Hundertschaftsführers bei der Bundespolizeiabteilung D. mit dem Konkurrenten zu besetzen, bis über ihren Widerspruch gegen die Beförderungsauswahlentscheidung unter Berücksichtigung der Rechtsauffassung des Verwaltungsgerichts neu entschieden worden ist. Das Aufstellen eines konstitutiven Anforderungskriterums von drei Vorverwendungen sei unzulässig. Zudem erfülle sie die Anforderungen, wenn eine Verwendung in der Probezeit berücksichtigt werde.

Das Verwaltungsgericht hat diesem Antrag mit Beschluss vom 7. April 2021 stattgegeben. Ein Anordnungsgrund ergebe sich aus einem andernfalls drohenden Bewährungsvorsprung des ausgewählten Bewerbers. Die Antragstellerin habe auch einen Anordnungsanspruch glaubhaft gemacht. Entgegen der Auffassung der Antragsgegnerin erfülle die Antragstellerin das konstitutive Anforderungsmerkmal c) der Stellenausschreibung. Gemäß der tabellarischen Aufstellung der tatsächlichen Verwendungen der Antragsgegnerin vom 26. August 2020 verfüge die Antragstellerin über die geforderten drei Verwendungen, sie habe bereits vier entsprechende Verwendungen nach

Abschluss der Laufbahnprobezeit. Der Auswahlvermerk vom 23. November 2020 sei im Vergleich zu der tabellarischen Übersicht der Verwendungsbereiche der Antragstellerin vom 26. August 2020 nicht schlüssig. Selbst wenn man dem Ergebnis der Antragsgegnerin folge, hätte sie in einem weiteren Schritt prüfen müssen, ob nicht aufgrund der Besonderheiten des Einzelfalls ausnahmsweise eine Verwendung von nicht ganz zwei Jahren nach Abschluss der Probezeit geeignet sei, das konstitutive Merkmal c) zu erfüllen. Ziffer 9.1.2.3. PEK fordere nur, dass eine Verwendung „in der Regel jeweils mindestens zwei Jahre" umfassen solle. Damit habe sich die Antragsgegnerin nicht auseinandergesetzt. Es dränge sich nicht auf, dass die Antragstellerin die übrigen Kriterien des konstitutiven Anforderungsprofils nicht erfülle. Die Auswahl der Antragstellerin erscheine bei rechtsfehlerfreiem Verlauf des Bewerbungsauswahlverfahrens ernsthaft möglich.

Gegen diesen Beschluss hat die Antragsgegnerin Beschwerde eingelegt. Der Verwaltungsgerichtshof hob die Entscheidung der 1. Instanz auf und gab der Behörde Recht. In den Entscheidungsgründen des Gerichts heißt es hierzu: Der Antragstellerin steht aber kein Anordnungsanspruch zu, weil die Auswahlentscheidung der Antragsgegnerin für die Vergabe des höherwertigen Dienstpostens den Bewerbungsverfahrensanspruch der Antragstellerin nicht verletzt. Die Auswahlentscheidung beruht auf einem zulässigen konstitutiven Anforderungsprofil (a), das die Antragstellerin entgegen der Auffassung des Verwaltungsgerichts nicht erfüllt (b). Das in der Stellenausschreibung vom 17. August 2020 enthaltene konstitutive Anforderungsprofil c) ist entgegen der Auffassung der Antragstellerin mit dem in Art. 33 Abs. 2 GG verankerten Bewerbungsverfahrensanspruch vereinbar. Der Dienstherr kann über die Eignung des Bewerberfeldes für eine beamtenrechtliche Stellenbesetzung in einem gestuften Auswahlverfahren befinden. Bewerber, die die allgemeinen Ernennungsbedingungen oder die laufbahnrechtlichen Voraussetzungen nicht erfüllen oder die aus sonstigen Eignungsgründen für die Ämtervergabe von vornherein nicht in Betracht kommen, können in einer ersten Auswahl ausgeschlossen werden und müssen nicht mehr in den Leistungsvergleich einbezogen werden. Dies gilt grundsätzlich auch für Bewerber, die zwingende Vorgaben eines rechtmäßigen Anforderungsprofils nicht erfüllen.

Bei der Bestimmung des Anforderungsprofils ist der Dienstherr aber an die gesetzlichen Vorgaben gebunden und damit, soweit eine an Art. 33 Abs. 2 GG zu messende Dienstpostenvergabe in Rede steht, auch zur Einhaltung des Grundsatzes der Bestenauswahl verpflichtet. Hiermit ist eine Einengung des Bewerberfeldes aufgrund der besonderen Anforderungen eines bestimmten Dienstpostens grundsätzlich nicht vereinbar. Zwar entscheidet der Dienstherr über die Errichtung und nähere Ausgestaltung von Dienstposten innerhalb des von Verfassung und Parlament vorgegebenen Rahmens aufgrund der ihm zukommenden Organisationsgewalt nach seinen Bedürfnissen. Wie er seine Stellen zuschneidet, welche Zuständigkeiten er diesen zuweist und welche Fachkenntnisse er zu Erfüllung der daraus im Einzelnen resultierenden Aufgaben für erforderlich ansieht, fällt in sein Organisationsermessen, das gerichtlich nur auf sachfremde Erwägungen überprüfbar ist. Die Organisationsgewalt des Dienstherrn ist aber beschränkt und an die Auswahlgrundsätze des Art. 33 Abs. 2 GG gebunden, wenn

– wie hier – mit der Dienstpostenvergabe Vorwirkungen auf die spätere Vergabe eines Statusamts verbunden sind. In diesen Vorwirkungsfällen sind auch die Vorgaben des Anforderungsprofils für die Dienstpostenvergabe den Maßstäben aus Art. 33 Abs. 2 GG unterworfen, weil mit der Übertragung des Dienstpostens die Zusammensetzung des Bewerberfelds für nachfolgende Beförderungsverfahren eingeengt und ggf. gesteuert wird.

Durch die Bestimmung des Anforderungsprofils legt der Dienstherr die Kriterien für die Auswahl der Bewerber fest, an ihnen werden die Eigenschaften und Fähigkeiten der Bewerber um den Dienstposten gemessen. Fehler im Anforderungsprofil führen daher grundsätzlich auch zur Fehlerhaftigkeit des Auswahlverfahrens, weil die Auswahlerwägungen dann auf sachfremden, nicht am Grundsatz der Bestenauswahl orientierten Gesichtspunkten beruhen. Bezugspunkt der Auswahlentscheidung nach Art. 33 Abs. 2 GG ist nicht die Funktionsbeschreibung des konkreten Dienstpostens, sondern das angestrebte Statusamt. Nach dem Laufbahnprinzip wird ein Beamter aufgrund seiner Befähigung für eine bestimmte Laufbahn regelmäßig als geeignet angesehen, jedenfalls diejenigen Dienstposten auszufüllen, die seinem Statusamt entsprechen oder dem nächsthöheren Statusamt zugeordnet sind (§ 16 Abs. 1, § 22 Abs. 3 BBG). Es kann grundsätzlich erwartet werden, dass der Beamte imstande ist, sich in die Aufgaben dieser Dienstposten einzuarbeiten. [...] *Nach diesen Maßgaben stellt die mit dem konstitutiven Anforderungsmerkmal c) geforderte Verwendungsbreite keine unzulässige Einschränkung des Bewerberfeldes dar. Der Senat hat das wiederholt entschieden und hält hieran auch mit Blick auf die Einwände der Antragstellerin fest.*

Das konstitutive Anforderungsmerkmal c), das u. a. mindestens drei Verwendungen in unterschiedlichen Verwendungsbereichen im gehobenen Polizeivollzugsdienst nach Abschluss der laufbahnrechtlichen Probezeit voraussetzt, knüpft nicht an den konkret zu besetzenden Dienstposten an. Mit ihm hat die Antragsgegnerin das Bewerberfeld nicht aufgrund der Anforderungen des konkreten streitigen Dienstpostens eingeengt, weil es nicht speziell auf diesen Dienstposten bezogen ist. Vielmehr handelt es sich um ein allgemeines Merkmal, das auf Ziffer 9.1.2.3 des Personalentwicklungskonzepts der Antragsgegnerin (Personalentwicklung in der Bundespolizei) basiert. Danach erfordert eine Besetzung von Dienstposten mit der Endbewertung nach Besoldungsgruppe A 11-13g BBesO in der Regel mindestens drei Verwendungen in unterschiedlichen Bereichen nach Abschluss der laufbahnrechtlichen Probezeit. Dies steht im Einklang mit § 46 Abs. 2 Nr. 7 BLV, wonach ein die „Fähigkeiten und Kenntnisse erweiternder regelmäßiger Wechsel der Verwendung" zu fördern ist. Das Personalentwicklungskonzept der Antragsgegnerin stellt ein im Organisationsermessen des Dienstherrn stehendes Mittel der Personalentwicklung und -planung dar (vgl. § 46 Abs. 1 Satz 1 BLV). Ein derartiges Konzept sorgt für ein transparentes Beförderungssystem, indem den Bediensteten im Voraus die Voraussetzungen und damit auch die eigenen Möglichkeiten aufgezeigt werden, unter denen berufliches Fortkommen gelingen kann. Der Begriff des Wechsels der Verwendung ist hinreichend bestimmt, da die unterschiedlichen Verwendungsbereiche in der Anlage zu Ziffer 9.1.2.3 des Personalentwicklungskonzeptes im Einzelnen aufgelistet sind. Das Konzept genügt den Anforderungen des Art. 33 GG und kann zur

Grundlage einer späteren Beförderungsentscheidung gemacht werden, weil die im Personalentwicklungskonzept genannten Voraussetzungen grundsätzlich von jedem entsprechend qualifizierten Bediensteten erfüllt werden können, indem die für ein Fortkommen erforderlichen Stellen (Verwendungen) regelmäßig durch Ausschreibungen vergeben werden.

Es besteht daher für jeden entsprechend qualifizierten Beamten des gehobenen Polizeivollzugsdienstes – auch für die Antragstellerin – die Möglichkeit, die geforderte Verwendungsbreite zu erlangen. Außerdem stehen die im Anforderungsmerkmal c) geforderten Voraussetzungen in einem hinreichenden Zusammenhang mit der ausgeschriebenen Stelle. Die Antragsgegnerin hat hierzu dargelegt, dass Dienstposten ab der Bewertung Besoldungsgruppe A 12 BBesO mit einem hohen Maß an Verantwortung verbunden seien und einen weitreichenden Erfahrungsschatz voraussetzten. Die Anforderungen des Personalentwicklungskonzepts sollten sicherstellen, dass nur Beamte mit hinreichender Führungs- und Verwendungserfahrung die verantwortungsvollen Funktionen ab der Bewertung Besoldungsgruppe A 12 BBesO wahrnehmen sowie möglichst schnell in die neuen Führungsaufgaben hineinwachsen, um ihrem Auftrag zur Gewährleistung der inneren Sicherheit bestmöglich gerecht zu werden. Hinsichtlich des streitgegenständlichen Dienstpostens hat die Antragsgegnerin nachvollziehbar dargelegt, dass die geforderten Verwendungen dem Bewerber ein entsprechend breit gefächertes Führungs- und Organisationswissen vermitteln würden, das ihn auch befähige, sich im Rahmen der dienstlichen Notwendigkeit auf Veränderungen und neue Rahmenbedingungen einzustellen sowie sich schnell mit anderen Aufgabenbereichen, insbesondere in den weiteren Aufgabenbereichen der Bundespolizei (z.B. Bahn, Grenze, Luft, Schutz), auseinandersetzen zu können. Damit liegt auf der Hand, dass das in der Ausschreibung geforderte Merkmal einer Verwendungsbreite und der dienstlichen Erfahrung den Bediensteten besser befähigt, das nächsthöhere Statusamt auszufüllen und geeignet ist, eine zuverlässigere Beurteilung des Leistungsvermögens und eine besser fundierte Prognose über die voraussichtliche Bewährung in einem höheren Amt zu gewährleisten. Darin ist zugleich ein allgemeines Eignungskriterium im Sinn von Art. 33 Abs. 2 GG zu sehen.